中国社科研究文库

CHINESE SOCIAL SCIENCE RESEARCH LIBRARY

创新创业法律保障机制研究

段晓红 ｜ 著

吉林大学出版社

·长春·

图书在版编目（CIP）数据

创新创业法律保障机制研究 ／ 段晓红著．—长春：
吉林大学出版社，2021.6
ISBN 978－7－5692－8114－9

Ⅰ.①创… Ⅱ.①段… Ⅲ.①企业法—研究—中国
Ⅳ.①D922.291.914

中国版本图书馆 CIP 数据核字（2021）第 053125 号

书　　名　创新创业法律保障机制研究
　　　　　CHUANGXIN CHUANGYE FALÜ BAOZHANG JIZHI YANJIU
作　　者　段晓红　著
策划编辑　李潇潇
责任编辑　李潇潇
责任校对　王　洋
装帧设计　中联华文
出版发行　吉林大学出版社
社　　址　长春市人民大街 4059 号
邮政编码　130021
发行电话　0431－89580028/29/21
网　　址　http：//www.jlup.com.cn
电子邮箱　jdcbs@jlu.edu.cn
印　　刷　三河市华东印刷有限公司
开　　本　710mm×1000mm　1/16
印　　张　16.5
字　　数　305 千字
版　　次　2021 年 6 月第 1 版
印　　次　2021 年 6 月第 1 次
书　　号　ISBN 978－7－5692－8114－9
定　　价　95.00 元

前　言

自 2014 年 9 月李克强总理在夏季达沃斯论坛上首次提出"大众创业、万众创新"新思路以来，国家相继出台了一系列鼓励"双创"的政策文件，包括 2017 年《国务院关于强化实施创新驱动发展战略　进一步推进大众创业万众创新深入发展的意见》，2018 年《国务院关于推动创新创业高质量发展打造"双创"升级版的意见》等。随着这些政策文件的出台，"大众创业、万众创新蓬勃兴起，催生了数量众多的市场新生力量"。创新创业"已成为稳定和扩大就业的重要支撑、推动新旧动能转换和结构转型升级的重要力量，正在成为中国经济行稳致远的活力之源"。

法律是社会现实的反映，也为社会中的各个主体提供了行为范式。在大众创业、万众创新背景下诞生的创新创业主体主要以刚踏出校门的大学生为主。从目前大学普遍的课程设置看，除了法学专业的学生外，其他大学生在校期间很少获得实用性的法律教育。而在创新创业过程中牵涉到的方方面面的法律问题非常多，一旦有所疏忽，某个很小的法律问题都很可能给企业带来毁灭性的巨大影响。随着"双创"实践的逐步深化，自主创新创业中的很多法律问题逐渐暴露出来，这些问题一方面反映出创新创业主体的法律意识较为淡薄，另一方面也反映出创业主体法律知识储备的有限性。当一个创业者拥有先进的技术和发展意识，却因为法律问题导致其创新创业失败，这样的局面无论是对创业者还是对国家都是一种损失。因此开展创新创业法律教育非常必要。

本书对创新创业过程中各环节涉及的法律知识和问题进行了系统的归纳阐述，包括国家关于创新创业的各项政策和措施；创新创业法律主体的类型、设立要求、出资规则、退出机制；创新创业法律主体的运营、管理中必备的合同管理、用工管理、税收管理、知识产权管理等方面的法律机制；创新创业纠纷处理法律制度等。通过穿插大量鲜活的案例，指明了创新创业法律风险防范的要点。本书既可以作为高职高专大学生创业法律课程的教学用书，也可以作为创业法律教育的培训用书或辅助工具，也适用于有志于创业的人士阅读。

  本书由广西大学法学院副教授段晓红组织撰写并统稿，晋一巍、王静、蒙月哨、张梦、郭瑛然、梁露、王巍威等同志参与写作。在本书撰写过程中，我们参考并引用了国内外相关法律研究成果，在此对被引用书刊的作者致以深深的谢意。由于作者水平所限，加之时间仓促，书中难免有不足之处，真诚地欢迎各位同仁、专家和广大读者予以批评指正。

段晓红

2020 年 10 月

目 录
CONTENTS

总　论

第一章　国家有关创新创业的政策与法律

第一节　国家对创新创业的调控和具体操作

一、国家对创新创业的整体调控

习近平同志在党的十九大报告中强调："激发和保护企业家精神，鼓励更多社会主体投身创新创业。建设知识型、技能型、创新型劳动者大军，弘扬劳模精神和工匠精神，营造劳动光荣的社会风尚和精益求精的敬业风气。""就业是最大的民生。要坚持就业优先战略和积极就业政策，实现更高质量和更充分就业。大规模开展职业技能培训，注重解决结构性就业矛盾，鼓励创业带动就业。提供全方位公共就业服务，促进高校毕业生等青年群体、农民工多渠道就业创业。"这从贯彻习近平新时代中国特色社会主义思想、促进经济又快又好发展的高度阐述了鼓励创新创业对敬业风气和民生工程建设的必要和紧迫性。

创新是企业前进的核心动力，创业是社会经济发展的源泉力量，创新与创业互相连接、同生共存。近年来，大众创业、万众创新蓬勃兴起，催生了数量众多的市场新生力量，促进了观念更新、制度创新和生产经营管理方式的深刻变革，有效提高了创新效率，缩短了创新路径，已成为稳定和扩大就业的重要支撑及推动新旧动能转换和结构转型升级的重要力量，正在成为中国经济行稳致远的活力之源。

国家对创新创业的调控主要在于鼓励创新创业，为创新创业提供全方位的服务。国家对创新创业的调控涉及创新创业平台、融资、成本、工商登记、文化氛围等诸多环节与因素，致力于营造良好创新创业生态环境，以激发全社会创新创业活力，在更大范围、更高层次、更深程度上推进大众创业、万众创新。

鉴于国家在对创新创业进行调控方面出台了众多优惠政策，我们可以将一条条具体的政策依据调控目的分为七大板块。

1. 提升融资服务水平

资金是企业经济活动的第一推动力和持续推动力。企业能否获得稳定的资金来源，及时足额筹集到生产要素组合所需要的资金，对经营和发展都是至关重要的。根据相关调查，我们民营企业在经营过程中所遇到的最大障碍莫过于融资困难。我国主要通过颁布融资服务的相关政策，鼓励创新创业。

创业贷款方面，创业贷款指具有一定生产经营能力或已经从事生产经营的个人，因创业或再创业提出资金需求申请，经银行认可有效担保后而发放的一种专项贷款。其主要是面向本地区的大学生及个人的一种激励型贷款，一般利率较低。目前，符合条件的借款人，根据个人的资源状况和偿还能力，最高可获得单笔50万元的贷款支持；对创业达一定规模或成为再就业明星的人员，还可提出更高额度的贷款申请。创业贷款的期限一般为1年，最长不超过3年。为了支持下岗职工创业，创业贷款的利率可以按照中国人民银行规定的同档次利率下浮20%，许多地区推出的下岗失业人员创业贷款还可享受60%的政府贴息。

在银行方面，根据《中华人民共和国中小企业促进法》的规定，中国人民银行应加强信贷政策指导和中小金融机构的支持力度，加大对中小企业的信贷支持，改善中小企业融资环境。各金融机构应当对中小企业提供金融支持，实实在在地树立服务意识，提高服务质量。各商业银行和信用社应当开发适应中小企业发展的金融产品，为中小企业提供信贷、结算、财务咨询和投资管理等方面的业务。国家政策性金融机构应当发挥本身的优势，在业务范围内提供既有广度又有深度的多元化金融服务。

目前能够为创办中小企业提供贷款的银行主要有四大国有商业银行的中小企业信贷部，同时，光大银行、广东发展银行、中信银行等金融机构也纷纷推出了专为个人创业者打造的贷款品种，这些举措都将使个人创业者的资金筹集问题变得越来越简单。所以，对普通创业者来说，根据自身情况科学地选择适合自己的贷款品种，创业将会变得更加轻松。

2. 增强场地扶持力度

我国目前的场地扶持的政策重点有两方面，一是都市型工业园区（例如一些城市的创新创业示范基地园区）的政策，二是创业园区的房租补贴政策。这两大类园区各自都有针对入园企业的房租补贴政策。其中，在创业园区之内，除了房租补贴之外，还有一些相关的配套指导服务，如提供代理记账、专家指导、金融服务办理绿色通道等。

全国各地积极响应国家政策，出台配套措施，例如杭州市在 2016 年 3 月发布《市区创业场地扶持办法》，该办法明确了创业场地扶持包括小微创业园主办方补贴和房租补贴、创业园外房租补贴及创业孵化服务补贴。经认定的小微创业园，主办方每年可享受 5 万～10 万元的补贴。入园经营实体数不足 20 家的，每年补贴 5 万元；在 20 家以上的，每年补贴 10 万元。

创业人员在市区创办企业，个体工商户、民办非企业等经营实体入园创业，并符合以下条件的，可以申请房租补贴：（1）从事当年度市区产业发展导向目录中非禁止、非限制类发展项目；（2）担任经营实体的负责人，且出资总额不低于注册资本的 30%；（3）依法持续正常经营满 12 个月以上，参加社会保险。补贴标准最高为 3 元/平方米·天，补贴面积最高为 50 平方米。实际租房费用低于补贴标准的，按实补贴。补贴期限不超过 3 年。第 1 年、第 2 年、第 3 年分别给予 100%、70%、30% 的补贴。

3. 扩大税费减免幅度

税费减免的政策主要集中在四个方面：（1）商贸型、服务型企业的优惠政策；（2）高校毕业生创业方面的税收优惠政策；（3）失业、协保人员、农村富余劳动力从事个体经营的优惠政策；（4）劳动就业服务企业的税收优惠政策。

随着现行税法制度的不断完善，我国确立了以产业导向为主的税收优惠政策。也就是说，税收优惠政策将根据产业方向以及企业类型来进行分类确定，主要表现在以下几个方面。

第一，高新技术产业实行 15% 的税率。但是哪些项目属于高新技术产业的投资项目应由有关部门来认定。一般情况下，高新技术产业涉及金融创新、节能、节水、环保、农业开发等领域。此外农林牧渔业、产品出口企业、知识密集型企业也将实行一定的优惠税率。

第二，对小微企业实行 20% 的所得税税率。在对小型微利企业的界定上，如果处于界定标准的左右，尽量向小型微利企业界定靠拢。2020 年，为减轻新冠肺炎疫情对企业生存和发展的不利影响，国家从 2019 年 1 月 1 日至 2021 年 12 月 31 日，对小微企业年应纳税所得额不超过 100 万元的部分，减按 25% 计入应纳税所得额，按 20% 的税率缴纳企业所得税；对年应纳税所得额超过 100 万元但不超过 300 万元的部分，减按 50% 计入应纳税所得额，按 20% 的税率缴纳企业所得税。

第三，鼓励中小型高新技术企业发展。对于采取股权投资方式，投资于未上市的中小高新技术企业，两年以上的，可以按照其投资额的70%，于持有满两年的当年抵扣该企业的应纳税所得额，且被允许结转抵扣。

处于辅助地位的区域性税收优惠，主要倾向于中西部、少数民族、东北老工业基地等区域。在"老少边穷"地区兴办企业可减税或免税三年。在这样的情况下，如果考虑在偏远地区投资建厂，不但能够节约基础建设成本，而且可以得到税收优惠。①

4. 鼓励创业专家指导

创业专家的专业指导，是针对有创业愿望和具备相应条件、以开办小型企业为主要创业形式的人员进行的一种理论技能培训，主要内容包括创业的必备基础知识和必备能力。不但能够从理论上系统地传授创新创业理论知识，也能邀请实践专家从具体方面"手把手"地传授创业经验，规避创业风险。创业培训的目的是通过系统培训，使高校毕业生、失业人员等掌握创业的基础知识，增强创业的积极性和成功率，并以此带动吸纳其他社会成员就业。

《工业和信息化部关于印发促进中小企业发展规划（2016—2020 年）的通知》（工信部规〔2016〕223 号）要求加强创业服务，鼓励服务机构提供创业信息、创业指导、创业培训等专业化服务。探索建立志愿者服务机制，鼓励退休政府官员、科学家、行业专家、企业家成为创业辅导志愿专家，组建高素质辅导师队伍。培育"鼓励创业、勇于创新"的创业文化，支持举办创业沙龙、创业训练营、创业大赛等活动。全国各地纷纷响应号召，例如广西壮族自治区南宁市创业指导服务网就开通了类似的创业专家指导课程。

5. 鼓励科技创业模式

改革开放以来，我国科技水平突飞猛进，个别领域业已领跑世界，但是，如何将科技资源优势转化为科技创新创业优势是我们当下面临的新课题。

目前，在全国范围内，科技创新创业共享平台逐渐增多，科技创新创业项目逐渐被重视，相关投入逐年递增。根据相关法律政策的规定，全国范围内要优先安排和支持下列项目的实施：明显提高产业技术水平和经济效益的，形成产业规模，具有国际经济竞争能力的，合理开发和利用资源、节约能源、降低

---

① 周宁，王玉红. 企业在创业阶段的纳税筹划问题研究［J］. 吉林省经济管理干部学院学报，2010（1）：43 - 46.

消耗以及防治环境污染的，促进高产、优质、高效农业和农村经济发展的，加速少数民族地区、边远贫困地区社会经济发展的。

以广西 2014 年度中小企业发展专项资金科技创新、科技服务和科技型中小企业创业投资引导基金立项项目汇总表的数据为例，2014 年一年间，政府共投入 94 个项目，合计 7942 万元无偿资助和业务奖励。

6. 完善非正规就业孵化器

非正规就业孵化器是对正规就业孵化器的一种补充。不像正常的企业孵化器一样"五脏俱全"，非正规就业是一种小企业的孵化器，个人在创业过程中暂时不具备申办小企业的条件或是担心申办小企业成本太高，特别是有意向从事一些劳动密集型、有利于吸纳就业的社区服务业，可申办非正规就业劳动组织，享受有关扶持政策。非正规就业组织能够享受到的政策包括无须办理工商登记、3 年内减免地方税费、社会保险缴纳优惠、免费技能培训，还能享受从业风险的综合保险等。

7. 进一步完善创业孵化基地政策

创业孵化基地是政府为创业者搭建的制度性、智能化的服务平台，为新创办的小企业提供有利于存活、发展的服务环境和空间环境的公益性服务。进入孵化器的创业者，可以得到低成本或无成本的各种服务，化解创业风险。①

以广西为例，2016 年，广西全区共认定创业孵化基地 101 个，众创空间型创业孵化基地 12 个，累计 2665 家企业和项目入驻孵化。目前，广西共有 4 家留学人员创业园，分别是桂林留学人员创业园（国家级留学创业园）、南宁留学人员创业园、北海留学人员创业园以及柳州留学人员创业园。4 家留学人员创业园区目前在孵留学回国人员创业企业合计约 50 家。

二、国家对创新创业的具体调控

1. 加快构建众创空间与平台

《国务院办公厅关于发展众创空间推进大众创新创业的指导意见》（国办发〔2015〕9 号）要求总结推广创客空间、创业咖啡、创新工场等新型孵化模式，充分利用国家自主创新示范区、国家高新技术产业开发区、科技企业孵化器、小企业创业基地、大学科技园和高校、科研院所的有利条件，发挥行业领军企

---

① 李建刚. 对大庆市龙凤区"政建企营"创业孵化基地的思考［J］. 大庆社会科学，2012（1）：79 - 82.

业、创业投资机构、社会组织等社会力量的主力军作用，构建一批低成本、便利化、全要素、开放式的众创空间。

发挥政策集成和协同效应，实现创新与创业相结合、线上与线下相结合、孵化与投资相结合，为广大创新创业者提供良好的工作空间、网络空间、社交空间和资源共享空间。

2. 降低创新创业门槛

针对创新创业的企业，逐步清理和消除横亘在行业间、地区间、经营实体间的壁垒。各类创业主体皆可有平等的机会进入法律法规没有禁止的行业。确保国家有限制条件、标准的行业和领域平等地对各类主体开放。

在不同法律法规抵触的范围内，对刚刚成立的企业，可以按照行业的不同特点，合理地设置资金、人员等准入条件，允许注册资金分期到位。扩大创业经营场所的选择范围，将家庭住所、租借房、临时商用房也纳入其中。制定有利于创业者、小企业发展的政府采购优惠政策。深化商事制度改革，针对众创空间等新型孵化机构集中办公等特点，鼓励各地结合实际，简化住所登记手续，采取一站式窗口、网上申报、多证联办等措施为创业企业工商注册提供便利。

3. 支持创新创业公共服务

综合运用政府购买服务、无偿资助、业务奖励等方式，支持中小企业公共服务平台和服务机构建设，为中小企业提供全方位专业化优质服务，支持服务机构为初创企业提供法律、知识产权、财务、咨询、检验检测认证和技术转移等服务，促进科技基础条件平台开放共享。加强电子商务基础建设，为创新创业搭建高效便利的服务平台，提高小微企业市场竞争力。完善专利审查快速通道，对小微企业亟须获得授权的核心专利申请予以优先审查。

另外根据城乡创业者的要求，逐步完善服务内容。组织开展项目开发方案设计、风险评估、开业指导、融资服务、跟踪扶持等一条龙创业服务。建立创业信息政策发布平台，搭建创业者交流互助的有效渠道。建立政府支持并监管、企业与个人开发、市场运作的创业项目评估和推介制度。建立创业项目资源库，形成有效采集和定期发布制度。通过上门服务、设点服务和微信公众号服务等多种服务方式为创业者提供不同类型的创业指导和咨询。设立创业服务的电话热线，接受相关问题的咨询和投诉并且注重对咨询和投诉的回访，全心全意为创业者服务。

4. 加强财政资金引导

通过中小企业发展专项资金，运用阶段参股、风险补助和投资保障等方式，引导创业投资机构投资于初创期科技型中小企业。发挥国家新兴产业创业投资引导基金对社会资本的带动作用，重点支持战略性新兴产业和高技术产业早中期、初创期创新型企业发展。发挥国家科技成果转化引导基金作用，综合运用设立创业投资子基金、贷款风险补偿、绩效奖励等方式，促进科技成果转移转化。发挥财政资金杠杆作用，通过市场机制引导社会资金和金融资本支持创业活动。发挥财税政策作用支持天使投资、创业投资发展，培育发展天使投资群体，推动大众创新创业。

在优化财税政策方面，国家将加大财政的支撑力度，推进普惠性税收措施，强化创新创业政策扶持。

5. 完善创业投融资机制

发挥多层次资本市场作用，为创新型企业提供综合金融服务。开展互联网股权众筹融资试点，增强众筹对大众创新创业的服务能力。规范和发展服务小微企业的区域性股权市场，促进科技初创企业融资，完善创业投资、天使投资退出和流转机制。鼓励银行业金融机构新设或改造部分分（支）行，作为从事科技型中小企业金融服务的专业或特色分（支）行，提供科技融资担保、知识产权质押、股权质押等方式的金融服务。通过优化资本市场、创新银行支持方式、丰富创业融资新模式等举措，加快实现便捷融资，搞活金融市场。

大学生创业申请小额担保贷款时，贷款利息可获财政贴息。各商业银行，股份制银行，城市商业银行和有条件的城市信用社，要为自主创业的毕业生提供小额贷款，并简化程序，提供开户和结算的便利，贷款额度在两万元左右。时间要求为两年到期，确实需要延长时间的，可以延长一次。

截至目前，国家层面已经设立400亿元的新兴产业创业投资引导基金，启动了国家科技成果转化引导基金，还有中小企业专项资金等，各地政府也将会相应设立配套措施。这方面还可酌情考虑设立面向高校毕业生，创业科研人员，农民工返乡创业等相关基金，此外还应完善社会投融资机制，进一步发展风险投资、天使投资，发展科技中介服务业务，为创业创新融资搭建起四通八达的通道。

6. 营造创新创业文化氛围

积极倡导敢为人先、宽容失败的创新文化，树立崇尚创新、创业致富的价值导向，大力培育企业家精神和创客文化，将奇思妙想、创新创意转化为实实在在的创业活动。加强各类媒体对大众创新创业的新闻宣传和舆论引导，报道一批创新创业先进事迹，树立一批创新创业典型人物，让大众创业、万众创新在全社会蔚然成风。

创新文化是与创新相关的文化形态，能引领创新、激励创新的氛围。大学的创新文化是校园文化的一部分，对于大学生创新创业来说，创新文化至关重要，大学生创新创业与创新文化就像花草与土壤的关系，在创新文化的氛围下，大学生创新创业才能更好地发芽与成长。所以建设良好的校园创新文化，对于促进大学生创新创业有着重要意义。

创新文化的建设需要有良好的创新平台，将创新实践和创新理念不断夯实、传承、弘扬，从而形成一种深厚的文化底蕴。大学生创新创业孵化基地、创新创业训练计划、创新创业年会、科技创新节、创新创业大赛等，都可视作创新文化的承载平台，通过这些平台建设为提高大学生创新创业素质提供空间，从而培养大学生的创新意识、创造激情、创业能力。

从一个创新灵感的形成，到一系列成果的转化与推广，离不开创新文化的熏陶和激励。创造一种良好的创新文化氛围，还要尊重大学生的自由探索，鼓励和激励大学生通过创新努力实现个人价值；提倡团队合作，建立学习型组织，创造条件充分发挥大学生的聪明才智和想象力，发挥大学生的集体智慧和团队精神，真正让创新文化的力量深深根植于大学生的创新行动中。

第二节　与创新创业有关的法律与政策

国家政策与法律存在共同点与区别。总的来说，不管是创新创业政策还是法律法规，其最终目的都是通过解决创新创业当中出现的问题和矛盾，从而促进充分就业，这是两者的共同之处。

两者的区别较为明显，一般情况下，政策往往具有广泛性和灵活性，而法律法规则更加具体化和规范化。从调整的客体上来看，创新创业政策的客体是政府制定的创新创业目标，主要是一些原则性的规定，类似一个建筑的图纸和规划。创新创业法律的客体是相应的法律关系，囿于法律形式的限制，其除了对特定的法律关系进行调节之外，往往疏于体现原则和导向，也无法全部列举和规制创新创业过程中出现的琐碎问题，类似于一个建筑的整体框架。从主体上来看，政策的创设主体一般是政府，法律法规的创设主体主要是民意机关。所以，在一个领域政策与法律法规的体量和地位往往也能够反映出公权与私权对该领域的介入状态。①

---

① 谭诚. 试论经济法与经济政策的关系 [J]. 现代经济信息，2014（21）：343.

对于风云变幻的市场来说，灵活与稳定的调节方式均不可或缺。政策的灵活性能很好地解决和应对多变市场带来的各种新状况，法律法规着重解决创新创业过程中基本的矛盾和问题，双方具有很强的互补性。而且，一些被长久运用的政策经过实践的检验能够捋顺具体的法律关系之时，还能经由一定的程序成为新的法律法规，而一些过时的政策又会被新的政策所代替。在法律法规照顾不到的地方，及时制定政策也能够高效地解决现实问题。综上，创新创业的政策与法律相辅相成，在创新创业之时，认真学习相关的政策与法律知识非常有必要。

一、与创新创业密切相关的法律

身为一个创业者，完整的创业思路、切合实际的创业项目和勇于开拓的创业精神固然重要，但是，真正能为创新创业起到保驾护航作用的是对相关创新创业法律知识的了解和掌握。

1.《宪法》为创新创业提供了基本的法律支持

处于法律体系中最高层级的宪法，涉及我们生活的方方面面，当然也包含关于创新创业的基本问题。根据《中华人民共和国宪法》（以下简称《宪法》）第 42 条规定："国家通过各种途径，创造劳动就业条件，加强劳动保护，改善劳动条件，并在发展生产的基础上，提高劳动报酬和福利待遇。"这是有关创新创业的直接规定，间接上，宪法通过明确国家政权组织，营造良好的创业社会环境，保障创业者的基本权利，解决了创新创业中最基本的问题。

2. 关于企业设立、运行、解散的法律法规

主要有公司法、合伙企业法、个人独资企业法、公司登记管理条例和企业破产法等。了解以上法律法规的相关规定，有助于帮助创业者了解设立企业的条件、企业的组织机构设置和企业的规章制度制订等相关问题，解决创业伊始的法律难题，帮助创业者叩开创业之门。

3. 关于规范企业劳动关系的法律法规

主要有劳动法、劳动合同法、就业促进法、社会保险费征缴暂行条例、工伤保险条例和最低工资规定等。

以上法律法规是处理企业和劳动者关系的基本准则，也是处理企业与劳动者纠纷的基本依据。创业者只有严格遵守以上法律法规，才能使劳动者充分发挥工作积极性，为企业和社会创造效益。

4. 关于知识产权的相关法律法规

知识产权相关法律法规主要有著作权法、专利法及其实施细则、商标法及

其实施细则、信息网络传播权保护条例和计算机软件保护条例等。

随着市场经济的深入发展，市场经济体的不断成熟，人们在社会实践中创造的智力劳动成果的专有权利即知识产权逐渐被重视。对于企业和创业者来说，有时一项专利就关乎企业的生死存亡和创业者的切身利益。如何保护自身的知识产权，如何避免侵犯他人的知识产权，如何合理合法地利用他人的智力成果，正是以上法律法规所要解决的实践问题。

5. 关于交易活动的法律法规

主要有民法典、产品质量法、食品安全法、反垄断法、反不正当竞争法、广告法和消费者权益保护法等。

企业在一定程度上可以看作是交易活动的集合，由此可见交易的重要性。规范交易活动的法律法规内容庞杂、涉及广泛。产品质量法和食品安全法主要关注交易标的，反垄断法、反不正当竞争法和广告法主要规制市场竞争秩序。消费者权益保护法、民法典主要涉及交易公平与合法经营方面的问题。

6. 关于国家宏观调控行为的法律法规

主要有环境保护法、对外贸易法等。不同于民法涉及的平等主体之间横向的权利义务关系，以上法律所规定的内容中，企业往往都是处于被管理的地位。通过对行政部门与企业之间纵向权利义务关系的规定，企业和创业者就会知晓自己应当在哪些行政部门的管理之下做哪些事，对行政部门的行为有异议的，也可以通过以上法律依据申请行政复议，或者提起行政诉讼维护自身的权益。

7. 关于纠纷解决的法律法规

主要有民事诉讼法、行政诉讼法、仲裁法和劳动争议调解仲裁法等。我们并不提倡企业"主动惹事"，但是当企业的权利被侵犯，创业者的利益被侵夺的时候，我们同样"不怕事"。了解和掌握相关的诉讼程序法有助于避免诉讼风险，提高诉讼效率，降低诉讼成本，对企业和创业者非常重要。

二、与创新创业密切相关的政策

党的十八大之后，为了促进大众创业、万众创新，中央和所属部委层面出台了一系列文件。

（一）直接推动大众创新、万众创业（双创）的政策文件

1.《国务院关于大力推进大众创业万众创新若干政策措施的意见》（国发〔2015〕32号）从9大领域、30个方面明确了96条政策措施。具体包括体制的便利化、融资的便捷性、投资的扩大化、创业生态的构建、平台的搭设和创业

渠道的统筹等。

在支持大学生创业方面，该意见要求深入实施大学生创业引领计划，整合发展高校毕业生就业创业基金。引导和鼓励高校统筹资源，抓紧落实大学生创业指导服务机构、人员、场地、经费等。引导和鼓励成功创业者、知名企业家、天使和创业投资人、专家学者等担任兼职创业导师，提供包括创业方案、创业渠道等创业辅导。建立健全弹性学制管理办法，支持大学生保留学籍休学创业。

2.《国务院关于强化实施创新驱动发展战略进一步推进大众创业万众创新深入发展的意见》（国发〔2017〕37号）在知识产权保护、企业融资渠道、人才流动激励机制、政府管理方式等方面提出了契合强化创新的举措，在更大范围、更高层次、更深程度上推进大众创业、万众创新。

该意见提出五个领域的政策措施。一是加快科技成果转化，重点突破科技成果转移转化的制度障碍，保护知识产权，活跃技术交易，提升创业服务能力，优化激励机制，共享创新资源，加速科技成果向现实生产力转化；二是拓展企业融资渠道，不断完善金融财税政策，创新金融产品，扩大信贷支持，发展创业投资，优化投入方式，推动破解创新创业企业融资难题；三是促进实体经济转型升级，着力加强创新创业平台建设，培育新兴业态，发展分享经济，以新技术、新业态、新模式改造传统产业，增强核心竞争力，实现新兴产业与传统产业协同发展；四是完善人才流动激励机制，充分激发人才创新创业活力，改革分配机制，引进国际高层次人才，促进人才合理流动，健全保障体系，加快形成规模宏大、结构合理、素质优良的创新创业人才队伍；五是创新政府管理方式，持续"放管服"改革，加大普惠性政策支持力度，改善营商环境，放宽市场准入，推进试点示范，加强文化建设，推动形成政府、企业、社会良性互动的创新创业生态。

（二）有关双创示范基地的政策文件

1.《国务院办公厅关于建设大众创业万众创新示范基地的实施意见》（国办发〔2016〕35号）确定了首批双创示范基地名单（28个），目标是力争通过三年时间，围绕打造双创新引擎，统筹产业链、创新链、资金链和政策链，推动双创组织模式和服务模式创新，加强双创文化建设，到2018年底前建设一批高水平的双创示范基地，培育一批具有市场活力的双创支撑平台，突破一批阻碍双创发展的政策障碍，推广一批适应不同区域特点、组织形式和发展阶段的双创模式和典型经验，加快推动创新型企业成长壮大，努力营造鼓励创新、宽容失败的社会氛围，带动高质量的就业，促进新技术、新产品、新业态、新模式发展，为培育发展新动能提供支撑。

该意见要求构建大学生创业支持体系、实施大学生创业引领计划、落实大学生创业指导服务机构、人员、场地、经费等。建立健全弹性学制管理办法，允许学生保留学籍休学创业。构建创业创新教育和实训体系。加强创业导师队伍建设，完善兼职创业导师制度。

2.《国务院办公厅关于建设第二批大众创业万众创新示范基地的实施意见》（国办发〔2017〕54号）中系统部署了第二批大众创业万众创新示范基地建设工作。广西壮族自治区南宁高新技术产业开发区成为区域示范基地中的一个。

该意见要求，第二批双创示范基地要尽快制订工作方案，加快推进建设并取得阶段性成果。各地区、各部门要按照有关要求，认真抓好双创示范基地建设工作，加强领导，完善组织体系，出台有针对性的政策措施，建立地方政府、部门政策协调联动机制，为高校、科研院所、各类企业等提供政策支持、科技支撑、人才引进、公共服务等保障条件，形成强大合力，推动形成大众创业万众创新纵深发展的新局面。

（三）构建双创空间与平台的政策文件

1.《国务院关于加快构建大众创业万众创新支撑平台的指导意见》（国发〔2015〕53号）指出，我国基于互联网的新业态、新模式蓬勃兴起，众创、众包、众扶、众筹（简称四众）快速涌现，呈大众化、平台化、规模化、国际化发展之势，正在成为创业创新的重要支撑平台。

四众通过"互联网＋"实现劳动、知识、技术、资本等生产生活要素的最低成本集聚和最大化利用，催生新供给、释放新需求、绽放新活力，是稳增长、调结构、促改革、惠民生的关键力量。

该指导意见是落实党中央、国务院关于"互联网＋"行动和"大众创业万众创新"的政策性文件，是推进四众发展的顶层设计文件。指导意见提出以众智促创新、以众包促变革、以众扶促创业、以众筹促融资等重大发展方向和十七条重点举措，旨在激发全社会创业创新热情，指导四众规范发展，进一步优化管理服务。四众有利于开辟众人创富、劳动致富、共同富裕的发展新路径，对实现新常态下新旧动能的转换具有重大意义。

2.《国务院办公厅关于发展众创空间推进大众创新创业的指导意见》（国办发〔2015〕9号）明确了推进大众创新创业要坚持市场导向、加强政策集成、强化开放共享、创新服务模式。重点抓好八个方面的任务：一是对于众创空间的构建要将创新和创业结合起来，运用好线上与线下相结合，孵化与投资相结合。二是进一步降低创新创业的门槛，为企业行政审批提供便利，在租金、网络、软件等方面提供支持。三是鼓励科技人员和大学生创业，对于大学生在场所、公共服务和资金上提供支持。四是完善相关公共服务，在申请专利等方面提供便利。五是运用政策等手段，引导社会资金流向创新创业企业。六是运用网络手段促进融资发展。七是举办各类创新创业活动。八是营造文化氛围。

（四）学校、返乡下乡人员、残疾人双创政策文件

1. 《国务院办公厅关于深化高等学校创新创业教育改革的实施意见》（国办发〔2015〕36 号）中明确要求将创新精神、创业意识和创新创业能力作为评价人才培养质量的重要指标之一，要在传授专业知识过程中加强创新创业教育，并面向全体学生开发开设研究方法、学科前沿、创业基础、就业创业指导等方面的必修课和选修课，纳入学分管理，建设依次递进、有机衔接、科学合理的创新创业教育专门课程群。

该实施意见要求各高校要为有意愿有潜质的学生制定创新创业能力培养计划，建立创新创业档案和成绩单，客观记录并量化评价学生开展创新创业活动情况。支持创新创业的学生优先进入相关专业。在学制、修学年限、学业进程、学籍保留上予以放宽。设立专门奖学金，并在现有相关评优评先项目中拿出一定比例用于表彰优秀创新创业的团体或个体。各地区、各高校要建立健全学生创业指导服务专门机构，做到"机构、人员、场地、经费"四到位，对自主创业学生实行持续帮扶、全程指导、一站式服务。

2. 《国务院办公厅关于支持返乡下乡人员创业创新促进农村一二三产业融合发展的意见》（国办发〔2016〕84 号）明确了支持农民工、中高等院校的毕业生、退役士兵以及科技人员等返乡下乡人员创业创新的重点领域、主要方式、扶持政策和保证措施。

返乡下乡碰到的最基本的问题是搞什么项目，然后就是用什么方式去搞。该意见给出了指引，但不是规定。就是说照着这个方向去做，就有可能成功。下乡返乡创业要取得成功，主要取决于两方面：第一方面要根据自己的条件、能力和发挥好自身优势，更重要的一方面是要和农业农村发展的大趋势、大目标结合。只有这样，才能获得成功。所以，该意见一方面是引导下乡返乡建设项目和农业、农村经济的发展目标一致。要发展规模经营、规模种养、农产品加工，包括电商、乡村旅游等这些新业态和新模式。第二方面，创新创业的方式和农业经营方式的创新结合。所以，提倡通过领办、创办新的经营主体，通过各种联合合作方式，运用信息化技术搞创业。如果把握好这两条，创业成功

的比例就比较高。为什么要把这两个问题点出来，也是因为在调研中发现，有的方面成功率并不高，所以需要引导。一方面要扶持支持，另一方面也要引导，这样才能获得双赢，才能真正把这个事情办好。

3.《关于扶持残疾人自主就业创业的意见》（残联发〔2018〕6号）规定特殊教育院校教育类毕业生、残疾人高校（含技师学院）毕业生、贫困残疾人家庭高校（含技师学院）毕业生按规定享受求职创业补贴。

我国8500多万残疾人收到了一波扶持其自主就业创业的政策"红包"。该意见明确了20多项促进残疾人自主就业创业、脱贫解困的扶持政策。这些政策包括为残疾人自主就业创业提供合理便利和优先照顾、落实税收优惠和收费减免、提供金融扶持和资金补贴、支持重点对象和"互联网＋"创业、提供支持保障和就业服务等多个方面。意见还要求，2018年底前各省区市和计划单列市至少建有一个残疾人创业孵化基地。

4.《教育部关于做好2018届全国普通高等学校毕业生就业创业工作的通知》（教学〔2017〕11号）再次强调以创业带动就业，深化高校创新创业教育改革。要求各地各高校要把创新创业教育改革作为高等教育综合改革的重要突破口，在培养方案、课程体系、教学方法和管理制度等方面将改革持续向纵深推进，促进专业教育与创新创业教育有机融合，将创新创业教育贯穿人才培养全过程。强化创新创业实践，办好各级各类创新创业竞赛，着力培养学生的创新精神和创造能力。

强调以创业带动就业，落实创新创业优惠政策。要求省级教育部门要配合有关部门进一步完善落实工商登记、税费减免、创业贷款等优惠政策，为毕业生创新创业开辟"绿色通道"。高校要细化完善教学和学籍管理制度，进一步落实创新创业学分积累与转换、弹性学制管理、保留学籍休学创业、支持创新创业学生复学后转入相关专业学习等政策。

强调以创业带动就业，提升创新创业服务保障能力。要求各地各高校要加快发展众创空间，依托创业园、创业孵化基地等为毕业生创新创业提供场地支持。多渠道筹措资金，综合运用政府支持、学校自筹以及信贷、创投、社会公益、无偿许可专利等方式扶持大学生自主创业。建立健全国家、省级、高校大学生创业服务平台，聘请行业专家、创业校友等担任导师，通过举办讲座、论坛、沙龙等活动，为大学生创业提供信息咨询、管理运营、项目对接、知识产权保护等方面的指导服务。

第二章 创新创业中的法律风险及其防范

第一节 创新创业中法律风险的类型

创新创业中的法律风险是指在创新创业过程中因无法满足或违反法律要求，导致创新创业者可能受到行政处罚、刑事处罚和支付民事赔偿等不利的后果。

一、根据法律风险所属的部门法领域，大致可将创新创业中的法律风险分为三类：民事法律风险、行政法律风险、刑事法律风险。

1. 民事法律风险，有合同法律风险、知识产权法律风险、劳动人事法律风险等。民事法律风险是一种横向的法律风险，存在于平等主体之间，对于企业来说，主要事关财产问题。

民事责任种类包括合同责任、侵权责任与其他责任，财产责任与非财产责任，无限责任与有限责任，单方责任与双方责任，过错责任、无过错责任和公平责任等。

2. 行政法律风险主要为行政处罚风险，几乎每个行业都有相应的法律、法规规范，从而使行业能够接受政府职能部门的监管。如果创业者不熟识其所在行业的法律规定，可能会因自己行为违背法律规定而受到行政处罚。相对于民事法律风险来说，行政法律风险一般为纵向的法律风险。

《中华人民共和国行政处罚法》规定了"警告、通报批评，罚款、没收违法所得、没收非法财物，暂扣许可证件、降低资质等级、吊销许可证件，限制开展生产经营活动、责令停产停业、责令关闭、限制从业，行政拘留，法律、行政法规规定的其他行政处罚"六类行政处罚。它们之间不是在单一尺度上的划分，也未能穷尽所有维度上对于行政违法的限制，仅仅参考了违法主体对于合法权益的侵害程度，以及对行政管理秩序的维护，且要考量不同国家机关部门对于相应处罚的设定权限。

3. 刑事法律风险主要为刑事处罚风险，资金、市场等方面的困难是大学生在创业实践中难免会遇到的问题之一，如果大学生在创业实践中冒险违法行事，违反公司法等相关法律、法规的规定，在企业设立过程中虚报注册资本、虚假出资、抽逃资金，在企业日常生产经营过程中生产、销售普通伪劣商品，假冒注册商标、侵犯商业秘密等，其情节业已触犯刑法的规定，就要承担相应的刑事法律风险。①

根据《中华人民共和国刑法》（以下简称《刑法》）规定，刑事责任承担类型主要分为主刑和附加刑。主刑包括死刑、无期徒刑、有期徒刑、管制、拘役。附加刑包括剥夺政治权利、没收财产、判处罚金。

二、根据创新创业者在实际管理运行企业的过程中，在不同阶段，处理不同事务为划分依据，可以将创新创业风险大体分为以下类别：设立的法律风险、治理的法律风险、人力资源管理的法律风险、融资法律风险、交易合同法律风险、税务法律风险、知识产权法律风险、履行社会责任的法律风险和行政管制法律风险。

1. 设立的法律风险

柏拉图曾说："良好的开端，是成功的一半。"但是"万事开头难"，所有的创新创业者都要经历的第一步就是企业的设立，纷繁复杂的设立程序，千头万绪的文件材料中蕴藏了各式各样的法律风险。从时间轴上来说，如何选择企业的法律形态，如何办理设立相关的文件手续，如何履行自己的法定义务都是在企业设立过程中应当注意的问题。

经典案例：设立何种企业 关乎不同责任

小王毕业于广西某高校艺术设计专业，毕业后，专门在一家大型网络公司接不同类别有关设计的小项目，是非全日制的用工形式，收入比较稳定而且闲暇时间较多。闲暇之余，小王想充分利用自己的专业优势联合几个同学一起干点生意，赚点外快。在选择企业形式时，小王本想着直接投入 10 万元，在不影响现有生活的基础上多一个尝试进步的机会。但是去询问过公司的成立程序之后，觉得比合伙形式麻烦，于是就和其他两位同学每人投入 10 万元成立了一个

---

① 承友明，吕中国. 论大学生创业的法律风险及其防范对策 [J]. 广东石油化工学院学报，2015（2）：5.

合伙企业。企业成立之后，他们建立了艺术设计工作室，租了场地，购买了一套办公设备。然而，由于经营的经验不足，工作室几乎接不到项目，要么就是接到的项目不怎么赚钱或者项目难度较高而无法完成。屋漏偏逢连夜雨，一年中唯一一次的大项目还因为三人没有在任务约定时间内完成，耽误了委托人整体项目的进程，根据事先约定的违约金条款和委托人的实际损失一共需要赔偿对方 36 万元。在变卖了所有的办公设备，加上合伙财务中的所有款项，一共才筹集到 12 万元。委托人要求他们 3 人承担剩下的 24 万元时，小王才后悔当初为了图方便选择了合伙而不是公司的企业形式，因为合伙要对外承担无限连带责任，而一般情况下，公司对外以投入或者承诺投入的资金为限承担有限责任，对自己现有的生活影响有限。小王和两位同学经过商议，每人又拿出 8 万元，算是为最初的武断选择买了单。

2. 治理的法律风险

公司治理又名公司管治、企业管治，是一套程序、惯例、政策、法律及机构，影响着如何带领、管理及控制公司。公司治理方法也包括公司内部利益相关人士及公司治理的众多目标之间的关系。可以这么理解，公司治理其实就是公司怎么来管理，谁来管理以及如何分配利益。其内容包含很多方面，其中最为重要的是公司的组织结构问题，如领导层的构建方式，职责、权限的配置，以及权力行使的方式和程序的规范。

公司治理中的风险主要来自公司治理结构的组织，主要有股东会治理中的法律风险、董事会治理中的法律风险、高管人员治理中的法律风险和知情权行使中的法律风险等。鉴于创业者一般的创业规模为中小企业，其所面临的治理法律风险范围较窄。①

经典案例： 幕后经营　竹篮打水

甲和乙不但是大学室友，在毕业之后两人又同时考上了某市的公务员，工作比较稳定。2011 年 5 月 28 日，甲和乙两人达成书面协议，由两人创办"竹篮有限责任公司"（以下简称 Z 公司），甲出资 30 万元，占 60% 的股份；乙出资 20 万元，占 40% 的股份。但是由于两人皆是国家公务人员，所以委托他人代为设立，并且担任 Z 公司名义上的管理人员。2011 年 5 月 29 日，甲和乙找到丙和丁，由甲和乙付给丙和丁资金 50 万元。同一天，丙和丁向甲和乙出具收据，证明分别收到甲和乙 30 万元与 20 万元。

---

① 樊瑛. 提升中小企业防范经营风险的能力［N］. 企业家日报，2014 - 11 - 21（4）.

2011 年 6 月份，Z 公司经过工商部门登记正式成立，公司登记机关登记的股东为丙和丁，法定代表人为丙，实缴注册资本为 50 万元人民币。公司成立之后，其一切重大日常事务皆由甲和乙两人决定，但是都以丙和丁的名义作出，公司经营状况一直良好。

2013 年 5 月，丙和丁在没有经过甲和乙同意的情况下，将公司股份分次分批转让给第三人张三和李四，并且已经办理了股东变更登记。甲和乙向法院提起诉讼，要求法院确认丙和丁的转让股权行为无效。

甲和乙称：2011 年 5 月 29 日，原告两人与被告两人达成口头协议，以被告两人的名义创办公司，但是被告两人并不是公司真正的股东，没有承担出资义务，不能享有公司的股东权，不享有公司的利润分配权，而且公司的一切日常重大事宜均由原告两人决定，被告两人只是原告两人聘用的工作人员。在没有经过原告两人同意的情况下将股权转让并进行了变更登记的行为严重损害了原告两人的合法权益，请求人民法院确认其转让行为无效。

丙和丁称：2011 年 5 月 29 日，被告两人想要创办 Z 公司，奈何资金不够用，于是两人分别向原告两人借款 30 万元和 20 万元，并且成立了 Z 公司，当时的收据就是借款时的证明。而且两人确实是经过法定工商登记机关登记的股东，应当有权利行使法律赋予自己的权利，转让行为有效，至于当时的借款问题属于民间借贷问题，应当另案起诉。

法院经审理后认为：从本案的事实上看，原告与被告之间确实有委托设立 Z 公司的协议，并且原告也实际上支付给了被告设立 Z 公司的股本金。公司成立之后，被告一直没有行使公司的决策经营权，被告完全按照原告的指示经营公司，公司日常重大事宜皆由原告两人决定，所以，委托关系是可以成立的。但是，原告两人身为国家工作人员，根据规定是不能经商办企业的，这与国家工作人员的廉洁性密切相关。所以，本案中原告两人委托被告两人成立公司的行为属于用合法形式掩盖非法目的的行为，应当认定为无效。原告两人不能成为 Z 公司的实际的真实股东，行为不受到法律的保护。而确认被告两人的股东资格有利于维护公司法律关系的稳定，有利于保护善意第三人（购买公司股权的张三和李四）的利益。至于原告和被告之间的其他关系，应当按照民事行为无效后的有关规定处理。据此作出判决，驳回原告关于要求确认被告转让股份无效的诉讼请求。甲和乙以隐名股东的身份幕后经营公司的行为最后落得竹篮打水一场空。

3. 人力资源管理的法律风险

企业办得怎么样，关键看企业对人的管理怎么样，人力资源管理是企业经营的重中之重。《中华人民共和国劳动合同法》（以下简称《劳动合同法》）颁布实施之后，人力资源问题又被提至新的高度，关乎企业的生死存亡。目前，小企业面临的人力资源挑战非常严峻，能否越过这道坎，是关乎中小企业能否顺利创新创业的关键。在人力资源管理的法律风险中，我们应当主要着眼于劳动合同订立的法律风险、劳动合同履行和变更的法律风险、劳动合同解除和终止的法律风险、特殊劳动合同的法律风险和员工薪酬和激励中的法律风险等。

经典案例：未签书面合同，工资双倍赔

在餐馆打工四年的小曾想要自己创业，2014 年 6 月，他拿出自己四年的积蓄在市区的饮食文化一条街开了一家炒菜馆。由于炒菜馆使用的食材新鲜，加上小曾为人厚道，很快生意火爆。2015 年 6 月，小曾开了分店，成立了一家餐饮公司，当起了名副其实的小老板。餐饮公司在 2015 年 7 月聘用一位员工时，没有和其签订劳动合同，但是每月正常支付工资 6000 元，小曾也没有将这件事放在心上。这位员工在公司工作一年之后提出辞职并且要求公司对一年中的 11 个月支付双倍工资，也就是公司需要再给其支付 66000 元工资。小曾很不理解，同意他辞职但是却没有再支付给其 66000 元工资。

于是，员工到当地的劳动仲裁机构申请了劳动仲裁。仲裁庭根据《劳动合同法》第 82 条的规定："用人单位自用工之日起超过一个月不满一年未与劳动者订立书面劳动合同的，应当向劳动者每月支付二倍的工资。用人单位违反本法规定不与劳动者订立无固定期限劳动合同的，自应当订立无固定期限劳动合同之日起向劳动者每月支付二倍的工资。"作出小曾应当再支付给辞职员工 66000 元的仲裁结果，小曾这时才感到头脑发蒙，感慨小老板的艰辛，不懂人力资源管理的相关法律法规，时时刻刻都要承担法律风险。

吃一堑，长一智。小曾觉得以后得好好学习相关知识，规规矩矩地和员工签订劳动合同，白纸黑字地将权利义务写得清清楚楚才是正途。

4. 融资法律风险

资金是任何企业发展的必备要素，也可以说，企业的运行本身就是"资金来去的艺术"。资金短缺问题是中小企业，尤其是创业初期的中小企业最难解决的问题，而资金只要在流动，一来一去之间就蕴藏着无数的法律风险。银行贷款本身所具有的门槛较高、程序繁杂、期限短和授信额度限制等融资障碍和创业者迫切长久的资金需求和信用较低的现状形成了矛盾，极容易催生融资过程中的弄虚作假等带来的法律风险，由于与金融机构打交道的风险中刑事责任风险可能性较大，所以尤其需要引起重视。

经典案例：盲目贷款风险较高

广西桂林的大学毕业生小王在学校门口用自家的房子开了一家打印店，并花费 20 万元购置了一台大型打印机和一些其他的打印设备，打印店开张的第一个月，业务量很多，小王觉得生意很有前景，远远没有饱和，于是以自己的房屋和打印机作为抵押物向银行贷款 200 万元，一次性又购置了十台打印机。

结果，小王开业的一个月正值毕业季，学生们打印材料较多，等小王的新打印机到手，生意却一落千丈，转眼入不敷出。眼看如果不能按时还款，银行就会将用于抵押的房屋和机器设备变卖或者拍卖掉，小王这时才后悔莫及，怪自己融资之前没有调查清楚市场，这下不但之前的努力付诸东流，连房子说不定都保不住了。

5. 交易合同法律风险

按照《中华人民共和国民法典》（以下简称《民法典》）的规定，合同是民事主体之间设立、变更、终止民事法律关系的协议。其实，合同就是一张记载权利和义务的契约书。法谚有云，合同就是当事人之间的法律。这句话能够很好地诠释合同的内涵。

现今，对于较为成熟的企业，合同管理已经深入到企业的方方面面。大部分情况下，企业一个交易项目的成功运行正是基于一个个合同的支撑。尤其是合同中相关风险防范条款（如客观条件免责情形）和应急预警条款的设置，对具体交易实施过程中的法律风险起到良好的抑制、约束作用。反之，即使只有一个合同出现问题，也往往会影响交易前后流程的衔接，进而影响到相关的交易项目实施进度，甚至关系到交易整体是否能够顺利完成。

从合同的缔约过程来看，合同的签订主要分为"要约"和"承诺"两个环节，一方作出要约，一方作出承诺则合同成立，对双方产生合同约束。如果另一方不同意一方率先发出的要约，反对其中的主要条款（例如讨价还价），那么相当于发出了一个"反要约"，需要最初发出要约的一方作出承诺才算合同成立。于是，根据合同订立的过程可以将合同风险分为要约过程中的风险和承诺过程中的风险。要约过程中的风险主要有要约的内容并不清晰明确带来的风险和要约撤回时所要承担的法律风险。承诺的法律风险主要有承诺是否以合理的方式到达对方的法律风险和将新的要约当作承诺的法律风险。

经典案例："买椟还珠"有风险

广西北海的小李大学毕业之后选择自主创业，在其老家的一条商业街上开了一家售卖民族特色纪念品的店铺，店铺中一种极具壮族民族特色的玻璃铜鼓饰品销售尤其火爆。

小李在进货时发现，A公司和B公司都销售这种玻璃铜鼓，款式和质量也相当，A公司的进价为90元一个，B公司的进价为80元一个，但是A公司每套铜鼓上附带赠送的有一张用于防尘和包装的铜鼓鼓套，看起来非常的"高大上"。于是小李和A公司签订了500个铜鼓的交易合同，但是交易合同中只写清楚了铜鼓的数量、质量和价款等内容，双方也约定了违约责任。等小李收到500个铜鼓时发现，A公司并没有赠送鼓套。双方商议无果后小李不愿意支付A公司价款，于是，A公司在多次催要不成后将小李告上法庭，要求其继续履行合同并承担延期付款所造成的违约责任。

小李这才着急忙慌地询问律师，律师告诉他，交易合同在签订时，主要条款固然重要，次要条款同样应当引起重视，虽然法律对于合同的次要条款没有直接规定，也不是合同本身所要求和必备的，但是正是由于其容易被忽视，其蕴含的法律风险往往也容易被忽略。双方在有偿合同中约定某项物品或者服务为免费提供或者免费赠送，一旦因为该物品或服务发生争议，极有可能被法院认定为次要义务或者附随义务，因为主义务已经履行，单单次要义务或者附随义务的违反不能影响合同的正常履行。更何况，小李和A公司的合同中压根没有涉及赠送鼓套的内容，白纸黑字的合同已经签字盖章，对方也已经履行了合同主义务，如果没有其他新的证据作证，小李打赢官司的可能性很小。听到这里，小李后悔莫及，在签合同的时候粗心大意，在收到货物后也没有第一时间去了解相关的法律知识，导致自己"平白"扩大了损失。

6. 税务法律风险

一般情况下，企业税务风险主要包括两方面：一是主动行为上的违法，主要表现为纳税的不足额，其后果是补税、罚款、加收滞纳金、刑罚处罚以及声誉损害等风险；二是由于认识不清导致的"吃亏"，由于前期了解的欠缺，没有用足有关优惠政策，多缴纳了税款，承担了不必要税收负担。①

如果单纯从法律规范的角度来分类，企业税务风险可分为违反税务管理的法律风险、违反纳税义务的法律风险和违反发票管理与使用的法律风险等。其中，违反纳税义务的法律风险主要包括企业税务违法风险、税收政策调整或者税务机关的责任导致的企业税务风险、客观上少缴税的无责任税务风险。所以，如果创业者不懂税务相关的法律，极容易在和税务机关打交道的过程中承担不

---

① 陈曦. 大企业税务风险管理研究 [D]. 北京：财政部财政科学研究所，2013.

必要的风险。

经典案例：向自家公司借钱可能要交税

大学毕业之后，小强自主创业和朋友一起开了一家 A 公司，小强是这个公司的法定代表人和股东，企业经营良好。2015 年 1 月，小强向企业借款 30 万元，计入其他应收账款，该笔款项至 2017 年 1 月未归还，并且该笔款项也未用于企业经营。该笔账款被税务机关核查出之后要求其缴纳个人所得税和滞纳金，小强以为自己只是借款并不理解，于是上网查阅相关材料。最后发现，依据《财政部、国家税务总局关于规范个人投资者个人所得税征收管理的通知》（财税〔2003〕158 号）规定：纳税年度内个人投资者从其投资的企业（个人独资企业、合伙企业除外）借款，在该纳税年度终了后既不归还，又未用于企业生产经营的，其未归还的借款可视为企业对个人投资者的红利分配，依照"利息、股息、红利所得"项目计征个人所得税。对于作为股东的自己来说，向 A 公司借走的 30 万元应视同分红，需补缴个人所得税，逾期的，还要缴纳滞纳金。小强最终为税法知识的欠缺交了学费。

7. 知识产权法律风险

知识产权是一种无形的资产，不像可以触摸的生产资料，也不像清晰可见的银行卡存款数字，但是却是企业最为重要的经济资源。假如提起国际上的品牌如耐克、可口可乐，国内品牌如海尔、鸿星尔克等，我们往往都会第一时间想起它们的图标甚至广告词，这无疑是一种非常大的竞争优势。所以，有人甚至将这种知识产权优势形容为"企业竞争力的发动机"。

但是由于知识产权本身包罗万象，加之我国企业向来知识产权意识淡薄，非常容易造成企业在生产经营过程中面临十分复杂的知识产权法律风险，一旦处理失当，轻则造成经济损失，重则影响企业生死存亡，其中案例数不胜数。

经典案例：未仔细审查商标，导致官司缠身

2016 年刘某大学毕业后在南宁市开了一家饮品店，其使用的商标"大碗茶"是广西 A 食品有限公司提供的，并经过 A 公司及该公司法定代表人蔡某授权使用。其对外制售的产品（包括奶茶、奶制品、果汁、果汁饮品等）、包装杯上均使用"大碗茶"标识和文字。奶茶店平平静静地开了半年之后，刘某突然收到了一纸传票，原来是广东 B 公司代表人武某状告其商标侵权。"大碗茶"商标自 2005 年被武某经申请核准注册第"1234567"号商标以来，武某就将该注册商标用于自营的奶茶饮品店及经营的产品（包括奶茶、奶制品、果汁、果汁饮料等）上。2009 年 3 月，武某将"大碗茶"用作企业字号，设立了 B 有限公司，并许可该公司在经营活动中使用"大碗茶"注册商标。B公司从设立至今，已在全国发展了加盟经销商约达二千家，加盟店遍及广东、广西等十九个省份，上述大碗茶加盟店均以提供"大碗茶"品牌饮料的餐饮服务为主，且在店面招牌、产品销售清单和产品外包装上突出使用"大碗茶"注册商标。如今，"大碗茶"品牌已在奶茶及饮品市场上形成了十分良好的口碑，并深受各地消费者所喜爱。同时，由于武某拥有的"大碗茶"注册商标使用时间长，覆盖地域广，在市场上已形成了较高的知名度和信誉度，每天仍有无数来自全国各地的人士前来要求加盟经营大碗茶饮品店。2016年12月，武某在例行市场巡查时发现，广西南宁刘某的饮品店在未经其许可和授权的情况下，擅自在其店面招牌、产品销售清单、宣传单张、产品外包装上均突出使用了"大碗茶"且带有大碗茶字样的标识，于是将其告上法庭，要求A立即停止侵犯原告第1234567号注册商标专用权的行为，立即停止在餐饮服务上使用"大碗茶"等带有大碗茶字样的标识，立即销毁带有"大碗茶"等大碗茶字样标识的侵权产品、产品外包装、产品销售清单、宣传单张、店面装潢和店面招牌并向其赔偿经济损失（合理损失和律师费用）90000元。法庭上，刘某辩称自己接受了A公司的授权，也是受害人，不应当承担相应责任。经法庭审理，最后判决被告刘某的饮品店和刘某立即停止侵犯原告武某第1234567号注册商标专用权的行为，停止在餐饮服务上使用"大碗茶"等带有大碗茶字样的标识，销毁带有"大碗茶"等大碗茶字样标识的侵权产品、产品外包装、门店装潢、产品销售清单、宣传单张、店面装潢和店面招牌并赔偿武某经济损失（含制止侵权行为所支付的合理开支和律师费）20000元。

这是一起典型的知识产权侵权案件，鉴于该商标在业内的影响力，刘某如果知晓知识产权法的具体规定，就不会轻易接受A公司授权成为知识产权侵权人，也不会落得官司缠身。

8. 履行社会责任的法律风险

企业的社会责任包括非常广泛，我国在经济建设初期，政府和企业都过度地追求经济效益，忽视了企业作为社会的重要一员本身应当承担的社会责任，随着经济的发展，我们愈发地感受到我们的企业似乎缺少了什么，企业的发展看似没有问题，但是产品质量问题日益堪忧、食品安全问题随时引爆、假冒伪劣农资坑农害农、虚假混淆广告误导消费、环境污染问题愈发严重、安全生产事故时有发生。这些问题的出现，和企业没有履行好自身的社会责任有很大的关系。基于此，国家在企业的社会责任领域如消费者权益保护、生态环境保护、安全生产和公益活动等方面出台了一系列政策法规，企业如果没有履行好社会责任而触犯到法律的底线，就要承担相应的法律风险。

经典案例： 美容变毁容，商机变危机

广西桂林某高校英语专业的毕业生小美一直在为谋求创业寻找商机，由于英语专业本身女生就多，大家在闲暇之余时时讨论化妆品和皮肤保养，当看到自己琳琅满目的化妆台时，突然灵机一动，想寻找一种结合养生与补水作用的面膜在学校中推广。于是，小美在网上经过对产品进行对比后，选择了一款名为"没豆豆"的中医面膜产品并在学校旁边的小区租了一间小房子开始了做面膜保养的创业之路。一次面膜保养加脸部按摩收费35元，由于其价格实惠而且确实能起到一些效果，小美的生意也渐渐红火。看着日进斗金的小店铺，心里美滋滋的小美开始鼓励顾客增加来做中医面膜保养的次数，早就将面膜说明书上"本产品内含中药制剂，建议使用频率为每周一次，至多不能超过两次"的说明抛到一边，有些顾客在小美"多来一次，多美一分"的说辞下甚至隔天就要来敷上二十分钟。不久之后，小美的一个老顾客小丽在一周第四次敷完面膜之后出现了脸部持续刺痛，爆出红色小痘痘的症状。小美不以为意，仍然建议该顾客继续使用"没豆豆"中医面膜，并称出现的痘痘只是正常的爆豆排毒现象。再次用完该产品后，小丽出现了脸部溃烂疼痛的症状，去医院检查的结果显示为长期接触高浓度化学物质导致的皮肤溃烂。于是，小丽整理证据之后将小美告上了法庭，要求其赔付医疗费、误工费和精神损失费，小美这时才傻了眼。

9. 行政管制法律风险

政府的行政管制与企业的健康发展密切相关，从企业的"出生"到"死亡"，无不伴随着行政的管制。行政管制的法律风险往往包括行政处罚风险、行政许可风险、行政合同风险和行政维权风险等。小企业，尤其是刚刚成立的小企业被政府管制的影响更大一些，一旦对行政管制的重视不够，等到被行政处罚甚至是被强制执行时才猛然惊醒，为时已晚，教训不可谓不深刻。

经典案例： 大吉大利，处罚有力

随着一款名为绝地求生的游戏火爆整个游戏圈，"大吉大利，今晚吃鸡"的口头禅也在校园里风靡起来，其中不乏未成年的小学生也扎堆讨论游戏内容，距离大、中、小学校稍近的网吧几乎天天爆满。创业者小王从中看到了商机，于是联合几位朋友在经历过筹资、选址、审批等层层努力下办起了一家名为"吉吉利利"的网吧，小王也是该网吧的实际管理人员。随着生意的火爆，小王来者不拒，即使是未带身份证的未成年人来上网，小王也通过筹集朋友和亲戚

的身份证的方式来解决他们的上网难题。2017 年 10 月 10 日，"吉吉利利"网吧被监管机关查出接纳 3 名未成年人上网，受到了罚款 5000 元的处罚；2017 年 11 月 25 日，网吧又被监管机关查出接纳 6 名未成年人上网，这次的处罚是接受停业整顿 15 天。两次处罚后，小王抱着侥幸心理仍然我行我素，终于在 2018 年 1 月 5 日再次被监管机关查出接纳 14 名未成年人上网。

上述案件经过监管机关调查认定其行为已经严重违反《互联网上网服务营业场所管理条例》第 21 条的规定："互联网上网服务营业场所经营单位不得接纳未成年人进入营业场所。互联网上网服务营业场所经营单位应当在营业场所入口处的显著位置悬挂未成年人禁入标志。"并根据该条例第 31 条"互联网上网服务营业场所经营单位违反本条例的规定，有下列行为之一的，由文化行政部门给予警告，可以并处 15000 元以下的罚款；情节严重的，责令停业整顿，直至吊销《网络文化经营许可证》：（一）在规定的营业时间以外营业的；（二）接纳未成年人进入营业场所的……"的规定，决定吊销"吉吉利利"网吧的《网络文化经营许可证》。网吧关门时，辛辛苦苦的小王连创业投资成本都没有收回，可谓是血的教训。

10. 除了上述的法律风险之外，中小企业在发展到一定程度时，还将面临上市的法律风险和企业国际化发展的法律风险。

企业在准备上市时，以上市为节点，分为上市前的法律风险、上市过程中的法律风险和上市后的法律风险。在上市之前，要考虑到相关的政策风险、上市带来的制度成本风险和费用成本风险。具体情况下，还要考虑主体资格的风险、行政处罚的风险、知识产权的风险、大客户依赖的风险、劳动合同的风险和同业竞争的风险。企业在上市的过程中，要着重考量募集资金使用的风险和企业内部控制制度运作不规范的风险。企业上市之后，要增加考虑内幕交易风险、虚假陈述风险，经营风险和技术风险，以及信息披露风险和接班风险等。

企业国际化的法律风险，包括营销国际化风险、生产国际化风险、投资国际化风险和服务国际化风险。由于交易对方为外国企业，通常情况下距离比较远，所以说要特别注意货物意外损失的风险、货款支付的风险、货物质量的风险、海上运输的风险、知识产权风险及交易对方国家政治、战争的风险。在生产国际化风险中，要积极应对贸易壁垒，知己知彼，审慎接单。同时要提高知识产权意识，避免知识产权侵权。在投资时，应当了解东道国准入法律风险、劳动人事法律风险、知识产权法律风险、环境保护法律风险等。服务国际化风险主要是避免和交易对方签订合同时违反对方国家的强制性法律规定。

第二节 创新创业中法律风险的防范措施

一、企业设立过程中法律风险的防范措施

1. 谨慎选用"无限责任"的设立形态

创业时如果选择个体工商户、个人独资企业或者合伙企业等"无限责任"的设立形态时，要有充分的思想准备与风险意识，具备较高的控制与管理能力。"无限责任"的设立形态下，企业的债权人可以追索到投资人的个人全部资产甚至是家庭财产，在理论上的责任是无限大的，一旦遭遇任何一次较大的市场风险，创业者极有可能一次性"倾家荡产"，一生努力毁于一旦。诚然，"无限责任"的设立形态较为灵活，设立程序相对简单，往往比较适合创业者，但是还是建议企业规模一旦达到一定程度，还是转变为"有限责任"的企业形态较为合适，投资者们往往能够放心大胆地投资，管理者也能放心大胆地开拓事业。毕竟，有限责任公司发展为全世界企业设立形态的主流并不是没有原因的。

2. 企业设立的合作之初就要考虑今后的矛盾

企业的设立阶段，创业投资者之间的关系就像热恋中的情侣一样，没有人会在考虑结婚事宜的时候计划离婚的事情，都是期望着白头偕老，但是"围城有风险，入城需慎重"。

创业的投资者拿出的往往都是自己甚至父母的血汗钱，创业后也要付出艰辛的努力，所以创业前一定要多加考虑今后的矛盾，许多"丑话要说在前头"，避免以后不必要的麻烦。在选择"无限责任"的企业形态时尤其重要，例如合伙，大家要互相承担无限连带责任，所以内部的责任一定要划分清楚，避免"出资多，受益少"等矛盾的出现。

合伙协议中权利的享受和义务的承担等重要部分一定要清晰明确。选择有限责任公司形态时，虽然公司股东本身承担的风险较小，但是一旦大股东之间、股东和公司管理层之间出现不可调和的矛盾时，加之没有预先设置的矛盾解决机制，极有可能影响公司的运行。所以，在设立有限责任公司章程时，一定要在合法的限度内尽可能地细化矛盾解决机制，做到未雨绸缪。

3. 设立公司时章程应当明确、具体、有可操作性

在根据公司的特点和需要设置公司章程的时候，一定不能照搬别的公司的

章程，尤其是一些创业者的小企业，因为已经被设立程序搞得焦头烂额，往往容易照搬照抄其他公司的章程。

公司的章程不但要结合自身的特点，还要做到内容明确和具体，对违反章程的后果以及救济方式也要有能够实际操作的规定，尽可能地将股东关注和约定的内容写入章程，同时注意章程的内容不能与法律的强制性规定相抵触。

4. 公司股东应当依法出资

《中华人民共和国公司法》（以下简称《公司法》）第28条规定："股东应当按期足额缴纳公司章程中规定的各自所认缴的出资额。股东以货币出资的，应当将货币出资足额存入有限责任公司在银行开设的账户；以非货币财产出资的，应当依法办理其财产权的转移手续。股东不按照前款规定缴纳出资的，除应当向公司足额缴纳外，还应当向已按期足额缴纳出资的股东承担违约责任。"说明了股东在公司成立时，必须按照法律和公司章程的规定依法、及时出资。

虚假出资与抽逃注册资本是公司股东的大忌，轻则对公司进行行政处罚，重则相关当事人还要承担刑事责任。

5. 应当及时正确地办理变更登记，重视防范登记风险

及时正确地变更登记，既是法律的强制性规定，也是公司保障自己合法权益的有效方法。

一般情况下，由于登记是取得营业执照的必需前置程序，创业者无法逾越，为了公司顺利成立，对于初次登记比较重视。但是面临变更登记时，不管是出于主动或者怠于的心态，往往不能及时、正确地按照规定程序办理，这是引发纠纷或风险的重要因由。有的时候投资者往往很少亲自去办理公司登记的事项，而是委托其他人来办理，但是受委托人的办事态度、能力有强有弱，导致瑕疵登记时有发生。所以，在委托他人办理公司变更登记时，投资者应对相关法律文件进行认真审核，谨防风险。

6. 设置分支机构时要谨慎

分支机构是企业管理的薄弱环节，因为分支机构经常设置在异地，正所谓"天高皇帝远"。但是"熊孩子闹事，父母担责"，分支机构的责任，是由设立该分支机构的企业来全部承担的。也就是说，虽然股东对有限责任公司承担有限责任，但是有限责任公司对其分支机构是要承担无限责任的。分支机构在合同管理、印章管理上都有可能存在重大的风险。在设立分支机构时，尤其要注意两个方面的问题。

第一，分支机构不能够和他人合作设立，也不能交由他人负责运行。即使

和他人有内部的约定，一旦出现债权债务事项一律由他人负责，但是根据法律的规定，分支机构是不具备法人资格的，出了事只能由设立分支机构的企业全部承担。至于内部约定只能约束内部，对外无效，不能违反法律的强制性规定。

第二，企业对分支机构的管理往往鞭长莫及，也不在投资者的监督视线范围内，所以，分支机构的企业公章和交易合同更应当被严格地管理和控制。因为一旦在分支机构的管理上出现问题，往往连经手人、盖章人都查不清，设立分支机构的企业就要承担全部责任。

二、企业治理过程中法律风险的防范措施

1. 隐名股东的法律风险防范措施

隐名股东法律风险的防范分为事前防范、事中防范和事后救济。目前，法律上对于"隐名"和"显名"之间的界定尚无清晰、明确的规定，判断双方权利义务关系主要取决于双方签署的出资协议。

为了降低该项风险，事前应当尽可能地完善出资协议，对出资比例、利润分配比例、股东表决权的行使等事项有较为清晰的说明。公司成立后，关于股东资格认定的风险就主要存在于股权转让中了，公司对股权转让一定要审核是否合乎法律及政策的规定。如果争议最后已经发生，在不能通过相关的协议或章程来协调解决的话，应当尽快地通过司法途径来进行解决。

2. 股东会制度的法律风险防范措施

股东会制度的法律风险主要有股东会召集、表决的法律风险，股东会记录瑕疵的法律风险，股东会决议违反法律和章程规定的法律风险和股东会僵局的法律风险。由于股东会是公司的"中枢神经"，关乎公司能否正常运转。所以章程中就要考虑诸如股东不出席股东会、出席不表决或中途退出致使无法作出表决等问题解决的设计。

3. 董事会制度的法律风险防范措施

董事会制度的法律风险中，主要应当防范董事执行职务中的法律风险、防范董事会会议召开程序上瑕疵的法律风险和防范董事会决议瑕疵的法律风险。

如果公司的董事利用职务上的优势为自己谋福利，既要有劝阻的办法，又要有救济的手段。

另外章程中还应对出席董事会的人数不符合要求、出席后中途退出、出席不表决、一个人接受几个人的委托能够参加董事会进行表决的情况进行说明。在出现公司僵局时，董事会将如何调整与保护公司也应当在章程中加以确认。

4. 高管人员选任与行使职权的法律风险防范措施

在公司高管的选任过程中，应当考核其过去的任职状况、结合民法和相关法律的规定，考察无民事行为能力和限制民事行为能力的情况、考察高管是否具有较大数额到期未清偿债务的情况。当然，高管的选任程序也应当清晰明确。在高级管理人员行使职权时，应当注意表见代理和无权代理情况的出现。应当知晓，无论越权代理公司的行为是表见代理还是无权代理的形式，只要这一行为对公司造成了损害，作为行为人的高级管理人员就应当对公司承担赔偿责任。

三、人力资源管理法律风险的防范措施

1. 签订劳动合同时的法律风险防范措施

在签署劳动合同前，应当审查劳动者的主体资格、主动履行告知义务、注意劳动合同的签订细节、避免使用独立的试用期条款、避免签订劳动合同时扣押劳动者证件、要求劳动者提供担保或缴纳保证金和押金。在劳动合同的签订细节上，应当避免随意用工、避免因疏忽过失而不签订劳动合同、避免出现劳动合同无效、避免出现临时用工的概念、注重劳动合同签署的程序、注意为劳动者办理入职手续、发放劳动合同、建立职工名册并且办理用工手续等。

2. 劳动合同履行和变更的法律风险防范措施

应当积极全面地履行劳动合同，建立健全劳动合同管理制度和企业的规章制度，注意企业各部门之间的协调和配合。对公司出现合并或分立等客观情况发生重大变化的情形，应当作出明示。还要灵活设计劳动合同的条款，对工作地点的约定不宜过细、对工作岗位设置期限并且增加一些弹性条款。在变更劳动合同时，应当采取书面形式并经过一定的程序。在法律的规定下，认真履行关于女工和未成年工保护的规定、制定完备的绩效考核体系、做好与劳动者协商的相关记录。

3. 劳动合同解除和终止时的法律风险防范措施

在解除劳动合同时，企业应当签订书面的解除劳动合同协议。协议中应当注明解除劳动合同的提出方并且将解除劳动合同的理由告知工会。企业应及时办理劳动关系终止的手续，避免因用人单位的过错解除劳动合同。对存在职业病风险的职工进行离职前体检并且做好其他离职工作的管理。①

---

① 徐小平，蔡健晖. 金融危机下，企业减员增效法律实务问题研究［J］. 湖南工程学院学报（社会科学版），2010（2）：93 - 98.

4. 特殊劳动合同的法律风险防范措施

这里的主要问题是劳务派遣的劳动合同问题。企业和劳务派遣单位应当签订详细、操作性强的劳务派遣协议。劳务派遣单位与员工之间应当签署劳动合同,合同中应当载明被派遣员工的用工单位、派遣期限以及工作期限等内容。实际用工单位应当尽到告知被派遣劳动者的工作要求和劳动报酬的义务、支付加班费、绩效奖金并提供与工作岗位相关的福利待遇。

5. 员工薪酬与激励制度的法律风险防范措施

激励制度的设立,应当考虑税金和社会保险费等成本,用人单位依法应当承担养老保险、医疗保险、失业保险、工伤保险和生育保险等五大保险的缴费任务。一般用人单位需要按照工资总额的20%~40%缴纳相应的社会保险费。激励制度的设立,不能跨越最低工资标准,并且注意最低工资本身并不包含延长工作时间的工资和在高温、夜班、有毒有害等特殊化工作环境下的津贴。最低工资标准因适用地区不同而不尽相同,例如,2017年南宁市最低工资标准为每月1400元。另外,在设计激励体系时,应当避免将社会保险费纳入其中。最后,激励制度的设计要考虑劳动者的成本。

四、预防融资法律风险的防范措施

1. 银行贷款方面的法律风险防范措施

企业在与银行打交道时,应当特别注意银行贷款可能带来的风险,尤其是刑事责任风险。虽然银行贷款可以给企业带来一定的发展动力,但是申请银行贷款也要量力而行,对企业的还贷能力有切合实际的认识,避免因不能还贷而导致企业重要资产被处置的情形。① 企业主也要千万注意,不要因为贷款的迫切而进行贷款诈骗。

2. 内源融资的法律风险防范措施

在企业实力弱小时想获得外部融资相对困难。一些创业者往往通过内部资源的挖掘进行融资,主要包括票据贴现、信用证融资和应收账款保理等。在这时应当注意不做假票证,选择有实力、讲信誉的交易伙伴,与银行等金融机构充分合作等避免内源融资的法律风险。

3. 民间融资的法律风险防范措施

如果内部潜力难以挖掘,银行贷款条件又不符合,情急之下,中小企业,

---

① 张英. 论中小企业经营的法律风险及防控 [D]. 保定:河北大学,2013.

尤其是创业者有可能会尝试民间融资向个人借款或企业拆借等。民间融资是把锋利的"双刃剑",杀伤力特别大,中小企业使用该方式筹集资金要慎之又慎。由于民间融资的利率往往比银行利率要高出几倍甚至十几倍,所以企业一定要量力而行。在民间融资时,要注意人数的控制,借款人在质不在量。要控制利率,尽量不超过同期银行贷款利率的四倍。要防范风险,保证长期项目的资金来源不依赖于短期资金。另外,要尤其注意高利借贷的陷阱,近几年在国家打黑高压下暴露出的有黑社会背景的高利贷组织对企业和个人的惨痛伤害已经足以引起惊醒了。

五、交易合同法律风险的防范措施

1. 合同签订前风险的防范措施

合同的订立关乎合同的最初状态,一般要经过要约和承诺两个阶段。但是在一些特殊情况下,根据法律或者行政法规的规定,应当办理登记、批准等手续才能生效的合同还必须办理相关的手续。看似比较简单明了的合同订立程序,实际上也隐藏着许多风险。

在合同签订前要进行一定的风险调查,审查对方的主体民事行为能力、审查对方的签约代表人的权限、调查对方的履约能力和信用状况、调查相关的政策文件等是否有可能使合同的履行陷于不确定性的因素。还有就是要仔细审查合同的条款,建立相应的救济机制。

2. 合同条款风险的防范措施

在预防合同条款的风险措施上,对合同文本的审查非常重要。在审查合同文本时合同标的的条款、合同数量条款、质量条款、合同期限条款、合同价款或报酬条款、合同履行方式条款、合同风险转移条款、合同保密条款、合同不可抗力条款、合同违约责任条款、合同解决争议条款、合同生效条件条款、合同目的条款等都非常重要。各个条款都要做到清晰、明确、具体且有可操作性。只有这样才能够尽量减少以后可能出现的矛盾争端。

3. 空白合同风险的防范措施

目前社会上许多企业的管理非常混乱,尤其是刚刚创立的中小企业,为了扩大业务量,会给很多业务员分发加盖公章的空白合同,由业务员根据不同的交易情况签订合同。企业应当更加严格地对空白合同进行控制与管理,原则上不签发空白合同,必须要签发空白合同的一定要进行登记,并说明用途。空白合同使用后应当及时交由公司审核备案,未按照原计划用途使用的空白合同应及时收回。在对公章进行管理时，应当统一收归某一个部门集中进行管理，由专人来负责。做到一份合同一次登记，从而在经营活动中更有效地避免法律风险的产生。

4. 合同担保风险的防范措施

保证是一个民事法律行为，具有一定的法律效力，也会带来一定的担保风险。当事人在办理担保的过程中，一定要严格按照法律规定的方式进行，否则可能导致担保因缺乏合法性而无效。针对合同担保实践中存在的问题，为防范合同担保的风险，企业应当注意以下问题：一是要严格审查保证人主体资格的合法性；二是要严格审查被保证人的资信状况；三是要严格按照公司章程，加大对担保的管理力度；四是要充分运用反担保手段；五是在选择保证方式时尽量选择能够减轻保证责任的方式，明确区分连带责任保证和一般保证；六是注意运用保证责任的免责条款。[①]

5. 合同履约风险的防范措施

由于合同本身是一个动态而非静态的过程，所以在合同履约的过程中一定会蕴含相应的法律风险。在合同履行中一般要注意全面适当地履行合同，自始至终地关注合同的进展；要注意第三人代为履行和向第三人履行的风险；注意交付方式条款或者送货条款的约定，保留合同来往资料，搜集证据；在合同约定不明时应当知道按照《民法典》进行办理；合理运用行政、司法等渠道保护自身的利益。

六、税务法律风险的防范措施

1. 税收政策适用风险的防范措施

应当正确理解、全面把握税收政策的规定，切勿以偏概全，管中窥豹。比如个人所得税，虽然国家仅仅颁布了一部《中华人民共和国个人所得税法》和一部《中华人民共和国个人所得税法实施条例》，但是有关个税的配套且还在适用的政策有 200 余部。企业应当明晰自己业务所涉及的税种，系统地学习相关的税收政策，做到实体与程序并重。

由于税收法规政策的变化较其他政策较为频繁，所以企业一定要及时关注变化，进行知识更新。同时，税收问题往往涉及比较专业、复杂、时效性的问题，企业仅凭自己的力量难以应付，这时就要加强和中介组织的合作。可以让

---

① 李丹. 试论中小企业融资担保中的风险防范 [J]. 市场周刊（理论研究），2008（4）：83 – 84.

这些机构成为企业税收风险的外部监控人，更好更专业地监督发现企业隐藏的税务风险，并提供解决方案。

2. 应纳税额核算风险的防范措施

在应对应纳税额核算所面临的法律风险时，应当注意提高财会人员的业务素质，规整和妥善保管财务凭证；要加强与会计师事务所、税务代理事务所的专业交流；特别加强与税务机关的联系和沟通，争取在税法的理解上与税务机关取得一致，避免在某些模糊和新生事物的税收处理方面和税务机关出现相左的意见。

3. 纳税筹划风险的防范措施

一般意义上的纳税筹划就是通过对纳税人的行为事先布局和安排，在不违反法律法规的前提下，合理地减小税负。纳税筹划在本质上其实是一种追求最小合理负税过程中的法律风险评估行为。在进行纳税筹划时，一定要树立正确的意识依法进行，警惕不要逾越法律的红线；在进行纳税筹划的过程中，发现问题要即刻纠正；在进行纳税筹划时要坚持成本效益原则，追求整体性的综合利益。因为只有当纳税筹划方案的收益大于支出、整体利益大于局部利益、长远利益大于眼前利益时，纳税筹划才能算是成功。

4. 纳税申报筹划风险的防范措施

纳税申报是指企业按照税法规定或者税务机关依法确定的期限和内容，如实向税务机关报送纳税申报表、财务会计资料以及税务机关根据实际需要要求纳税人报送的其他纳税资料的活动。纳税申报一般包括自行申报、邮寄申报、电文申报和代理申报等申报方式。在进行纳税申报时，要注意树立正确的纳税观念。不管企业是否需要实际纳税，都应该严格按照法定的期限、地点和要求进行相关申报。要在程序上确保申报的真实性、完整性和及时性要求。要加强自我保护意识，在面临税务机关和税务工作人员违法违纪的行为时，知道自己有检举和控告的权利。

七、知识产权法律风险的防范措施

关于防范知识产权的相关法律风险，应当做到两点，一是谨慎避免自己侵权，二是勇于维护自身权利。根据知识产权所包含的不同种类的权利，可以分情况讨论具体权利法律风险的防范措施。

1. 专利侵权风险的防范措施

如果自身是专利权人，应当正确树立专利意识，履行专利法规定的作为专利权人所应当承担的义务。例如缴纳专利年费义务，正确合法地转让、许可专利的义务。如果遇到专利复审委员会的审查，应当积极主动配合，充分准备。作为专利权人，还应当注意建立健全相关的防范和维权措施。在遇到专利权纠纷时应当正确认识诉讼的功能，选择诉讼的时机与方法，树立诉讼的目标。

当自己是非专利权人时，应当在企业中建立专利信息管理制度，对企业发展过程中涉及的相关技术进行专利侵权的风险评估，预防侵犯他人的专利权。当发现自身产品或者技术有侵权可能性时，虽然自身的分析和检索也有必要，但是更提倡及时寻求专业人士的帮助，毕竟专业的事应当由专业的人来做。如果确认自己的企业没有任何侵权行为，就应当运用好诉讼等手段积极应对。

2. 著作权侵犯风险的防范措施

在著作权侵犯的法律风险防范上，创业者应当充分地认识到，作品都是智力成果，是脑力劳动的产物，脑力劳动的付出也是应当得到尊重与回报的。如果要使用他人的作品，应当征得相关权利人的同意并签署相应的书面协议或许可协议。和创作者对作品的署名权、修改权、复制权、发行权、出租权、展览权、表演权、放映权、广播权、信息网络传播权、摄制权、改编权、翻译权、汇编权、转让权、获得报酬权等有一个相对明确且公平合理的约定。①

创业者应当养成在使用著作权时支付报酬、签订使用许可合同的习惯。目前我国虽然有著作权登记制度，但是并非是强制性登记。所以从相关政府网站所查询的著作权登记情况只是著作权权属的初步证明，不能作为著作权权属的确认证明。

3. 品牌侵权风险的防范措施

品牌侵权风险一般包括商标商号领域的侵权风险、产品包装及外观设计被仿冒的风险、门店装潢被仿冒的风险等。为了预防以上风险，要做到在注册商标申请专利时，学会使用独一无二的品牌形象。如果知识产权效益在企业内所占比重较大，还要建立一系列知识产权管理制度。当企业逐渐做强做大之后，企业还可以申请当地的著名商标或驰名商标，申请驰名商标认定是防止不正当竞争的一种有效手段。另外，建立行之有效的保密制度，谨慎使用品牌授权，也是避免风险较为常用的手段。最后，创业者应当树立艰苦创业、自主创新的意识，千万不要在品牌之路上"搭便车"。

4. 商业秘密侵权风险的防范措施

根据《中华人民共和国反不正当竞争法》的规定，商业秘密是指不为公众

---

① 刘华俊. 知识产权诉讼制度研究 [D]. 上海：复旦大学，2012.

所知悉、具有商业价值并经权利人采取相应保密措施的技术信息、经营信息等商业信息。商业秘密由法律保护，但是也有很高的被泄露风险。商业秘密被泄露，一般情况下都与人直接相关，所以建立对人员的保密制度非常重要。对内部员工可以通过签署保密协议或签署竞业限制条款来约束。对于外部人员，例如供应商或者客户等，应当在与其的业务往来中明确约定商业秘密的保密条款，或者另行签署保密协议。①

要完善材料、档案保密制度，配置相应的安保设施。另外，应当严格审查涉及商业秘密的合同。对于有可能涉及商业秘密内容的，合同签署前应当进行更为翔实的合同审查，约定商业秘密的范围及违约责任，在履行过程中保护涉及商业秘密的文件、产品、信息技术等。

八、履行社会责任法律风险的防范措施

1. 侵犯消费者权益的风险防范措施

侵犯消费者权益的风险，一般包括民事责任风险、刑事责任风险和其他风险。民事责任风险包括由产品缺陷或产品瑕疵导致的风险、欺诈行为导致的双倍赔偿风险、利用格式条款单方免除责任的风险和侵犯消费者权益的风险。刑事责任风险涉及两个罪名，分别是生产销售假冒伪劣产品构成的犯罪和因为非法销售构成的犯罪。

诚然，现实中我们也看到，不少创业者曾遭受过不良消费者的敲诈，这时，识破敲诈，及时报案尤其重要。对于借产品质量为名攫取钱财的所谓"消费者"，绝不能姑息迁就。

2. 忽视安全生产的风险防范措施

安全重于泰山，企业千万不能忽视安全生产的风险。应当加强全体员工的安全教育，提高安全意识。

应当切实履行企业安全生产第一责任人的职责，建立完善的安全生产第一责任人制度。应当定期组织安全法律知识的学习，合理地安排安全投入，确保企业生产的安全。

3. 破坏生态文明的风险防范措施

企业在破坏生态文明时要承担的风险分为刑事责任风险、民事责任风险和行政责任风险。

---

① 季超. 侵犯商业秘密罪构成要件的重构与展开［D］. 上海：华东政法大学，2011.

由于环境污染的侵权责任是一种无过错责任。即排污单位有无过错，以及污染物的排放是否超过标准，不是排污单位是否应当承担赔偿责任的法定要件。只要排污单位有排污行为，有污染所造成的损害，并且排污行为与损害之间有一定的因果关系，那么排污的单位就要承担相应的侵权责任。所以企业在这方面的举证风险是非常大的。①

企业在进行生产经营时，应当注意不能逾越环保红线，走可持续发展之路。主动调整、优化产品结构，积极发展循环经济，把"绿水青山"留给后人。

4. 参与公益活动的风险防范措施

企业在参与公益活动时也要注意相应的风险。首先，要注意诺成合同和实践合同的区别。平时我们所签署的合同一般为实践合同，即当事人除了双方意思表示一致以外，还需要交付标的物才能使合同成立。但是诺成合同是在作出表示时，另外一方只要没有明确反对，合同就已经成立了。所以企业在作出公益捐助行为时应当谨慎，因为只要受赠予一方没有明确反对合同，在企业作出捐助的表示时该赠予就已经成立了，若是事后反悔不愿意履行合同，企业就要承担相应的违约责任。另外有公益性质的赠予合同与普通的赠予合同不同，公益性质的赠予合同不可撤销。在洪水和地震等灾害来临时，一些企业为了宣传或者是其他效果，往往在"一激动"之下许下超出自身能力的捐赠承诺。事后如果不履行捐赠承诺或者想撤回承诺都是违法的，要面临有关方面的法律责任追究。另外企业也要注意，当企业的经济状况恶化时，可以不履行赠予义务，但是应当及时告知受助人。

九、行政管制法律风险的防范措施

1. 理性应对违法行政处罚

行政处罚必须要有法律、法规或者规章为依据，没有相关依据的，行政处罚无效。作出行政处罚一般情况下需要满足两个条件，缺一不可。第一就是要有明确的违反行政管理秩序的行为。第二，这种行为还要被当下已有的法律法规或者规章明确规定。另外，企业在面临行政处罚时可以检视该行政机关是否具有行政处罚的主体资格，对于不符合行政处罚主体资格的行政机关，企业可以当场予以拒绝。行政处罚的程序一般分为行政处罚的决定程序和行政处罚的

---

① 朱伟妹. 论环境污染责任——以《侵权责任法》第65至68条为视角 [D]. 湘潭：湘潭大学，2011.

执行程序，企业在判断行政处罚的程序是否合法时，可以参照以下几点。一是是否告知处罚的事实、理由及依据。二是是否给予被处罚企业陈述权和申辩权。三是是否告知被处罚企业有权申请听证。四是罚款收缴的方式是否合法。以上四种程序都是行政机关在作出处罚时应当严格遵守的，倘若有程序错误，企业可以通过行政复议或行政诉讼等手段拒绝该行政处罚。

2. 依法取得行政许可

《中华人民共和国行政许可法》于 2004 年开始实施，是我国立法实践经验的一次总结，企业如果能够科学地利用行政许可法，将会给自身带来莫大的益处。首先，创业者应当了解行政许可的设定权限。其次，企业在申请行政许可时应当明确行政许可的实施机关，行政许可的实施机关，也可以是行政许可的授权或委托的机关，但是两者不尽相同，授权的机关往往可以独立承担相应的责任，但受委托机关只是在为委托机关"打工"，不能单独承担相应的法律后果。在企业申请行政许可时遵循行政许可的相关程序，一般要通过申请、受理、审查和决定四个步骤。

3. 签订行政合同时的风险防范措施

行政合同不同于一般的民事合同，一定要作出区分。民事合同是平等主体之间签订的有关人身或财产的合同。而行政合同是指行政主体为了实现特定的行政管理目标，与作为相对人的公民、法人或者其他组织经过协商，在意思表示一致的基础上所达成的，涉及双方权利义务的合同。①

和民事合同类似，企业在签订行政合同时，应当注意合同的主要条款、缔结方式和双方权利义务内容。其和民事合同不同的是在行政合同的缔结方式方面，主要有招标、拍卖、邀请、发价、直接磋商等。行政合同一般都要采取书面形式，但是在直接磋商中，如果数额较小或者有紧急情况时也会采用口头形式。行政主体在履行合同时往往具有一定的优先权，但是也不意味着行政主体可以不依法履行合同，其同样要兑现承诺的义务、承担赔偿或补偿的义务和承担支付价款和报酬的义务。与之相对应，行政相对人就享有获得报酬的权利、损害赔偿请求的权利和补偿请求的权利。在履行合同时，行政相对人要承担履行合同的义务和接受行政主体管理和监督的义务。

4. 学会运用行政复议维权

企业如在觉得自身利益受到损害或者受到了不公正待遇时，如何来寻求救

---

① 王伟霞. 论行政允诺制度 [D]. 济南：山东大学，2009.

济是一个值得研究的问题。如果选择行政诉讼的方式，其公正性和权威性固然很高，但是也面临着诉讼程序较为复杂，救济效率较低的缺点。如果选择行政复议，通过发挥行政机关在行政管理和专业技术方面的优势，可以迅速查清案情，及时解决争议，从而保护相对人的正当合法权益，具有较高的时间和经济效益。企业在申请行政复议时，应当注意申请人和被申请人是否都具有相应的资格，申请复议是否合乎程序，该程序包括申请、受理、审理、决定和执行五个步骤。

十、上市的法律风险和企业国际化发展法律风险的防范措施

对于企业上市的法律风险，在上市前应当主动培养品格和责任意识，加强风险评估，提高风险管理能力，培养企业的独特优势。在申请上市的过程中，应当遵守法律法规的规定，积极同审核人员进行沟通。同时实施审计监督，不断完善企业内部的会计控制，确保公司"董""监""高"等相关机构和人员能够依法履行职责。在企业上市之后，应当加强内部控制，完善岗位流程设计，完善公司治理结构，建立科学的决策机制和完善的奖励与约束机制，建立内部审计制度，加强上市后的再教育，避免"一劳永逸"心态的出现。

对于企业国际化发展的法律风险，在营销时应当通过采用有利的贸易术语和相对安全的付款方式，订立有利的合同条款。关于质量验收标准和时间一定要约定清晰，定期与交易对方对账。努力掌握知识产权主动性，注意引入保险等第三方引流风险。在应对生产国际化风险中，认识到贸易壁垒是把"双刃剑"，企业一定要提高警惕。熟悉本行业目标市场存在的贸易壁垒，努力提高企业技术水平。在面对国际化投资时，应当全面评估投资环境，制定正确的投资战略。总体论证投资项目，订立翔实的协议文本。① 对内，遵守我国关于海外投资的法律法规。对外，尊重并遵守东道国相关法律规范。而且，一定要树立全面、全流程、全员证据意识，这不但有益于自我治理，而且能够在隐患凸显时更好地保障自身的合法权益。同时，也要注重发挥行业协会的协调作用，高效地控制风险。

---

① 黄福涛. 防范境外投资的法律风险［N］. 中华合作时报，2014－08－29（A03）.

第一编 创新创业法律主体准入及退出机制

第一章 创新创业主体的形式

从市场主体的角度看，创新创业可采用的形式主要有合伙、公司、个人独资企业等。合伙又包括普通合伙和有限合伙，公司主要有有限责任公司、股份有限公司、一人公司等。不同的形式在设立条件、出资要求、治理结构、责任承担等方面都有较大的差异，创业者应当根据自身条件和客观情况作出合适的选择。

第一节 合伙企业

根据《中华人民共和国合伙企业法》（以下简称《合伙企业法》）第 2 条的规定："本法所称合伙企业，是指自然人、法人和其他组织依照本法在中国境内设立的普通合伙企业和有限合伙企业。普通合伙企业由普通合伙人组成，合伙人对合伙企业债务承担无限连带责任。本法对普通合伙人承担责任的形式有特别规定的，从其规定。有限合伙企业由普通合伙人和有限合伙人组成，普通合伙人对合伙企业债务承担无限连带责任，有限合伙人以其认缴的出资额为限对合伙企业债务承担责任。"

要理解上述法律条文的内容，需要事先明确几个概念。

无限连带责任是指，每个合伙人对于合伙债务都负有全部清偿的义务，合伙企业的债权人有权要求合伙人中的一人清偿全部或者部分债务，也有权要求合伙人中的数人清偿全部或者部分债务。如，甲出资 20 万元、乙出资 30 万元、丙出资 50 万元成立普通合伙企业 A，戊是 A 的债权人，A 对戊负有 200 万元的债务。那么，作为债权人的戊可以单独要求甲、乙、丙中的任何一个人以个人全部资产偿还全部债务 200 万元，也可以要求甲、乙、丙中的任何一人偿还部分债务 120 万元，还可以要求甲和乙共同偿还 200 万元或共同偿还 120 万元。

普通合伙人就是在合伙企业中对合伙企业的债务承担无限连带责任的自然人、法人或者其他组织；有限合伙人则是指在合伙企业中以自己认缴的出资额为限对合伙企业的债务承担责任。

合伙企业是一种组成较为灵活的企业形式，这与公司这种企业形式的组成有所不同。根据《合伙企业法》第 2 条，我国的合伙企业有普通合伙企业和有限合伙企业两种形式，这两种不同的合伙企业也各有特征。

能够成为普通合伙人的只能是国有独资公司、国有企业、上市公司以及公益性的事业单位、社会团体以外的自然人和法人，合伙人的出资形式可以是货币、实物、知识产权、土地使用权或者其他财产权利，也可以用劳务出资。合伙企业财产由合伙人共同所有，各合伙人共同经营，共享利益，共担亏损。

有限合伙企业的合伙人人员构成由普通合伙人和有限合伙人组成。有限合伙人不执行合伙事务，而由普通合伙人从事具体的经营管理。有限合伙人可以用货币、实物、知识产权、土地使用权或者其他财产权利作价出资，但不得以劳务出资。有限合伙企业的合伙人整体上对外承担无限连带责任，但其内部的责任分配通常是有限合伙人以其各自的出资额为限承担有限责任，普通合伙人依然承担无限连带责任。

一、合伙企业的财产

（一）普通合伙企业的财产构成

合伙企业成立时由每一个合伙人出资的财产、合伙企业成立之后对外经营取得的收益以及依法取得的其他财产，共同构成一个普通合伙企业的财产。合伙企业和合伙人是两个独立的个体，因此合伙企业的财产也不是合伙人的财产。一般来说，合伙人出资的财产由合伙企业所有，合伙企业生产经营的收益也不是由单独的一个或几个合伙人所有，合伙企业的财产收益由合伙人按照合伙协议规定的份额或比例进行分配。

（二）合伙企业财产的性质

合伙企业的财产是由全体合伙人共同所有的财产，归全体合伙人共同管理和使用。即使在合伙人之间有协议约定各自的份额比例，但是那是对合伙企业经营收益的份额分配比例，因此在合伙企业存续期间，合伙人不得主张分割合伙企业的财产。合伙人对合伙企业出资形成的份额，并不表明合伙人对合伙企业财产享有多少具体的数额，只是合伙企业收益分配、风险和亏损分担的依据。

（三）合伙人财产份额的转让

在普通合伙企业中，合伙财产份额的内部转让，转让人应当通知其他合伙人。合伙财产份额的内部转让指的是合伙人向其他合伙人转让自己的财产份额。外部转让则必须经其他合伙人一致同意才能生效，但合伙协议可以另外约定。所谓外部转让，指的是合伙人向合伙企业之外的其他人转让自己的财产份额。在外部转让的情形下，其他合伙人在同等条件下对转让的财产份额有优先购买的权利。当然，合伙人也可以在合伙协议中排除其他合伙人的优先购买权。

在有限合伙企业中，有限合伙人的财产份额在对外转让时，须符合两个条件：第一，按照合伙协议的约定；第二，提前30日通知其他合伙人。

（四）合伙企业财产的出质

出质，也就是质押，分为动产质押和权利质押，就是把自己所有的物品和权利交付出去作为抵押。出质在质押行为中，是指债务人或第三人（出质人）将其动产或权利移交给债权人的法律行为。

根据《合伙企业法》第25条的规定，普通合伙企业的合伙人必须在经过其他合伙人的一致同意下，才能将其在合伙企业中的财产份额出质，未经其他合伙人一致同意的，其出质的行为无效。因为在普通合伙企业中，每一个合伙人的责任都不是独立的，所以未经其他合伙人同意的设定债权债务的行为，对其他合伙人不发生效力。由此给善意第三人造成损失的，由行为人依法承担赔偿责任。有限合伙人可以将其在有限合伙企业中的财产份额出质。但是，合伙协议另有约定的除外。

二、合伙企业合伙事务的执行

（一）普通合伙企业合伙事务的执行

普通合伙企业合伙事务执行的形式主要有两种：一是委托一个或数个合伙人执行合伙事务；二是由全体合伙人共同执行合伙事务。《合伙企业法》第27条规定："依照本法第二十六条第二款规定委托一个或者数个合伙人执行合伙事务的，其他合伙人不再执行合伙事务；不执行合伙事务的合伙人有权监督执行事务合伙人执行合伙事务的情况。"第28条规定："由一个或者数个合伙人执行合伙事务的，执行事务合伙人应当定期向其他合伙人报告事务执行情况以及合伙企业的经营和财务状况，其执行合伙事务所产生的收益归合伙企业，所产生的费用和亏损由合伙企业承担。合伙人为了解合伙企业的经营状况和财务状况，有权查阅合伙企业会计账簿等财务资料。"无论选用何种合伙事务的执行形式，执行合伙事务最终所产生的收益归合伙企业，所产生的费用和亏损由合伙企业承担。

（二）有限合伙企业的事务执行

有限合伙企业中有两种合伙人，一是普通合伙人，二是有限合伙人。《合伙企业法》第67条规定："有限合伙企业由普通合伙人执行合伙事务。执行事务合伙人可以要求在合伙协议中确定执行事务的报酬及报酬提取方式。"有限合伙企业事务的执行由全体普通合伙人共同执行，也可以在合伙协议中约定由数个普通合伙人共同执行。

《合伙企业法》第68条规定："有限合伙人不执行合伙事务，不得对外代表有限合伙企业。有限合伙人的下列行为，不视为执行合伙事务：（一）参与决定普通合伙人入伙、退伙；（二）对企业的经营管理提出建议；（三）参与选择承办有限合伙企业审计业务的会计师事务所；（四）获取经审计的有限合伙企业财务会计报告；（五）对涉及自身利益的情况，查阅有限合伙企业财务会计账簿等财务资料；（六）在有限合伙企业中的利益受到侵害时，向有责任的合伙人主张权利或者提起诉讼；（七）执行事务合伙人怠于行使权利时，督促其行使权利或者为了本企业的利益以自己的名义提起诉讼；（八）依法为本企业提供担保。"有限合伙人也有一些普通合伙人没有的权利，包括：有限合伙人可以同本企业进行交易，有限合伙人可以经营与本企业相竞争的业务。但合伙协议另有约定的除外。

三、入伙、退伙

入伙是指合伙企业中合伙人之外的其他人加入并取得合伙人资格的行为。入伙只能发生在合伙企业成立之后的存续期间内。普通合伙企业一般无人数限制。有限合伙企业通常由2个以上50个以下的合伙人出资设立。

（一）普通合伙企业的入伙、退伙

1. 入伙。《合伙企业法》第43条规定："新合伙人入伙，除合伙协议另有约定外，应当经全体合伙人一致同意，并依法订立书面入伙协议。订立入伙协议时，原合伙人应当向新合伙人如实告知原合伙企业的经营状况和财务状况。"第44条规定："入伙的新合伙人与原合伙人享有同等权利，承担同等责任。入伙协议另有约定的，从其约定。新合伙人对入伙前合伙企业的债务承担无限连带责任。"

2. 退伙。退伙，是指在合伙企业存续期间，合伙人因一定的法律事实而退出合伙企业，从而消灭合伙人资格的行为。因退伙原因的不同，退伙分为自愿退伙、通知退伙、当然退伙和除名退伙四种。

（1）自愿退伙。根据《合伙企业法》第45条的规定："合伙协议约定合伙期限的，在合伙企业存续期间，有下列情形之一的，合伙人可以退伙：（一）合伙协议约定的退伙事由出现；（二）经全体合伙人一致同意；（三）发生合伙人难以继续参加合伙的事由；（四）其他合伙人严重违反合伙协议约定的义务。"

（2）通知退伙。《合伙企业法》第46条规定："合伙协议未约定合伙期限的，合伙人在不给合伙企业事务执行造成不利影响的情况下，可以退伙，但应当提前三十日通知其他合伙人。"

（3）当然退伙。《合伙企业法》第48条规定："合伙人有下列情形之一的，当然退伙：（一）作为合伙人的自然人死亡或者被依法宣告死亡；（二）个人丧失偿债能力；（三）作为合伙人的法人或者其他组织依法被吊销营业执照、责令关闭、撤销，或者被宣告破产；（四）法律规定或者合伙协议约定合伙人必须具有相关资格而丧失该资格；（五）合伙人在合伙企业中的全部财产份额被人民法院强制执行。……退伙事由实际发生之日为退伙生效日。"

（4）除名退伙。《合伙企业法》第49条规定："合伙人有下列情形之一的，经其他合伙人一致同意，可以决议将其除名：（一）未履行出资义务；（二）因故意或者重大过失给合伙企业造成损失；（三）执行合伙事务时有不正当行为；（四）发生合伙协议约定的事由。"

对合伙人的除名协议应当书面通知被除名人，被除名人接到除名通知之日，除名生效，被除名人退伙。被除名人对除名决议有异议的，可以自接到除名通知之日起30日内，向人民法院起诉。

3. 退伙后的财产处理。根据《合伙企业法》第51、52、53和54条的规定，对退伙的合伙人的财产做如下处理：（1）按照退伙时的合伙企业财产状况进行结算，退伙时有未了结的合伙事务，待该事务了结后进行结算，退还退伙人的财产份额，退伙人对给合伙企业造成的损失负有赔偿责任的，相应扣减其应当赔偿的数额。（2）由合伙协议约定或者由全体合伙人决定，可以退还货币，也可以退还实物。（3）退伙人对基于其退伙前的原因发生的合伙企业债务，承担无限连带责任。（4）合伙人退伙时，合伙企业财产少于合伙企业的债务的，退伙人应该依照《合伙企业法》第33条的规定分担亏损。

（二）有限合伙企业的入伙、退伙

1. 入伙。《合伙企业法》第77条规定："新入伙的有限合伙人对入伙前有限合伙企业的债务，以其认缴的出资额为限承担责任。"

2. 退伙。有限合伙人当然退伙的情形包括：第一，作为合伙人的自然人死亡或者被依法宣告死亡的；第二，作为合伙人的法人或者其他组织被依法吊销营业执照、责令关闭、撤销，或者被宣告破产；第三，法律规定或者合伙协议约定由合伙人必须具有相关资格而丧失该资格；第四，合伙人在合伙企业中的全部财产份额被人民法院强制执行。

作为有限合伙人的自然人死亡、被依法宣告死亡或者作为有限合伙人的法人或者其他组织终止时，其继承人或者权利承受人可以依法取得该有限合伙人在有限合伙中的资格。

有限合伙人退伙后，对基于其退伙前的原因产生的有限合伙企业债务，以其退伙时从有限合伙企业中取回的财产为限承担责任。

第二节　公　司

公司的形式主要有有限责任公司和股份有限公司两种，一人公司是一种特殊形式的公司。

一、有限责任公司

有限责任公司，简称有限公司，是指公司资产和股东财产相互独立，能以公司自己的名义进行民事活动，并以其全部资产对债务承担无限责任，股东仅以出资额为限对公司债务承担责任的企业法人。有限责任公司具有以下特点。

第一，股东人数有限制。我国《公司法》第24条规定，有限责任公司由50个以下的股东出资设立。

第二，兼具人合性和资合性。人合性指的是有限责任公司的设立是建立在股东之间相互信任的基础上，联系也较为密切。对于有限责任公司来说，人合性是公司设立、存续和稳定发展的基础，也是公司组织机构有效运作的保证。资合性，顾名思义就是资本的聚合，没有资本就没有公司。公司资产与股东个人的财产相互独立，因此在对外债务上，仅以公司的资产承担责任。

第三，封闭性。其封闭性表现在，公司的股权与资本结构、管理与财务信息相对稳定封闭，不对外开放、公开。公司股权的持有人不超过 50 人，公司的股权不可以自由转让，股东之外的其他人若想加入公司必须经过公司过半数的股东同意才行。股东的数量、身份以及股权转让的限制，使公司资本的来源只有特定股东的缴纳这一种来源途径，这也就是股权和资本结构的封闭性。公司在运作的过程中，财务信息不需要向外界披露，社会公众一般不了解公司的经营财务情况。

第四，公司的规模可大可小、组织机构简单，设立程序简便。公司规模的大小往往与公司的注册资本有关。我国《公司法》没有对有限责任公司的资本规模作出最低或最高额的限制，经营规模可大可小，有很强的适应性。与股份有限公司相比，有限责任公司的机关设置也相对灵活、简单。董事会和监事会不是公司的必设机构，有的有限责任公司因为人数和规模的限制，可以只设一名执行董事或一至两名监事。有限责任公司只能发起设立，公司的资本总额，由设立时的股东全部缴足，不可向外募集，因而，有限责任公司的设立程序相对简单。

（一）有限责任公司的股东

1. 股东资格凭证

①出资证明书。出资证明书是有限责任公司成立后，由公司向股东签发的证明公司资本总额及股东出资数额的法律凭证。股东之所以能够成为股东，主要源于其对公司的出资。但是，没有出资证明书并不代表就没有股东资格，只要有证据证明股东已经履行了出资义务，就应当承认股东的股东资格。

②股东名册。主要记载股东的姓名或名称及住所、出资额以及出资证明书编号。

③工商登记。《公司法》第 32 条第 3 款规定："公司应当将股东的姓名或者名称向公司登记机关登记；登记事项发生变更的，应当办理变更登记。未经登记或者变更登记的，不得对抗第三人。"可见，公司登记是公司外部第三人确认股东资格的依据。

④公司章程。《公司法》第 25 条明确规定了公司章程应当载明的事项，其中就包括股东的出资方式、出资额和出资时间。可见，有限责任公司章程对股东的相关事项的记载属于绝对必要记载事项，即有限责任公司的投资人要取得股东资格，应当在公司章程上予以记载。但章程作为认定股东资格的效力范围也仅仅限于公司内部即公司内部股东。

2. 股东的权利和义务

《公司法》第 4 条概括性地规定了"公司股东依法享有资产收益、参与重大决策和选择管理者等权利"。具体而言，股东权利的内容包括以下几方面。

（1）参加、召集股东会以及表决、选举和被选举等权利。公司的首次股东会会议由出资最多的股东召集和主持。公司成立后在经营过程中，若需召开临时的股东会议，则由代表十分之一以上表决权的股东自行召集和主持。有限责任公司的表决权按照出资比例来确定。

（2）知情权。股东有权查阅、复制公司章程、股东会会议记录、董事会会议决议、监事会会议决议和财务会计报告。

（3）请求司法救济的权利。股东会、董事会的会议召集程序、表决方式违反法律、行政法规或者公司章程，或者决议内容违反公司章程，股东可以自决议作出之日起 60 日内，请求人民法院撤销。董事、高级管理人员违反法律、行政法规或者公司章程的规定，损害股东利益的，股东可以向人民法院提起诉讼。

（4）股份转让权。股东有权将自己所有的出资份额转让给他人。但出资以后不能抽回出资。

（5）股利分配请求和优先认缴出资的权利。有限责任公司的全体股东若有约定利润分配方式的，则按约定分配。未约定的，则按照实缴的出资比例分配；公司新增资本时，股东有权优先按照实缴的出资比例认缴出资。例如，某公司原注册资本 1000 万元，股东甲出资 500 万元，出资比例占 50%，股东乙出资 300 万元，出资比例占 30%，股东丙出资 200 万元，出资比例占 20%。现公司决定增资 500 万元，此时甲可以按照自己的出资比例优先认缴 250 万元，乙可认缴 150 万元，丙可认缴 100 万元。但全体股东也可以约定增资时不按出资比例优先认缴。

（6）异议股东回购请求权。《公司法》第 74 条规定："有下列情形之一的，对股东会该项决议投反对票的股东可以请求公司按照合理的价格收购其股权：（一）公司连续五年不向股东分配利润，而公司该五年连续盈利，并且符合本法规定的分配利润条件的；（二）公司合并、分立、转让主要财产的；（三）公司章程规定的营业期限届满或者章程规定的其他解散事由出现，股东会会议通过决议修改章程使公司存续的。"

（7）自然人股东身份的被继承权。自然人股东的合法继承人可以在其死亡后继承他的股东资格。但公司章程另有规定的除外。

（8）解散公司的请求权。公司经营管理发生严重困难，继续存续会使股东利益遭受重大损失，通过其他途径不能解决的，持有公司全部股权 10% 以上的股东，可以请求人民法院解散公司。

股东的义务主要有：遵守公司章程；按期足额缴纳出资；公司成立后，不得抽逃出资；不滥用股东权利等。

（二）有限责任公司的组织机构

1. 股东会

（1）股东会的地位与职权。股东会由全体股东组成，是公司的最高权力机构。《公司法》第37条规定："股东会行使下列职权：（一）决定公司的经营方针和投资计划；（二）选举和更换非由职工代表担任的董事、监事，决定有关董事、监事的报酬事项；（三）审议批准董事会的报告；（四）审议批准监事会或者监事的报告；（五）审议批准公司的年度财务预算方案、决算方案；（六）审议批准公司的利润分配方案和弥补亏损方案；（七）对公司增加或者减少注册资本作出决议；（八）对发行公司债券作出决议；（九）对公司合并、分立、解散、清算或者变更公司形式作出决议；（十）修改公司章程；（十一）公司章程规定的其他职权。"

（2）股东会会议。首次股东会会议由出资最多的股东召集和主持，通过公司章程，产生公司领导机构及决定其他重要事项。定期股东会会议应当按照公司章程的规定按时召开，通常每年一至二次。临时股东会会议是在定期会议以外因法定事由的出现而临时召集的，《公司法》第39条规定："代表十分之一以上表决权的股东，三分之一以上的董事，监事会或者不设监事会的公司的监事提议召开临时会议的，应当召开临时会议。"

（3）股东会的召集程序。有限责任公司设董事会的，股东会会议由董事会召集，董事长主持；董事长不能履行职务或者不履行职务的，由副董事长主持；副董事长不能履行职务或不履行职务的，由半数以上的董事共同推举一名董事主持。

有限责任公司不设董事会的，股东会会议由执行董事召集和主持。董事会或者执行董事不能履行或者不履行召集股东会会议的职责的，由监事会或者不设监事会的公司的监事召集和主持；监事会或者监事不召集和主持的，代表十分之一以上表决权的股东可以自行召集和主持。召开股东会会议，应当于会议召开15日以前通知全体股东；但是，公司章程另有规定或者全体股东另有约定的除外。

（4）股东会的表决规则。股东会会议上，股东一般按照各自的出资比例来行使表决权，但是公司章程另有规定的除外。一般事项需要半数以上表决权的股东通过即可，重大事项则须经代表三分之二表决权的股东通过。重大事项包括修改公司章程、增加或者减少注册资本，以及公司合并、分立、解散或者变更公司形式。

股东会应当对所议事项的决定做成会议记录，出席会议的股东应当在会议记录上签名。

2. 董事会

（1）董事会的地位与职权

有限责任公司的董事会是根据《公司法》和公司章程的规定设立的，由董事组成的常设性公司执行机构，对外有权代表公司，对内有权执行公司业务。包括召集股东会会议，并向股东会报告工作；执行股东会的决议；决定公司的经营计划和投资方案以及企业经营过程中需要制定的其他各项方案，决定聘任或者解聘公司经理及其报酬事项，并根据经理的提名决定聘任或者解聘公司副经理、财务负责人及其报酬事项等。①

（2）董事会的组成

有限责任公司设立董事会，其成员为 3 人至 13 人；股东人数较少或者规模较小的有限责任公司，可以设一名执行董事，不设董事会。执行董事可以兼任公司经理。

两个以上的国有企业或者两个以上的其他国有投资主体投资设立的有限责任公司，其董事会成员中应当有公司职工代表；其他有限责任公司董事会成员中可以有公司职工代表。董事会中的职工代表由公司职工通过职工代表大会、职工大会或者其他形式民主选举产生。

董事会设董事长一人，可以设副董事长。董事长、副董事长的产生办法由公司章程规定。董事任期由公司章程规定，但每届任期不得超过三年，董事任期届满，连选可以连任。

（3）董事会会议

董事会会议由董事长召集和主持；董事长不能履行职务或者不履行职务的，由副董事长召集和主持；副董事长不能履行职务或者不履行职务的，由半数以上董事共同推举一名董事召集和主持。

董事会的议事方式和表决程序，除《公司法》另有规定外，由公司章程规定。董事会应当对所议事项的决定做成会议记录，出席会议的董事应当在会议记录上签名。董事会会议的表决，实行一人一票制。

---

① 《中华人民共和国公司法》第 46 条。

（4）经理

有限责任公司可以设经理，负责公司的日常经营管理事务。经理由董事会聘任或解聘，对董事会负责，其设置不是法定的。

经理列席董事会会议，行使下列职权：主持公司的生产经营管理工作；组织实施董事会决议；组织实施公司年度经营计划和投资方案；拟订公司内部管理机构设置方案；拟订公司的基本管理制度；制定公司的具体规章；提请聘任或解聘公司副经理、财务负责人；决定聘任或者解聘除应由董事会决定聘任或解聘以外的负责管理人员；董事会授予的其他职权。

3. 监事会

（1）监事会的地位及职权

有限责任公司的监事是公司的内部监督机构。《公司法》第53条规定："监事会、不设监事会的公司的监事行使下列职权：（一）检查公司财务；（二）对董事、高级管理人员执行公司职务的行为进行监督，对违反法律、行政法规、公司章程或者股东会决议的董事、高级管理人员提出罢免的建议；（三）当董事、高级管理人员的行为损害公司的利益时，要求董事、高级管理人员予以纠正；（四）提议召开临时股东会会议，在董事会不履行本法规定的召集和主持股东会会议职责时召集和主持股东会会议；（五）向股东会会议提出提案；（六）依照本法第一百五十一条的规定，对董事、高级管理人员提起诉讼；（七）公司章程规定的其他职权。"

（2）监事会的组成

我国《公司法》规定，有限责任公司设监事会，其成员不得少于三人。股东人数较少或者规模较小的有限责任公司，可以设一至二名监事，不设监事会。

监事会应当包括股东代表和适当比例的公司职工代表，其中职工代表的比例不得低于三分之一，具体比例由公司章程规定。监事会中的职工代表由公司职工通过职工代表大会、职工大会或者其他形式民主选举产生。

董事、高级管理人员不得兼任监事。监事的任期每届为三年。监事任期届满，可以连选连任。

监事会设主席一人，由全体监事过半数选举产生。监事会主席召集和主持监事会会议；监事会主席不能履行职务或者不履行职务的，由半数以上监事共同推举一名监事召集和主持监事会会议。

（3）监事会的议事规则

监事会每年度至少召开一次会议，监事可以提议召开临时监事会会议。监事会的议事方式和表决程序，除《公司法》另有规定外，由公司章程规定。

监事会决议应当经半数以上的监事通过。监事会应当对所议事项的决定做成会议记录，出席会议的监事应当在会议记录上签名。

（三）有限责任公司的董事、监事及高级管理人员的任职资格和义务

1. 董事、监事以及高级管理人员的任职资格

《公司法》第146条规定："有下列情形之一的，不得担任公司的董事、监事、高级管理人员：（一）无民事行为能力或者限制民事行为能力；（二）因贪污、贿赂、侵占财产、挪用财产或者破坏社会主义市场经济秩序，被判处刑罚，执行期满未逾五年，或者因犯罪被剥夺政治权利，执行期满未逾五年；（三）担任破产清算的公司、企业的董事或者厂长、经理，对该公司、企业的破产负有个人责任的，自该公司、企业破产清算完结之日起未逾三年；（四）担任因违法被吊销营业执照、责令关闭的公司、企业的法定代表人，并负有个人责任的，自该公司、企业被吊销营业执照之日起未逾三年；（五）个人所负数额较大的债务到期未清偿。"

2. 董事、监事及高级管理人员的义务

《公司法》第147条规定："董事、监事、高级管理人员应当遵守法律、行政法规和公司章程，对公司负有忠实义务和勤勉义务。"

忠实义务主要体现在：①不得利用职权收受贿赂或者其他非法收入，侵占公司的财产；②不得挪用公司资金；③不得将公司资金以个人名义开立账户储存；④不得违反公司章程的规定，未经股东会、股东大会或者董事会同意，将公司资金借贷给他人或者以公司资产为他人提供担保；⑤不得违反公司章程的规定或者未经股东会、股东大会的同意，与本公司订立合同或者进行交易；⑥不得未经股东会或者股东大会同意，利用职务便利为自己或他人谋取属于公司的商业机会，自营或者为他人经营与所任职公司同类的业务；⑦不得接受他人与公司交易的佣金归为己有；⑧不得擅自披露公司秘密等。董事、监事、高级管理人员违反前款规定所得的收入应当归公司所有。

勤勉义务，是指董事、监事、高级管理人员在管理公司事务过程中负有运用自己的知识、经验、技能并且使之达到法律所要求的标准的义务。如果董事、监事、高级管理人员执行公司职务时未尽到合理的谨慎义务给公司造成损失的，应当对公司承担赔偿责任。

（四）有限责任公司的股权转让

有限责任公司的股权转让包括股权协议转让、股权强制性转让、股权回购

以及股权继承等情形。

1. 股权协议转让

股权协议转让,是指公司的股东在完全自愿的基础上依照法律或公司章程的规定将自己的出资转让给他人的股权变动行为。协议转让又有内部转让和外部转让之分。股权内部转让,即股东向公司内部的其他股东转让股权。内部转让不会导致新人的加入,不会损害有限责任公司股东之间的信任关系,只是改变股东之间的出资比例。所以,公司股权的内部转让一般采取自由主义原则。《公司法》第71条第1款、第4款规定,有限责任公司股东之间可以相互转让其全部或者部分股权,除公司章程另有规定外,股权的内部转让可以不经过股东会同意,或者其他限制,股权转让双方协商一致,转让即可成立。股权的外部转让,是指有限责任公司的股东向本公司股东以外的第三人转让股权。股权外部转让首先应当将股权转让时间、数量、受让人等与交易有关的情况书面通知其他股东,其他股东过半数同意才能转让(其他股东自接到书面通知之日起满30日未答复的,视为同意转让)。经股东同意转让的股权,在同等条件下,其他股东对该股权有优先购买权。

2. 股权的强制转让

股权的强制转让,是指人民法院依债权人的申请依照法律规定的强制执行程序强制有限责任公司股东转让其股权的股权变动行为。股权强制转让的实质是人民法院根据债权人的申请,依据生效的法律文书,对作为股东的被执行人持有的股份或出资所采取的一种强制转让措施。

3. 股权回购

股权回购,是指在法定情况下股东有权要求公司以公平的价格收购他们手中的股权,从而退出公司的股权变动行为。

(1) 股权回购的法定条件

我国《公司法》第74条规定:"有下列情形之一的,对股东会该项决议投反对票的股东可以请求公司按照合理的价格收购其股权:(一)公司连续五年不向股东分配利润,而公司该五年连续盈利,并且符合本法规定的分配利润条件的;(二)公司合并、分立、转让主要财产的;(三)公司章程规定的营业期限届满或者章程规定的其他解散事由出现,股东会会议通过决议修改章程使公司存续的。"

(2) 股权回购的途径

根据《公司法》第74条第2款的规定,股权回购的途径有两种:一是协议回购，自股东会决议通过之日起 60 日内双方达成股权收购协议；二是股东向人民法院提起诉讼。股东不能与公司达成股权收购协议的，可以自股东会会议决议通过之日起 90 日内向人民法院提起诉讼。

4. 股权继承

股权继承，是指自然人股东死亡后其合法继承人依法继承股权的行为。

我国《公司法》第 75 条规定："自然人股东死亡后，其合法继承人可以继承股东资格；但是，公司章程另有规定的除外。"

不论因上述何种原因导致股权转移的，在股权转移后，都需要履行相应的股权变更手续。首先是公司内部变更手续。公司股东在依据《公司法》第 71 条、72 条的规定转让股权后，公司应当注销原股东的出资证明书，向新股东签发出资证明书，并相应修改公司章程和股东名册中有关股东及其出资的记载，对公司章程的该项修改不需要再由股东会表决。其次还要履行公司外部变更手续。有限责任公司股东转让股权的，应当自转让股权之日起 30 日内向公司登记机关申请变更登记，并应当提交新股东的主体资格证明或者自然人身份证明。有限责任公司的自然人股东死亡后，其合法继承人继承股东资格的，公司也应当按照上述规定申请变更登记。未经登记或者变更登记的，不得对抗第三人。

二、股份有限公司

股份有限公司，简称股份公司，是指将公司的全部资本分为等额股份，股东以其所认购的股份对公司承担责任，公司以其全部资产对公司债务承担责任的企业法人。股份有限公司具有如下特征。

第一，股东人数的广泛性。我国《公司法》对股份有限公司的股东人数只有最低数的要求，而没有最高人数的限制。股份有限公司的股东为 2 人以上。

第二，公司股份的均等性，即公司资本划分为金额相等的股份。股份是股份有限公司资本的构成单位，便于公司对外发行股份募集资金，为公司建立内部经营管理机制奠定基础。如便于股东按照其认购的股份数额参与公司重大决策的表决，并按照其所持的股份数额参与公司的盈余分配。

第三，股份形式的法定性。股份有限公司的股份形式应采用法定股票形式。股票是公司签发的证明股东所持股份的凭证。股票作为一种有价证券，具备法定条件时可以上市流通。

第四，股份有限公司是典型的资合公司。股份有限公司对外信用的基础完全是公司资本，公司资本不仅是公司赖以生存的基本条件，也是公司履行债务的基本担保，同时作为公司资本基本构成的股份可以自由转让。正是因为如此，公司从不考虑股东个人的身份、地位，任何承认公司章程、愿意出资的人，不需要经过他人同意都可以成为公司的股东。所以，股份有限公司的股东分散于全国各地，甚至是世界各地。股东与股东之间，股东与公司之间的联系极为松散，股东的变化以及股东人数的增减不会影响到公司存续。

第五，股份有限公司的所有权和经营权分离。在股份有限公司的组织机构中，董事会在经营决策中占据中心地位，众多的股东人数表明，不可能每一个股东都对公司的经营管理感兴趣。因此，公司股东在公司的经营管理、经营决策中所起的作用不大，而董事会在公司经营管理中的地位明显提高，董事会对公司的经营管理拥有广泛而重要的权利。

（一）股份有限公司股东资格的证明依据

1. 股份凭证

有限责任公司股东依法缴纳出资后，公司为证明其出资行为，在公司成立后向其签发出资证明书。股份有限公司股东向公司缴纳出资后，公司为证明其出资行为，依法向其签发股票。股票是公司签发的证明股东所持股份的凭证。《公司法》第128条规定："股票采用纸面形式或者国务院证券监督管理机构规定的其他形式。股票应当载明下列主要事项：（一）公司名称；（二）公司成立日期；（三）股票种类、票面金额及代表的股份数；（四）股票的编号。股票由法定代表人签名，公司盖章。发起人的股票，应当标明发起人股票字样。"股份有限公司成立后，即向股东正式交付股票。公司成立前不得向股东交付股票。

2. 股东名册

与有限责任公司一样，股份有限公司依法也应当在公司置备股东名册，股份有限公司置备的股东名册的内容与有限责任公司有所不同。《公司法》第130条规定："公司发行记名股票的，应当置备股东名册，记载下列事项：（一）股东的姓名或者名称及住所；（二）各股东所持股份数；（三）各股东所持股票的编号；（四）各股东取得股份的日期。发行无记名股票的，公司应当记载其股票数量、编号及发行日期。"

3. 公司章程

我国《公司法》第81条规定："股份有限公司章程应当载明下列事项：（一）公司名称和住所；（二）公司经营范围；（三）公司设立方式；（四）公司股份总数、每股金额和注册资本；（五）发起人的姓名或者名称、认购的股份数、出资方式和出资时间……"可见，股份有限公司章程对公司名称、资本及发起人的相关事项属于绝对必要记载事项。也就是说，股份有限公司的发起人要取得股东资格，应当在公司章程中予以记载。但是对于股份有限公司来说，发起设立的股份有限公司章程记载及发起人签章可用于证明公司成立时的全体股东资格（发起设立是指由发起人认购公司发行的全部股份并缴纳出资，经过核准登记后，公司得以成立的方式），募集设立的股份有限公司的章程记载及发起人签章则不能用于证明公司成立时全体股东的资格（募集设立是指由发起人认购公司应发行股份的一部分，其余部分向社会公众公开募集而设立公司）。

（二）股份有限公司的组织机构

1. 股东大会

股份有限公司的股东大会是由股东组成的权力机构，其职权与有限责任公司股东会的职权完全相同。股东大会按召开的期限和内容的不同，可分为股东年会（一年一次）和临时股东大会两种。《公司法》第100条明确规定："股东大会应当每年召开一次年会。有下列情形之一的，应当在两个月内召开临时股东大会：（一）董事人数不足本法规定人数或者公司章程所定人数的三分之二时；（二）公司未弥补的亏损达实收股本总额三分之一时；（三）单独或者合计持有公司百分之十以上股份的股东请求时；（四）董事会认为必要时；（五）监事会提议召开时；（六）公司章程规定的其他情形。"

股东大会会议由董事会召集，董事长主持；董事长不能履行职务或不履行职务的，由副董事长主持；副董事长不能履行职务或者不履行职务的，由半数以上董事共同推举一名董事主持。董事长不能履行或者不履行召集股东大会会议的职责的，监事会应当及时召集和主持；监事会不召集和主持的，连续90日以上单独或者合计持有公司10%以上股份的股东可以自行召集和主持。

2. 董事会

董事会是股份有限公司的经营决策机构和股东大会的执行机构，对股东大会负责。股份有限公司的董事由5至19人组成，设董事长一人，可以设副董事长，董事长和副董事长由董事会以全体董事的过半数选举产生。董事长负责召集和主持董事会会议，检查董事会决议的实施情况，副董事长协助董事长工作，董事长不履行职务或者不能履行职务的，由副董事长履行职务；副董事长不能履行职务或者不履行职务的，由半数以上董事共同推举一名董事履行职务。董事会成员中可以有公司职工代表。董事会中的职工代表由公司职工通过职工代表大会、职工大会或者其他形式民主选举产生，每届任期不能超过三年。

董事会每年度至少召开 2 次会议，每次会议应当于会议召开 10 日前通知全体董事和监事。代表十分之一以上表决权的股东、三分之一以上董事或者监事会，可以提议召开董事会临时会议。董事长应当自接到提议后 10 日内，召集和主持董事会会议。

3. 经理

经理是对股份有限公司日常经营管理负有全责的高级管理人员，由董事会决定聘任或解聘，对董事会负责，公司董事会可以决定由董事会成员兼任经理。经理职权适用于有限责任公司的规定。

4. 监事会

监事会是股份有限公司的必设机构。对股东大会负责，其成员不得少于三人，应当包括股东代表和适当比例的公司职工代表，其中职工代表的比例不得超过三分之一，具体比例由公司章程规定。监事会中的职工代表由公司职工通过职工代表大会、职工大会或者其他形式民主选举产生。

监事会设主席一人，可以设副主席。监事会主席和副主席由全体监事过半数选举产生。监事会主席召集和主持监事会会议；监事会主席不能履行职务或者不履行职务的，由监事会副主席召集和主持监事会会议；监事会副主席不能履行职务或者不履行职务的，由半数以上监事共同推举一名监事召集和主持监事会会议。董事、监事、高级管理人员不得兼任监事。监事的任期每届为 3 年，监事任期届满，连选可以连任。

监事会每 6 个月至少召开一次会议，监事可以提议召开临时监事会会议，监事会决议应当经半数以上监事通过，监事会决议对所议事项的决定做成会议记录，出席会议的监事应当在会议记录上签名。

（三）股份有限公司的股权转让

股份有限公司的股份转让以自由转让为原则，即股份转让的双方只要协商一致，即可进行股权转让。但我国公司法也对股份转让做了一些限制。

1. 发起人转让股份的限制

我国《公司法》第 141 条第 1 款规定："发起人持有的本公司股份，自公司成立之日起一年内不得转让。公司公开发行股份前已发行的股份，自公司股票在证券交易所上市之日起一年内不得转让。"

2. 公司董事、监事、高级管理人员转让持有本公司股份的限制

我国《公司法》第 141 条第 2 款规定："公司董事、监事、高级管理人员应当向公司申报所持有的本公司的股份及其变动情况，在任职期间每年转让的股

份不得超过其所持有本公司股份总数的百分之二十五；所持本公司股份自公司股票上市交易之日起一年内不得转让。上述人员离职后半年内，不得转让其所持有的本公司股份。公司章程可以对公司董事、监事、高级管理人员转让其所持有的本公司股份作出其他限制性规定。"

3. 公司收购自身股份的限制

《公司法》第 142 条第 1—3 款规定："公司不得收购本公司股份。但是，有下列情形之一的除外：（一）减少公司注册资本；（二）与持有本公司股份的其他公司合并；（三）将股份用于员工持股计划或者股权激励；（四）股东因对股东大会作出的公司合并、分立决议持异议，要求公司收购其股份；（五）将股份用于转换上市公司发行的可转换为股票的公司债券；（六）上市公司为维护公司价值及股东权益所必需。公司因前款第（一）项、第（二）项规定的情形收购本公司股份的，应当经股东大会决议；公司因前款第（三）项、第（五）项、第（六）项规定的情形收购本公司股份的，可以依照公司章程的规定或者股东大会的授权，经三分之二以上董事出席的董事会会议决议。公司依照本条第一款规定收购本公司股份后，属于第（一）项情形的，应当自收购之日起十日内注销；属于第（二）项、第（四）项情形的，应当在六个月内转让或者注销；属于第（三）项、第（五）项、第（六）项情形的，公司合计持有的本公司股份数不得超过本公司已发行股份总额的百分之十，并应当在三年内转让或者注销。

4. 公司不得接受本公司的股票作为质押权的标的

在公司的股东和公司之间存在债权债务关系时，公司可以提出让股东提供债务担保，若股东提出以其自己持有的该公司股票作为质押物出质给公司，这是不被允许的。否则，股权质押实现的结果是该公司自己持有自己的股权，实质上对于被担保的公司债权没有起到担保作用，公司债权只在概念上得到清偿，并不会取得任何实质上的对应（经济）价值。所以，如果公司要求该股东提供担保，该股东不能以本公司股票作为质押标的，必须提供其他质押物或以其他形式提供担保。

5. 转让场所的限制

《公司法》第 138 条规定："股东转让其股份，应当在依法设立的证券交易场所进行或者按照国务院规定的其他方式进行。"目前，我国设立了深圳证券交易所、上海证券交易所、全国中小企业股份转让系统等交易场所。除此之外，各省设立的产权交易中心等交易场所也是股份交易的合法场所。

6. 转让方式的规定

（1）无记名股票的转让

依据《公司法》第140条的规定，无记名股票的转让，由股东将该股票交付给受让人后即发生转让的法律效力，无须过户。

（2）记名股票的转让

《公司法》第139条规定："记名股票，由股东以背书方式或者法律、行政法规规定的其他方式转让；转让后由公司将受让人的姓名或者名称及住所记载于股东名册。股东大会召开前二十日内或者公司决定分配股利的基准日前五日内，不得进行前款规定的股东名册的变更登记。但是，法律对上市公司股东名册变更登记另有规定的，从其规定。"依照本规定，记名股票的转让须经背书，而且须将受让人的姓名及住所记载于股东名册之上，才能生效。

三、个人独资企业

根据《中华人民共和国个人独资企业法》（以下简称《个人独资企业法》）第2条规定："本法所称个人独资企业，是指依照本法在中国境内设立，由一个自然人投资，财产为投资人个人所有，投资人以其个人财产对企业债务承担无限责任的经营实体。"也即，个人独资企业是由一个自然人在中国境内投资设立的企业，个人独资企业的财产不独立于出资人的财产，而是为投资人完全所有，其债务由投资人以其所有个人财产承担无限连带责任。

（一）个人独资企业的投资人

不同于合伙企业和公司，个人独资企业的投资人只能是一个自然人，且该自然人必须是中国人。投资的财产必须是私人所有的财产，投资人对企业的财产享有完全的所有权。《个人独资企业法》第16条规定："法律、行政法规禁止从事营利性活动的人，不得作为投资人申请设立个人独资企业。"我国现行的法律、行政法规所禁止的从事营利性活动的人包括法官、检察官、人民警察和国家公务员等。

（二）个人独资企业的事务管理

个人独资企业事务的管理形式按照管理的主体不同可以划分为自行管理、委托管理和聘任管理。采用委托或聘用管理应签订书面合同，投资人对受托人或者聘用的人员职权的限制，不得对抗善意第三人。例如，某个人独资企业的投资人甲和受托人乙约定，受托人在管理企业过程中签订标的额为50万元以上的合同的，该合同须经投资人同意才生效。当第三人丙在与乙签订一个标的额为100万元的合同时不知道甲对乙职权的这种限制，即使该合同未经甲同意，对于丙来说，该合同也是生效的合同。

受托人或者被聘用人应当履行诚信、勤勉义务，按照与投资人签订的合同负责个人独资企业的事务管理。根据《个人独资企业法》第20条的规定："投资人委托或者聘用的管理个人独资企业事务的人员不得有下列行为：（一）利用职务上的便利，索取或者收受贿赂；（二）利用职务或者工作上的便利侵占企业财产；（三）挪用企业的资金归个人使用或者借贷给他人；（四）擅自将企业资金以个人名义或者他人名义开立账户储存；（五）擅自以企业财产提供担保；（六）未经投资人同意，从事与本企业相竞争的业务；（七）未经投资人同意，同本企业订立合同或者进行交易；（八）未经投资人同意，擅自将企业商标或者其他知识产权转让给他人使用；（九）泄露本企业的商业秘密；（十）法律、行政法规禁止的其他行为。"

（三）个人独资企业的法律地位和法律责任

个人独资企业是一个不具有法人资格的经营实体，没有自己的法律人格，其民事或上市活动都是以投资人的个人身份进行的。尽管独资公司有自己的名称或商号，并以公司名称从事经营行为和参加诉讼活动，但它不具有独立的法人地位。

投资人以其个人财产对企业债务承担无限责任，具体来说包括三层意思：一是企业的债务全部由投资人承担；二是投资人承担企业债务的责任范围不限于出资，其责任财产包括独资企业中的全部财产和投资人的其他个人财产；三是投资人对企业的债权人直接负责。投资人若以其家庭共有财产作为个人出资财产的，则以家庭共有财产对企业债务承担无限责任。

第二章　创新创业法律主体的设立

第一节　合伙企业的设立

一、普通合伙企业的设立

（一）设立的条件

合伙企业的设立条件包括设立主体、合伙人的协议、物质条件和经营条件等。根据我国《合伙企业法》第14条的规定，申请设立普通合伙企业，应当具备下列条件。

（1）有两个以上合伙人。合伙人为自然人的，应当具有完全民事行为能力。

（2）有书面合伙协议。合伙协议是由全体合伙人在自愿、平等、公平、诚信原则下协商一致，以书面形式订立，经全体合伙人签名、盖章后生效。合伙人按照合伙协议享有权利，履行义务。合伙协议应载明的事项应当依照《合伙企业法》第18条的规定来确定。

（3）有合伙人认缴或实际缴付的出资。合伙人应当按照合伙协议约定的出资方式、数额和缴付期限，履行出资的义务。

合伙人以实物、知识产权、土地使用权或者其他财产权利出资，需要评估作价的，可以由全体合伙人协商确定，也可以由全体合伙人委托法定评估机构评估。合伙人以劳务出资的，其评估办法由全体合伙人协商确定，并在合伙协议中载明。以非货币财产出资的，依照法律、行政法规的规定，需要办理财产权手续的，应当依法办理。

（4）有合伙企业的名称和生产经营场所。

（5）法律、行政法规规定的其他条件。

（二）设立登记

1. 登记办理机关

工商行政管理部门是合伙企业的登记办理机关，国务院工商行政管理部门负责全国的合伙企业登记管理工作，市、县级的工商行政管理部门负责本辖区内的合伙企业登记。

2. 设立中应向主管工商行政管理部门提交的材料

（1）全体合伙人签署的设立登记申请书；

（2）全体合伙人的身份证明；

（3）全体合伙人指定的代表或者共同委托的代理人的委托书；

（4）合伙协议；

（5）出资权属证明；

（6）经营场所证明；

（7）国务院工商行政部门规定提交的其他文件；

（8）法律、行政法规规定设立合伙企业须报审批的，还应当提交有关批准文件。

3. 办理程序

申请设立合伙企业，应当向企业登记机关提交登记申请书、合伙协议书、合伙人身份证明等文件。申请人提交的登记申请材料齐全、符合法定形式，企业登记机关能够当场登记的，应予当场登记，发给营业执照。除前述情形外，企业登记机关应当自受理申请之日起二十日内，作出是否登记的决定。予以登记的，发给营业执照；不予登记的，应当给予书面答复，并说明理由。

二、有限合伙企业的设立

（一）对合伙人的要求

依据《合伙企业法》第61条的规定："有限合伙企业由二个以上五十个以下合伙人设立。但是，法律另有规定的除外。有限合伙企业至少应当有一个普通合伙人。"若有限合伙企业仅剩有限合伙人的，应当解散；有限合伙企业仅剩普通合伙人的，应当转为普通合伙企业。

自然人、法人和其他组织可以依照法律规定设立有限合伙企业，但国有独资公司、国有企业、上市公司以及公益性的事业单位、社会团体不得成为有限合伙企业的普通合伙人。

（二）对合伙协议的要求

《合伙企业法》第63条规定："合伙协议除符合本法第十八条的规定外，还应当载明下列事项：（一）普通合伙人和有限合伙人的姓名或者名称、住所；（二）执行事务合伙人应具备的条件和选择程序；（三）执行事务合伙人权限与违约处理办法；（四）执行事务合伙人的除名条件和更换程序；（五）有限合伙人入伙、退伙的条件、程序以及相关责任；（六）有限合伙人和普通合伙人相互转变程序。"

（三）对企业名称的要求

《合伙企业法》第62条规定："有限合伙企业名称中应当标明'有限合伙'字样。"

第二节　公司的设立

一、公司设立的原则

关于公司设立，我国立法采用"以严格准则主义为主，以核准设立主义为辅"的设立原则。严格准则主义是我国公司设立监管的普遍做法，只要符合《公司法》规定的一般条件，即可登记为公司；只有当法律明文规定对特殊行业公司设立需要审批时，才适用核准设立主义。比如，银行、保险、证券等行业公司的设立，依照相关法律规定履行设立审批程序。

二、公司设立的方式

（一）发起设立

发起设立是指由发起人认购公司发行的全部股份并缴纳出资，经过核准登记后，公司得以成立的方式。发起设立的认股是在发起人中进行的，无须向社会其他公众发行股票。依照此种设立方式，公司设立人或发起人只要认足或缴足股份或出资额，即可登记成立公司，设立程序较为简单。发起设立既适用于有限责任公司，也适用于股份有限公司。

（二）募集设立

募集设立，是指由发起人认购公司应发行股份的一部分，其余部分向社会公开募集而设立公司。募集设立是股份有限公司可以选择的一种设立方式，其程序比较复杂，如需要制定和公告招股说明书、发起人需同银行签订代收股款协议、需要召开创立大会等。根据《公司法》第84条的规定，以募集设立方式设立股份有限公司的，发起人认购的股份不得少于公司股份总数的35%，其余股份向社会公开募集。

三、有限责任公司的设立

（一）设立的条件

设立有限责任公司应当具备法定的条件。根据我国《公司法》第23条的规定，设立有限责任公司应当具备以下五项条件。

1. 股东人数要符合《公司法》的要求

我国《公司法》对有限责任公司的股东只有上限规定，没有下限规定。《公司法》第24条规定："有限责任公司由五十个以下股东出资设立。"一个自然人或法人也可以单独设立一人公司，国家授权投资的机构或者国家授权投资的部门可以单独投资设立国有独资的有限责任公司。

2. 有符合公司章程规定的全体股东认缴的出资额

股东出资构成公司的资本总额，这是公司设立的物质条件。在法律对公司资本数额完全没有限定的情况下，章程可以任意规定股东出资的数额；如果法律、行政法规以及国务院决定对某一行业或者某个行业内的公司资本的注册有最低限额时，则公司章程对于公司资本数额的规定需要高于该法律、行政法规以及国务院所规定的注册资本的最低限额要求。

3. 股东共同制定公司章程

有限责任公司的章程是记载有限责任公司组织及其活动基本准则的书面文件，体现着全体股东的共同意志，对有限责任公司本身、全体股东、董事、监事、经理均有约束力。因此，全体股东应当共同制定有限责任公司的章程。所有参加制定公司章程的股东，应当在公司章程上签名、盖章。如果股东因为其他缘故不能亲自参与制定公司章程，也应当委托其他人参加章程的制定，股东委托其他人代自己参加章程的制定，应该有书面的委托文件。章程应载明的事项按照《公司法》第25条的规定予以确定。

4. 有公司的名称，建立符合有限责任公司要求的组织机构

（1）公司名称的构成

根据《企业名称登记管理实施办法（征求意见稿）》第6条的规定，企业名称由行政区划、字号、行业或者经营特点、组织形式组成。例如，"广西贺维电

子科技有限公司"这一公司名称中，"广西"是行政区划，"贺维"是字号，"电子科技"是行业，"有限公司"是组织形式。

《企业名称登记管理实施办法（征求意见稿）》第9条规定："名称中的字号应当由两个以上汉字组成，可以是字、词或者其组合。县级以上地方行政区划、行业或者经营特点用语等具有地名、经营范围之外的其他含义，且社会公众可以明确识别，不认为与地名、经营范围有特定联系的，可以作为字号或者字号的组成部分。自然人投资人的姓名可以作为字号。"

（2）公司名称的选定规则

一个公司只准使用一个名称。在登记主管机关辖区内，不得与已经登记注册的同行业公司或企业的名称相同或者相近似，如有特殊需要，必须经省级以上工商行政管理机关批准。

公司名称的选定必须遵守语言文字的统一要求，除了民族自治地方的企业可以使用本民族自治地方通用的民族文字外，其他名字一般应使用汉字。如果需要在公司名称中增加外文名称的，该外文名称应该与所翻译的中文名称相一致。公司名称应该使用符合国家规范的汉字，不得使用汉语拼音字母、阿拉伯数字。公司名称译成外文使用的，由公司依据文字翻译原则自行翻译使用，不须报企业登记机关登记。

公司设立分支机构时，总公司及其分支机构的名称应当符合法定要求：①只有下设3个以上分支机构时才能在总公司名称中使用"总公司"字样；②分支机构的名称应冠以所属总公司的名称，并缀以"分公司"的字样，如"北京义才和锐生物技术有限公司广西分公司"；③子公司应当使用独立的名称，并可以使用其母公司名称中的字号；④如果子公司想要设立分公司的，该分公司不能在其名称中使用其总公司的字号。

（3）对选用公司名称的限制和禁止

在公司的具体名称中不得含有下列内容和文字：有损于国家、社会公共利益的；可能对公众造成欺骗或者误解的；外国国家（地区）名称、国际组织名称；政党名称、党政军机关名称、群众组织名称、社会团体名称及部队番号；汉语拼音字母（外文名称中使用的除外）、数字；其他法律、行政法规禁止使用的内容。

（4）建立符合要求的组织机构

有限责任公司的组织机构是有限责任公司内部依照法律的规定设立的，对公司的业务进行决策、执行和监督的机构的总称。由于有限责任公司本身具有封闭性以及兼具人合性和资合性的特点，其组织机构的设置也相对灵活，如股东人数较少或者规模较小的有限责任公司，可以设一名执行董事，不设董事会；可以设一至二名监事，不设监事会。

5. 有公司的住所

公司住所是公司的主要办事机构所在地。对于公司的设立来说，公司刚刚成立时，业务还没有完全展开，所以仅仅要求公司有住所而已，不要求具有固定的生产经营场所和生产经营条件。

（二）有限责任公司设立的程序

在我国，设立有限责任公司一般需要经过以下程序。

1. 发起人发起

发起人发起是有限责任公司设立的预备阶段。在此阶段，发起人要确立设立公司的意向，对想要设立的有限责任公司设立的可行性进行研究，并做设立公司的必要准备。当发起人有数人时，发起人之间应当签订书面的发起人协议，以明确各个发起人在设立公司的过程中的权利和义务。发起人协议的内容没有法定要求，实践中一般包括公司经营的宗旨、项目、范围和生产规模、注册资本、投资总额及各方出资额、出资方式、经营管理、盈余分配和风险分担原则以及其他的设立筹备工作等。发起人协议是发起人公司设立合意的达成，其性质在法律上被视为合伙协议。发起人若在公司设立的过程中与第三人发生了债权债务关系，则需要依照发起人之间的合伙协议对第三人承担无限连带责任。也就是说，该第三人可以向公司发起人中的任何一个人或者数个人提出清偿部分或全部债务的要求。

2. 公司住所的选定

公司的住所是公司的主要办事机构所在地。公司的住所不一定为公司所有，也不要求固定或使用期限必须达到一定期限。作为公司住所的房屋应该符合法律规定，并有相关证明资料。可用作公司营业执照办理的住所应当符合以下规定。

（1）用于住所的房屋不属于违法建设。违法建设包括未取得建设工程规划许可证、临时建设工程规划许可证或者未按照许可内容进行建设的城镇建设工程，以及逾期未拆除的城镇临时建设工程；应当取得而未取得乡村建设规划许可证、临时乡村建设规划许可证或者未按照许可内容建设的乡村建设工程。

（2）申请登记为企业住所地房屋应是取得权属登记的合法建筑，应当与房屋所有权记载的用途一致。登记时应当向登记机关提交"房屋所有权证"复印件。

（3）使用未取得房屋所有权证或特殊的房产、住宅等，应当根据不同情况提交相应的证明文件。如将住宅改变为经营性用房作为公司住所的，除了填写申请书中的"住所登记表"及"关于同意将住宅改变为经营用房的证明"外，还应到有关部门办理改变房屋使用性质的相关手续，并向登记机关提交变更后的证明文件。

3. 公司名称的预先核准

公司名称是公司章程的必要记载事项之一，也是公司登记注册的必要登记事项之一，而且在公司的设立过程的若干环节中也必须使用公司名称，如申请批准、申请登记等。为了规范发起人对公司名称的选用，我国在《公司登记管理条例》中确立了公司名称的预先核准制度，即在设立有限责任公司时，应向公司登记机关申请要设立的公司名称的预先核准。在公司名称获得核准后，再办理设立公司的后续手续。

办理公司名称的预先核准应注意以下问题。

（1）名称预先核准的主管机关

我国公司登记实行分级管理制度。《公司登记管理条例》第 6 条规定："国家工商行政管理总局负责下列公司的登记：（一）国务院国有资产监督管理机构履行出资人职责的公司以及该公司投资设立并持有 50% 以上股份的公司；（二）外商投资的公司；（三）依照法律、行政法规或者国务院决定的规定，应当由国家工商行政管理总局登记的公司；（四）国家工商行政管理总局规定应当由其登记的其他公司。"第 7 条规定："省、自治区、直辖市工商行政管理局负责本辖区内下列公司的登记：（一）省、自治区、直辖市人民政府国有资产监督管理机构履行出资人职责的公司以及该公司投资设立并持有 50% 以上股份的公司；（二）省、自治区、直辖市工商行政管理局规定由其登记的自然人投资设立的公司；（三）依照法律、行政法规或者国务院决定的规定，应当由省、自治区、直辖市工商行政管理局负责登记的公司；（四）国家工商行政管理总局授权登记的其他公司。"第 8 条规定："设区的市（地区）工商行政管理局、县工商行政管理局，以及直辖市的工商行政管理分局、设区的市工商行政管理局的区分局，负责本辖区内下列公司的登记：（一）本条例第六条和第七条所列公司以外的其他公司；（二）国家工商行政管理总局和省、自治区、直辖市工商行政管理局授权登记的公司。前款规定的具体登记管辖由省、自治区、直辖市工商行政管理局规定，但是其中的股份有限公司由设区的市（地区）工商行政管理局负责登记。"

（2）名称预先核准的申请文件

设立有限责任公司，应当由全体股东指定的代表或者共同委托的代理人向公司登记机关申请名称预先核准。《公司登记管理条例》第 18 条第 2 款规定："申请名称预先核准，应当提交下列文件：（一）有限责任公司的全体股东或者股份有限公司的全体发起人签署的公司名称预先核准申请书；（二）全体股东或者发起人指定代表或者共同委托代理人的证明；（三）国家工商行政管理总局规定要求提交的其他文件。"

公司名称预先核准申请书应当载明公司的名称、住所、注册资本、经营范围、投资人名称或姓名、投资额和投资比例、授权委托意见（指定的代表或者委托的代理人姓名、权限和期限），并由全体投资人签名、盖章。公司名称预先核准申请书上应当粘贴指定的代表或者委托的代理人的身份证复印件。

（3）名称预先核准的工作程序与效力期限

公司登记机关应当自收到上述所列文件之日起十日内依据相关法律进行审核，依法作出核准或驳回的决定。公司登记机关作出准予公司名称预先核准决定的，应当出具"企业名称预先核准通知书"。公司登记机关作出不予名称预先核准决定的，应当出具"企业名称驳回通知书"，说明不予核准的理由，并告知申请人享有依法申请行政复议或者提起行政诉讼的权利。

预先核准的公司名称保留期为 6 个月，预先核准的名称有效期届满前 30 日内，申请人可以持"企业名称预先核准通知书"向名称登记机关提出名称延期申请。申请名称延期应当经全体投资人签署"预先核准名称信息调整申请表"，有效期延长六个月，延期后不再延长。预先核准的公司名称在保留期内，不得用于从事经营活动，不得转让。

4. 制定公司章程

有限责任公司的发起人应当共同起草章程条款，商定公司章程的内容，公司章程的形式必须是书面的。章程条款起草完毕后，应当由全体发起人共同同意通过。全体发起人应当在公司章程上签名、盖章。然后还需要报登记主管机关批准后，公司章程才能生效。

5. 必要的行政审批

发起人如果设立的是那些法律、行政法规规定对其设立需要报经审批的有限责任公司，则需要按照有关法律、行政法规的规定，办理必要的审批手续。如根据《中华人民共和国证券法》（以下简称《证券法》）第 118 条规定："设立证券公司，应当具备下列条件，并经国务院证券监督管理机构批准：……未经国务院证券监督管理机构批准，任何单位和个人不得以证券公司名义开展证券业务活动。"

6. 缴纳出资及验资

发起人用实物、知识产权、土地使用权等非货币财产出资时，这些财产应当经过评估作价，核实财产，不得高估或低估作价。资产评估由专门的评估机构及其评估人员根据委托来进行，评估机构在评估结束时应出具评估报告。

验资应当由依法设立的验资机构来进行，验资机构除了对全部出资财产的价值进行评估，还需要对该出资财产的真实性进行核验，并出具验资证明。

7. 申请设立登记

发起人的全部出资经法定的验资机构验资后，全体发起人可以协商选出一个或数个发起人作为代表向公司登记机关申请设立登记，也可以共同委托公司发起人以外的人作为代理人向公司登记机关申请设立登记。法律、行政法规规定需要经有关部门审批的，应当在申请设立登记时提交批准文件。如在设立有限责任公司的同时设立分公司的，应当就所设分公司向公司登记机关申请登记。

(1) 申请人。设立有限责任公司，一般应当由全体股东指定的代表或者共同委托的代理人向公司登记机关申请设立登记。设立国有独资公司，应当由国务院或者地方人民政府授权的本级人民政府国有资产监督管理机构作为申请人。

(2) 申请登记的时间。申请设立登记的申请人应当在名称预先核准的保留期内进行申请，但对法律、行政法规或者国务院决定规定设立有限责任公司必须报经批准的，应当自批准之日起 90 日内向公司登记机关申请设立登记；逾期设立登记的，申请人应当报批准机关确认原批准文件的效力或另行报批。

(3) 申请登记的文件。申请设立有限责任公司，应当向公司登记机关提交下列文件：公司法定代表人签署的设立登记申请书；全体股东指定代表或者共同委托代理人的证明；公司章程；股东的主体资格证明或者自然人的身份证明；载明公司董事、监事、经理的姓名、住所的文件以及有关委派、选举或者聘用的证明；公司法定代表人的任职文件和身份证明；企业名称预先核准通知书；公司住所证明等。法律、行政法规或者国务院决定规定设立有限责任公司必须报经批准的，还应当提交有关批准文件。

8. 公司登记机关签发营业执照

公司登记机关对发起人设立公司的申请进行审查，对符合《公司法》规定的条件的，予以登记，发给公司营业执照；对不符合《公司法》规定的条件的，不予登记。公司营业执照签发的日期，就是有限责任公司成立的日期。有限责任公司自成立之日起，可以开始对外从事营业活动。有限责任公司设立分公司的申请经登记领取营业执照后，分公司成立，有权对外开展营业活动。但是分公司不具有企业法人资格，其民事责任由公司承担。

四、股份有限公司的设立

（一）设立条件

根据我国《公司法》第76条的规定，设立股份有限公司，应当具备下列条件。

1. 发起人符合法定人数

《公司法》第78条规定了设立股份有限公司的发起人人数要求是2人以上200以下，并且有半数以上的发起人在中国境内有住所。发起人应当按照《公司法》的规定制定公司章程，认购其应认购的股份，筹办公司的设立事宜，并对公司承担相应的法律责任。

2. 有符合公司章程规定的全体发起人认购的股本总额或者募集的实收股本总额

和有限责任公司一样，股东可以用货币出资，也可以用实物、知识产权出资，土地使用权等可以用货币估价并可以依法转让的非货币财产作价出资，但是法律、行政法规规定不得作为出资的财产除外。《公司法》第80条规定："股份有限公司采取发起设立方式设立的，注册资本为在公司登记机关登记的全体发起人认购的股本总额。在发起人认购的股份缴足前，不得向他人募集股份。股份有限公司采取募集方式设立的，注册资本为在公司登记机关登记的实收股本总额。法律、行政法规以及国务院决定对股份有限公司注册资本实缴、注册资本最低限额另有规定的，从其规定。"

3. 股份发行、筹办事项符合法律规定

关于股份有限公司股份发行、筹办事项的法律，除了《公司法》外，还包括《证券法》等其他法律、法规的有关规定。这些规定，主要包括有关股份发行的原则、条件、方式、价格以及股份发行的审批、募集等事项的规定。

4. 发起人制订公司章程，采用募集设立的经创立大会通过

股份有限公司的章程理应由全体股东共同制订。采用发起设立方式的情况下，发起人即为公司成立后的全部股东，因此，发起人共同制订的章程即为公司成立后全体股东制订的公司章程。但在股份有限公司采用募集设立方式的情况下，全体发起人并非公司成立后的全部股东，因此，发起人共同制订章程并不当然成为公司成立后的全体股东共同制订的公司章程，而必须经代表股份总数过半数的发起人、认股人出席的公司创立大会的通过，才能在法律上被认为

得到全体股东的认可。

5. 有公司名称，建立符合股份有限公司要求的组织机构

同有限责任公司一样，股份有限公司也当然应当具有自己的名称，按照《公司法》第8条第2款的规定，股份有限公司必须在公司名称中标明"股份有限公司"或"股份公司"字样。股份有限公司还必须有一定的组织机构，对公司实行内部管理和对外代表公司。股份有限公司的组织机构是股东大会、董事会、监事会和经理。

6. 有公司住所

法律对于股份有限公司设立的这项条件与有限责任公司的规定基本相同，可以参见有限责任公司设立的条件。

（二）设立程序

根据《公司法》第77条的规定，股份有限公司有两种设立方式：发起设立和募集设立，发起人可以在这两种设立方式中自由选择。

1. 发起设立的程序

发起设立比较简单，主要程序和有限责任公司的设立程序相同。包括如下程序：（1）发起人发起；（2）公司名称的预先核准；（3）制订公司章程；（4）认购股份，发起人必须按照公司法的规定认购应发行的全部股份；（5）缴纳股款及验资；（6）选举董事会和监事会成员；（7）申请设立登记；（8）登记机关签发营业执照。

2. 募集设立程序

（1）发起人达成设立公司的合意

发起人之间达成设立公司的合意是设立公司的第一个步骤。根据《公司法》第79条第2款的规定："发起人应当签订发起人协议，明确各自在公司设立过程中的权利和义务。""签订发起人协议"代表着各发起人之间达成了设立公司的合意。发起人协议必须是书面的，这跟设立有限责任公司时全体股东签订的发起人协议的要求不同。至于股份有限公司发起人协议的内容，法律没有一一列明。除了需要含有募集资本的程序安排之外，其内容与有限责任公司发起人协议的内容相差不多。股份有限公司的发起人可以是自然人，也可以是公司或者其他经济组织，股份有限公司的发起人或股东的资格限制适用《公司法》对有限责任公司的规定。

（2）股东制订公司章程

《公司法》第76条第4项规定："发起人制订公司章程，采用募集方式设立

的经创立大会通过"。在采用募集方式设立股份有限公司的情况下，公司章程应当先由发起人协商一致制订，设计出股份有限公司的基本框架，然后由创立大会决议通过。因为，在募集设立股份有限公司时，公司的股东不仅有发起人，还有众多的认股人，这些人都是公司的投资者，公司的股东已经社会化，公司已经成为开放性的公众性公司。发起人制订的公司章程能否被公司设立的所有投资者接受，是一个必须由公司全体股东讨论的问题，这就需要召开创立大会。创立大会由发起人、认股人组成，经出席会议的认股人所持表决权过半数通过，该公司章程才能生效。

（3）股份认购与募集程序

《公司法》第 84 条规定："以募集设立方式设立股份有限公司，发起人认购的股份不得少于公司股份总数的百分之三十五；但是，法律、行政法规另有规定，从其规定。"由此可见，除非法律、行政法规另有规定，股份有限公司向社会公开募集的资金不得超过公司注册资本的百分之六十五。同时，按照《公司法》的规定，只有发起人缴足其认购的股份，才能向他人募集股份，否则不得向他人募集股份，募集的资金也必须缴齐。股份有限公司采取募集方式设立的，注册资本为在公司登记机关登记的实收股本总额，即实收多少资金，注册的资本就为多少。

关于向社会公开募集股份程序的规定，除了《公司法》第 83—89 条的规定外，《证券法》也做了相关规定。

（4）召开创立大会与表决

召开创立大会之前首先应当确认会议召开的时间。发起人应当自股款缴足之日起 30 日内主持召开公司创立大会。创立大会依法应当在会议召开的 15 日前确定参会人员，将会议日期通知各认股人或予以公告。创立大会由发起人、认股人组成，所有认购公司股份并缴足股款的人都有权参加创立大会。但应有代表股份总数过半数的发起人、认股人出席，创立大会方可举行。

创立大会对职责内的事项作出决议时，必须经出席会议的认股人所持表决权过半数通过。

（5）申请设立公司登记

股份有限公司的申请设立程序与有限责任公司的基本相同，只是申请人和提交的文件略有不同。经过公司登记机关审查，拟设立的股份有限公司符合《公司法》规定条件的设立申请，予以登记，发给营业执照。营业执照的签发日期为公司的成立日期。不符合《公司法》规定的条件的，不予以登记。具体参照有限责任公司的相关规定。

公司凭借公司登记机关核发的"企业法人营业执照"刻制印章，开立银行账户，申请纳税登记，具体的程序与关于有限责任公司的法律规定相同。

第三节 其他形式创业主体的设立

一、一人有限公司的设立

（一）《公司法》对一人有限公司的特殊规定

1. 投资的主体限定。一人有限公司可以由一个自然人投资设立，也可以由一个法人投资设立。一个自然人只能投资设立一个一人有限责任公司。且该一人有限责任公司不能投资设立新的一人有限责任公司。

2. 公司登记的特殊要求。一人有限责任公司应在公司登记中注明自然人独资或者法人独资，并在公司营业执照中载明。

3. 公司章程。一人有限责任公司即使只有一个股东也须设立公司章程，公司章程由该股东制定。

4. 组织机构。一人有限责任公司不设股东会，经营中的事项都可以由股东个人决定。但股东行使股东会职权时，应当采用书面形式，并由股东签名后置备于公司，以便债权人和其他利害关系人查阅。

5. 财务制度。一人有限责任公司应当在每一会计年度终了时编制财务会计报告，并经会计师事务所审计。一人有限责任公司的股东个人财产和公司财产也相互独立，但股东如不能证明公司财产独立于自己财产的，应当对公司债务承担连带责任。

（二）一人有限责任公司设立需要提交的材料

依照《公司法》和《公司登记管理条例》的规定，一人有限责任公司申请设立登记需要提交以下材料。

1. 公司法定代表人签署的"公司设立登记申请书"。

2. 股东签署的"指定代表或者共同委托代理人的证明"及指定代表或委托代理人的身份证复印件；应标明指定代表或者共同委托代理人的办理事项、权限、授权期限。

3. 股东签署的公司章程。

4. 股东的主体资格证明或者自然人身份证复印件。

股东为企业的，提交营业执照副本复印件；股东为事业法人的，提交事业法人登记证书复印件；股东为社团法人的，提交社团法人登记证复印件；股东为民办非企业单位的，提交民办非企业单位证书复印件；股东为自然人的，提交身份证复印件；其他股东提交有关法律、行政法规规定的资格证明。

5. 依法设立的验资机构出具的验资证明。

6. 股东出资是非货币财产的，提交已办理财产权转移手续的证明文件。

7. 董事、监事和经理的任职文件及身份证复印件。依据《公司法》和公司章程的规定和程序，提交股东签署的书面决定、董事会决议（由董事签字）或其他相关材料。

8. 法定代表人任职文件及身份证复印件。

9. 住所使用证明。自有房产提交房屋产权证复印件；租赁房屋提交租赁协议复印件以及出租方的房屋产权证复印件。有关房屋未取得房屋产权证的，属于城镇房屋的，提交房地产管理部门的证明或者竣工验收证明、购房合同及房屋销售证复印件；属于非城镇房屋的，提交当地政府规定的相关证明。出租方为宾馆、饭店的，提交宾馆、饭店的营业执照复印件。使用军队房产作为住所的，提交"军队房地产租赁许可证"复印件。

将住宅变为经营性用房的，属于城镇房屋的，还应提交"登记附表——住所（经营场所）登记表"及所在地居民委员会（或业主委员会）出具的有利害关系的业主同意将住宅改变为经营性用房的证明文件；属于非城镇房屋的，提交当地政府规定的相关证明。

10. "企业名称预先核准通知书"。

11. 法律、行政法规和国务院决定规定设立一人有限责任公司必须报经批准的，提交有关批准的文件或者许可证书复印件。

12. 公司申请登记的经营范围中有法律、行政法规和国务院决定规定必须在登记前报经批准的项目，提交有关的批准文件或者许可证书复印件或许可证明。

二、个人独资企业的设立

（一）设立条件

《个人独资企业法》第 8 条明文规定，设立个人独资企业必须具备以下五个条件。

1. 投资人为一个自然人，且只能是中国公民。

2. 有合法的企业名称，个人独资企业不得使用"有限""有限公司""公司"字样。个人独资企业的名称可以叫作厂、店、部、商号等。

3. 有投资人申报的出资。投资人可以以个人财产出资，也可以以家庭共有财产作为个人出资。以家庭共有财产作为个人出资的，投资人应当在设立（变更）登记申请书上予以注明。投资人申报的出资额应当与企业的生产规模相适应。

4. 有固定的生产经营场所和必要的生产经营条件。这是所有企业都必须具备的条件。生产经营场所包括企业的住所和进行生产经营活动的处所。生产经营条件是指与企业的生产经营范围、规模相适应的条件，如办公场地、厂房、机器设备等。

5. 有必要的从业人员，即要有满足其生产经营业务开展的管理、技术、生产等方面的人员。

（二）设立程序

设立个人独资企业无须经过任何部门的审批，而由投资人根据设立准则直接到工商行政管理部门申请登记。具体包括以下环节。

1. 个人独资企业设立申请

个人独资企业的申请人是个人独资企业的投资人。投资人也可以委托其代理人向个人独资企业所在地的登记机关申请设立登记。投资人申请设立独资企业，应向登记机关提交下列文件：第一，设立申请书；设立申请书应包括下列事项：企业的名称和住所（个人独资企业的住所为其主要办事机构所在地）；投资人的姓名和居所；投资人的出资额和出资方式；经营范围。第二，投资人的身份证明。第三，企业住所证明。第四，国家市场监督管理总局规定提交的其他文件。

从事法律、行政法规规定须报经有关部门审批的业务的，应当提交有关部门的批准文件。委托代理人申请设立登记，应当提交投资人的委托书和代理人的身份证明或者资格证明。

2. 登记机关核准登记

登记机关应当在收到设立申请文件之日起 15 日内，对符合《个人独资企业法》规定条件的申请予以登记，发给营业执照；对不符合《个人独资企业法》规定的条件的，不予以登记，并能给予书面答复，说明理由。

3. 个人独资企业成立

营业执照签发之日即为个人独资企业的成立之日；在领取个人独资企业营业执照前，投资人不得以个人独资企业名义从事经营活动。违反《个人独资企业法》规定，未领取营业执照，以个人独资企业名义从事经营活动的，责令停止经营活动，处以 3000 元以下的罚款。

第三章　创新创业主体的出资

第一节　股东出资

一、股东出资概述

出资，指股东（包括发起人和出资人）在公司设立的时候或者增加公司资本的时候，为了取得公司的股份或者股权，根据协议约定、法律以及公司章程的规定向公司给付一定的财产或者履行其他给付义务。股东出资作为公司设立中的重要环节，具有特殊的法律意义。首先，出资是股东对公司的一种约定义务，也是一种法定义务，是股东对公司最基本、最重要的义务之一。其次，股东出资时给付的财产是公司资本的来源。再次，股东出资将取得公司股权的对价。股东享有公司的股权大小与股东出资的比例大小和数额有直接关系，股东出资的比例越大，数额越多，享有的公司股权也越大。最后，股东出资决定股东承担有限责任。在资合公司中，股东以其出资额为限对公司债务承担有限责任，实际上，股东履行了股东出资义务，就不再对公司承担其他财产责任，但是，其已经缴纳的出资就不能收回。

二、股东出资义务与履行

出资是股东最基本、最重要的义务，无论股东做何种约定，都不能免除股东的出资义务。股东违反出资义务的表现形式有股东完全未履行和股东未全面履行，未全面履行包括未完全履行和不适当履行两种情况。

完全未履行，指股东根本没有进行出资，完全没有履行其应有的出资义务。

完全未履行包括拒绝出资、不能出资、虚假出资以及抽逃出资四种情形。拒绝出资，就是指股东在设立协议或认股协议成立并生效后，拒绝按照协议进行出资的行为。不能出资，就是指股东在设立协议或者认股协议成立并且生效后，因为发生了客观条件的变化，而导致该股东不能或者是无法履行出资义务，比如，该股东以知识产权中的专利权进行出资，但在出资前，股东的专利技术已经泄露，股东不再享有专利权，那么此时股东就不能按照约定的出资方式进行出资。虚假出资，就是指股东称其已经完成出资行为，但事实上，其并未进行任何出资，虚假出资实际上是一种欺诈行为。抽逃出资，就是指股东在公司成立之后，将其已经缴纳的出资抽回，实际上，抽逃出资也是一种欺诈的行为。

未完全履行，又称未足额履行，就是指股东履行了出资义务，但是只履行了部分的出资义务，没有按照规定的数额进行足额交付，包括股东对公司出资的货币数额不足，出资实物等非货币出资的价值明显低于公司章程所确定的价额等。

不适当履行，就是指股东履行出资义务的形式、时间或者手续不符合法律或公司章程的规定，包括迟延履行出资和瑕疵出资。迟延出资，指股东没有按照协议约定的期限交付出资或者办理实物等财产权的转移手续，使公司在规定的期限内没有收到股东的出资。瑕疵出资，就是指股东的出资标的物或者出资行为是有瑕疵的。瑕疵出资又可以分为标的物瑕疵和出资行为的瑕疵。标的物瑕疵，就是指股东交付的财产存在其他合法权利或者是标的物本身有缺陷。出资行为的瑕疵，就是指股东的出资行为不完整，只交付了出资的标的物，但是没有办理相应的权属的变动手续，或者是只办理了权属的变动手续，但是实际上没有交付出资的标的物。

三、股东出资责任

股东出资责任，指股东违反出资义务之后应当承担的法律后果。主要包括两种：出资违约责任、资本充实责任。

（一）股东出资违约责任

股东出资违约责任追究的是一般股东的出资责任。公司成立之前，股东违反出资义务的行为，就属于合同法上的违法行为，这时候，已经足额缴纳出资的股东可以采取违约救济手段，并且就其所受到的损失向未缴纳出资的股东请求赔偿。当股东违反出资义务需要承担出资违约责任时，可以通过以下几种方式寻求救济。

1. 追缴出资

股东违反出资义务，但是其仍然有履行出资义务的可能，公司可以要求其继续履行出资义务。经公司追缴，股东仍不愿意履行出资义务的，公司有权请求强制执行。追缴出资作为一种救济手段，常常用于股东使用非货币财产出资的情形。

2. 催告失权

催告失权，又称失权程序，股东不履行对公司的出资义务，公司可以催告其在一定的期限内履行出资义务，逾期不履行的，按照规定，该股东丧失股东权利，其之前所认购的股份将另行募集。催告失权的失权是当然失权，即使该股东之后履行了出资义务，也不会再恢复其股东的地位，因为本该由该股东认购的股份已经另行募集。

3. 损害赔偿

股东的出资义务可以看作股东对公司所负的一种债的义务，股东违反其出资义务如果给公司和其他股东造成损失的，公司可以要求其承担损害赔偿责任。如果因为股东违反出资义务，最终导致公司不能成立或者被撤销、解散，其他履行出资义务的股东也可以要求未履行出资义务的股东承担损害赔偿责任。

（二）资本充实责任

资本充实责任，也称资本维持原则，是指公司在其存续过程中，需要经常保持与其资本额相当的财产，以保护债权人对公司资本的信赖。资本充实责任是一种法定责任，不以当事人的约定为必要，也不以公司章程或公司决议而免除。资本充实责任包括以下三种责任。

1. 认购担保责任

认购担保责任，指因设立股份有限公司而发行股份的，如果公司发行股份没有被认购或者被认购后又取消的，则该股份由发起人共同认购。

2. 缴纳担保责任

缴纳担保责任，也称出资担保责任，指股东认购股份之后，但是并没有按照约定缴纳出资的，应当向公司缴足股款或者履行实物出资义务。

3. 差额填补责任

在公司成立时，如果股东出资的非货币财产价额明显低于章程所规定的价额时，发起人应当对不足的差额部分承担连带填补责任。此时，履行差额填补责任的发起人可以向出资不实的股东行使求偿权。

根据我国《公司法》的规定，股东出资责任主要表现为以下四种：（1）缴纳出资货币的责任。（2）非货币出资的差额补足责任，即公司成立后，发现作为设立公司出资的非货币财产的实际价额明显低于公司章程所定的价额时，交付该出资的股东或者发起人应当补足其差额。（3）违约赔偿责任，即有限责任公司未缴纳出资的股东应当向已经足额缴纳出资的股东承担违约责任，股份有限公司的发起人应当按照发起人协议承担违约责任。（4）出资连带责任，对未缴纳的货币出资或者非货币出资的价值不足，有限责任公司设立时的其他股东、股份有限公司的发起人应承担连带缴纳或不足的责任。

第二节　我国公司法规定的资本制度

一、公司资本概述

公司资本，是指公司成立时按照公司章程确定并载明的，由全体股东出资所构成的公司财产的总额。公司资本具有以下特点：（1）独立性。公司资本是公司自有的独立财产，不受他人支配。（2）抽象性。公司资本是一个抽象的财产金额，而不是货币、实物、知识产权、土地使用权等具体的财产形式，是不受具体财产形式影响的财产金额。（3）来源的单一性。公司的资本来源于股东的出资，并且只能由股东出资构成，一般而言，股东的出资总额就是公司的资本总额。（4）确定性。公司资本是在公司成立时由公司章程予以确定的，不得随意更改，如果需要改变，应当依照法定的增加资本或者减少资本的程序，经股东会作出决议、修改章程并办理注册登记而变更。（5）公示性。公司资本数额记载于公司章程，并经工商登记对外公示，交易相对人很容易获得公司资本额的信息，从而使交易相对人对公司的资产作出一个简单的判断。

二、公司资本原则和资本形成制度

（一）公司资本原则

为了促进公司发展，维护经济社会环境稳定，公司资本制度形成了一系列公司资本原则，其中，被各国立法和实践所认可的就是公司资本三原则，即资本确定原则、资本维持原则和资本不变原则。

1. 资本确定原则

资本确定原则，又称资本法定原则，指公司在设立时，在章程中必须明确规定公司的资本总额，并由发起人认足或者募足。公司成立后，如果发行股份，必须履行增资程序，经股东会决议并修改公司章程。

设立资本确定原则的目的是为了保证公司设立时资本的真实可靠，使公司形成稳固的财产基础和健全的财务结构。但是资本确定原则大大限制了公司的设立，提高了公司设立的资本门槛。随着经济社会的发展，现在已经很少还有国家严格遵守此项原则，我国现行的公司法也取消了注册资本实缴制及验资机构的验资程序。这大大降低了公司的设立门槛，也使公司的成立发展更具效率性，顺应了时代发展的潮流。

2. 资本维持原则

资本维持原则，又称资本充实原则，是指公司在其存续过程中，应当经常保持与其资本额相当的财产。资本维持原则是为了保证公司资本具有实际意义，保护债权人的利益，防止公司经营中的欺诈行为，同时也防止股东对盈利分配的不当要求，确保公司本身业务活动的正常开展。资本维持原则，最初是作为股份有限公司的资本原则，后来，这一规则同样适用于有限责任公司。我国《公司法》基本上贯彻了资本维持原则，规定了一些强制性规范以确保公司拥有充足的财产，比如股东退股禁止，禁止折价发行股份，按规定提取和使用公积金，限制回购股份，禁止接受以本公司股份提供的质押等。

3. 资本不变原则

资本不变原则，就是指公司资本一经确定，非因法定原因、非经法定程序不得更改，如果需要改变，必须严格遵循法定程序进行更改。这里的资本不变，并不是绝对不可以改变，其要义是指在公司债权人利益获得足够的保障之前，公司的注册资本不得随意改变。资本不变原则与资本维持原则具有相同的立法目的，都是为了防止公司注册资本的实质减少，保护债权人的利益，防止公司经营中的欺诈行为。实质上，资本不变原则可以看作是资本维持原则的进一步要求，如果没有资本不变原则的限制，公司实际拥有的财产一旦减少，公司便可以相应地减少注册资本额，资本维持原则的实际意义也就不复存在。

我国《公司法》为了防止公司减少注册资本，特别规定了债权人保护程序，即公司减少注册资本时，必须编制资产负债表和财产清单，向债权人发出通知，并于30日内在报纸上公告，债权人有权要求公司清偿债务或提供相应担保。

（二）资本形成制度

公司的资本是通过发行股份来形成的，可以是在公司设立时一次性形成，也可以是在公司成立后分为多次形成。在资本形成方式上的发展，产生了三种不同类型的资本形成制度。

1. 法定资本制

法定资本制，又称确定资本制，是指公司设立时，必须在公司章程中对公司资本总额作出明确规定，并且一次性发行，由发起人、认股人全部认足或者募足，否则公司不能成立。公司成立后，因经营或者财务上的需要而增加资本，必须经股东会决议、变更公司章程的新股发行程序。

法定资本制的主要内容有：第一，公司设立时，公司章程必须明确规定资本总额。第二，公司设立时，必须将股份一次性全部发行，由发起人、股东全部认足。第三，资本、股份经认足后，各认股人应当根据发行的规定缴纳股款。缴纳股款的方式可以是一次缴纳，也可以是分期缴纳，但法律限制认股人首次、每次缴纳股款和全部股款缴纳的时间。第四，公司成立后非经履行变更章程、发行新股等程序，不得增减资。第五，对无形资产出资占全部出资额的比例有严格的限制。

从理论上讲，法定资本制有以下优点：第一，有利于公司资本的稳定和确定；第二，有利于防止公司设立时存在的欺诈行为；第三，使公司在成立时就有足够的资金担保债务的履行；第四，有利于提高市场交易的安全性。但是，随着社会的发展，法定资本制也暴露了其弊端，首先，对于一些大型的股份公司，强制其发行全部资本，不容易立即认足，会影响到公司的成立；第二，各公司所从事的行业和经营范围不同，因其经营活动的不同，有些公司在设立初期并不需要过多的资本，强制公司全部发行，会造成某些公司资本的闲置和浪费；第三，公司需要增资时，需要经过繁杂冗长的程序，效率很低，增加公司的负担。目前大部分国家已经放弃严格遵守法定资本制，而采取折中资本制。

2. 授权资本制

授权资本制，是指在公司设立时，虽然在章程中明确载明公司的资本总额，但公司不需要发行全部资本，只要认足或者缴足资本总额的一部分，公司便可以成立。剩余部分，授权董事会在认为有必要的时候，一次或分次发行或募集，各认股人可以一次缴纳股款，也可以分次缴纳股款。在公司成立以后，如果因经营或者财务上的需要想要增加资本，只要在授权资本数额内，由董事会决议发行新股，而不需要股东会决议，通过修改公司章程来实现。

授权资本制的优点主要体现在：第一，公司不需要一次发行全部资本或股份，减轻了公司设立的难度，降低了设立公司的门槛；第二，授权董事会可以自行决定发行资本，而不需要经过股东会决议更改公司章程，简化了公司增资的程序，提高了公司运转的效率；第三，董事会根据具体情况来发行股本，适应了公司经营发展的需要，也避免了大量资产的闲置与浪费，充分发挥了资产的最大效益。但是授权资本制也存在一些弊端，公司章程中载明的资本只是名义上的数额，不明确规定公司首次发行资本的最低限额和发行期限，容易造成公司实缴资本与公司实际经营规模和资产实力的脱节，也更容易发生商业欺诈行为，不利于债权人的利益。

3. 折中资本制

折中资本制是在法定资本制和授权资本制的基础上演变而成的资本制度，具体又可以分为许可资本制和折中授权资本制两种类型。

（1）许可资本制

许可资本制，指在公司设立时，必须在公司章程中明确规定公司资本总额，并一次性发行，由发起人、认股人全部认足或者募足。同时在公司章程中授权董事会在公司成立后一定期限内，在授权公司资本一定比例的范围内，发行新股，增加资本，无须股东会的特别决议。

许可资本制是在法定资本制的基础上，通过对董事会发行股份的授权、放宽限制、简化公司增资程序而形成的。这种授权和放宽适用于公司成立后的增资行为，而对公司设立时的资本发行仍适用法定资本制的要求。这种制度既坚持了法定资本制的基本原则，又吸收了授权资本制的灵活性，但许可资本制的核心仍然是法定资本制。

（2）折中授权资本制

折中授权资本制是指公司设立时，也要在公司章程中载明资本总额，并且只需要发行和认足部分资本或股份，公司即可成立，未发行部分授权董事会根据需要发行，但授权发行的部分不得超过公司资本的一定比例。

折中授权资本制是在授权资本制的基础上，通过对授权董事会发行股份的比例和期限进行限制形成的，这种限制适用于公司自设立时起到成立后的所有股份发行行为。这种制度既坚持了授权资本制的基本精神，又体现了法定资本制的要求，但是其核心是授权资本制。

折中资本制是对法定资本制和授权资本制的修正，即对法定资本制下严格资本条件的放松，对授权资本制下自由资本条件的限制，综合了法定资本制和授权资本制的优点，在公平与效率、自由与安全之间寻得了平衡，既做到了兼顾公平与安全，又把效率优先的原则贯彻到公司资本制度中去，尊重了经济自由和公司的意思自治，因而具有二者不可比拟的优越性，是一种富有生命活力的资本制度。

第三节 出资方式的法律规定

一、出资方式概述

在股东出资制度上，我国公司法实行的是出资方式法定主义，也就是说，股东以什么样的方式出资，以哪种财产出资，不取决于股东拥有哪种财产或者资源，也不取决于公司发展需要哪种财产或者资源，而是由法律直接规定股东可以使用哪种财产作为对公司的出资。

根据我国《公司法》第 27 条："股东可以用货币出资，也可以用实物、知识产权、土地使用权等可以用货币估价并可以依法转让的非货币财产作价出资；但是法律、行政法规规定不得作为出资的财产除外。对作为出资的非货币财产应当评估作价，核实财产，不得高估或者低估作价。法律、行政法规对评估作价有规定的，从其规定。"根据法律规定，股东可以使用货币出资，也可以使用非货币财产出资，但是使用非货币财产出资必须满足两个条件：一是非货币财产可以用货币估价；二是非货币财产可以依法转让。因此，股东不得以劳务、信用、自然人姓名、商誉、特许经营权或者设定担保的财产等难以评估、难以转让的财产或权利进行作价出资。

二、公司法列举的出资方式

（一）货币出资

货币出资是法律关系最为简单、最基本和最有效用的一种出资方式。只要股东在约定的时间内把约定的金额交付给公司或者转入公司设立的账户中，股东即完成出资义务。这是因为货币出资表现为最直接的货币的金额，货币作为一般等价物，不需要财产价值的评估，货币出资只需要简单的交付即可完成出资义务。同时，货币自身具有价值尺度、流通手段等功能，其价值更容易确定，更容易流通，也更容易转化为其他财产形式，是任何一个企业设立和经营过程中不可或缺的财产方式，因此，货币出资也是最主要、最灵活的一种出资方式。

（二）实物出资

实物出资中的"实物"就是指民法意义上的"物"，包括房屋、车辆、设备、原材料、成品、半成品等。首先，实物出资要求股东以实物所有权出资，不能以实物的使用权进行出资，除非是以土地使用权进行出资。其次，实物出资中的实物应当具有现实的财产价值，这样才能对出资的实物进行价值评估，从而确定公司的出资额和资本额。最后，实物出资中的实物是什么并没有明确的规定，可以是公司经营发展需要的，也可以是与公司生产经营活动无关的，实物出资的主要目的在于公司可以对出资的实物进行变现，并实现其财产价值，同时，实物是否可以用于出资，由股东协商决定。

出资人使用没有处分权的财产出资，如果当事人对于出资行为效力产生争议的，人民法院可以参照我国《民法典》规定的善意取得制度来进行处理，即按照物权处分认定。如果出资人进行出资的实物满足特定的构成要件，就按照善意取得处理，认定公司善意取得，可以保障交易安全，降低交易成本，最终起到鼓励交易的目的。根据我国《民法典》第311条的规定，符合下列情形的，受让人取得该不动产或者动产的所有权：第一，受让人受让该不动产或者动产时是善意的；第二，以合理的价格转让；第三，转让的不动产或者动产依照法律规定应当登记的已经登记，不需要登记的已经交付给受让人。受让人根据上述规定取得不动产或者动产的所有权的，原所有权人有权向无处分权人请求赔偿损失，而不是向受让人即公司请求归还实物或是赔偿损失。

实物出资是公司实际经营发展中十分普遍的出资方式，在很多情况下，实物出资的实物都为公司生产经营发展所需要，这就使公司不用再自行购买，而且，如果对出资人提供的实物作价合理，也会降低公司的购买成本，为公司发展其他业务省下一笔资金，因此实物出资也是公司普遍欢迎的一种出资方式。

（三）知识产权出资

我国《公司法》明确规定了知识产权可以作为股东出资方式，这扩大了出资方式的范围，也适应了现代社会中公司发展的需要，知识产权作为股东的出资方式，对于促进我国高科技产业的发展与高科技公司的成长都具有十分重要的意义。

根据我国的分类，知识产权包括工业产权和著作权。对于工业产权，存在广义和狭义两种不同的解释。广义的知识产权，按照《保护工业产权巴黎公约》第1条的规定，工业产权的对象至少应包括专利、实用新型、外观设计、商标、服务标记、厂商名称、货源标记、原产地名称等。狭义的工业产权仅仅指商标权和专利权。在此，应当根据国际法优先于国内法的原则，对工业产权作广义的解释，这也是顺应了社会发展的潮流，工业产权的重要性已逐步引起社会的注意，对工业产权的范围也是以广义的解释更符合社会发展的需要。

知识产权属于无形资产，无论是专利权、商标权还是著作权，其本身都具有一定的财产价值。随着知识经济的快速发展，著作权及其相关权利已经成为公司经营的重要手段和条件，尤其是高新科技密集的公司，对知识产权的需求可能超出了对货币和实物的需求，无形资产在公司经营中的作用和地位日益突出，知识产权无疑应当成为法定的股东出资方式之一。例如近些年发展迅速的计算机软件著作权，成为知识经济时代重要的无形财产，允许以计算机软件著作权出资，是适应知识经济时代的要求，推动科技进步，加速科技生产力转化的要求。

（四）土地使用权出资

土地使用权出资也是我国《公司法》明确规定的可以作为股东出资方式之一。土地作为一种最重要的社会财富，土地使用权成为公司股东的一种出资方式，主要有三个方面的原因：第一，土地是现代社会最为重要的财产形式之一。在公司的财产构成中，土地往往占据重要的位置，尤其是对于从事房地产开发的公司来说，土地使用权是其不可替代和不可缺少的经营条件。第二，土地用于满足公司生产经营活动的需要。公司的经营活动必然需要有相应的生产经营场所和必要的生产经营条件，而土地，便是公司生产经营场所最为普遍的一种形式。第三，土地作为一种珍贵的有限资源，在任何国家都是公司财产的重要构成部分和股东出资的重要财产之一。在财产价值上，土地具有其他财产难以比拟的保值增值性，这也是土地资源尤为珍贵的原因之一。

土地使用权出资是实践生活中十分普遍而又重要的出资方式，根据我国土地制度和土地使用权本身的特点，土地使用权出资有特殊的法律要求。

第一，土地的出资是土地使用权的出资，而不是土地所有权的出资。因为我国实行的是土地公有制，土地的所有者只能是国家和集体，因此，任何公司和企业对土地的占有都只是使用权意义上的占有，而不是所有权意义上的占有，公司和企业对土地享有的也只是使用权，而不是所有权，当出资人以土地作为对象出资时，其所出资的标的也只是土地的使用权而不是土地的所有权。

第二，用于出资的土地使用权只能是国有土地的使用权，而不能是集体土地的使用权。这是我国现行法律的明确规定，能够作为财产权进行转让的只能是国有土地的使用权。如果想要以集体所有的土地进行对外投资，只能先将集体土地通过国家征用的途径变为国有土地，再从国家那里通过土地出让的方式获得国有土地的使用权，然后才能进行有效的投资。①

第三，用于出资的土地使用权只能是出让土地的使用权，而不能是划拨土地的使用权。在我国，国有土地的使用权可以分为划拨土地使用权和出让土地使用权。划拨土地使用权是各种社会组织基于其特定的社会职能从国家那里无偿取得的，而出让土地使用权是通过向国家缴纳一定的土地出让金的方式而有偿取得的。出资人用土地使用权进行出资是出资者的投资行为，具有一定的商业性和营利性，因此出资人使用的土地使用权不能是无偿得到的划拨土地使用权，而是需要缴纳一定的土地出让金的出让土地使用权。划拨土地使用权只能用于划拨用途，不能擅自进入市场进行流通，也就不能进行对外投资。

第四，用于出资的土地使用权应当是未设立任何的权利负担的土地使用权。因为出资人的使用行为，土地使用权经常会设立诸如抵押之类的权利负担，这时候，土地使用权的使用将会受到权利人的诸多限制，土地使用权也就变成了不稳定、不确定的权利，这就使出资人的出资变得不稳定、不确定，不符合公司法确定的资本确定原则。根据《最高人民法院关于适用〈中华人民共和国公司法〉若干问题的规定（三）》第 8 条的规定："出资人以划拨土地使用权出资，或者以设定权利负担的土地使用权出资，公司、其他股东或者公司债权人主张认定出资人未履行出资义务的，人民法院应当责令当事人在指定的合理期间内办理土地变更手续或者解除权利负担；逾期未办理或者未解除的，人民法院应当认定出资人未依法全面履行出资义务。"因此，出资的土地不应当背负任何的权利负担，而且在出资之后，出资人仍然应当继续承担免除土地负担的义务。

三、其他出资方式

除我国《公司法》第 27 条列举的法定出资方式之外，还有其他财产符合法定出资方式的构成要件，其中较为普遍的就是使用股权出资和债权出资。

（一）股权出资

股权出资，就是指出资人以其享有的对其他公司的股权作为自己的出资标的投入公司，并且由公司作为股东享有和行使对其他公司的股权，事实上，股权出资实质上是对股权的转让，是出资人将其所有的对其他公司的股权转让给公司。

---

① 赵旭东. 新公司法案例解读 ［M］. 北京：人民法院出版社，2005：43.

股权作为一种民事权利，随着公司的发展成为越来越普遍的存在。相较于其他出资形式，股权出资具有其特殊性。因为股权的价值并不取决于股权自身的价值，也不取决于出资人获得股权时所给付的金额，而是取决于股权所在的公司总资产减去总负债的余额，也就是股权所在的公司的净资产或股东权益，这也决定了股权的价值具有很强的不稳定性，股权的价值是随着其所在公司的经营状况和资产变动而不断变化的。因此对股权的价值量的评估存在难度大、准确性低的特点。出资人以股权进行出资，应当充分认识到股权的性质和特点，如果要对股权的财产价值作出客观的、较为准确的评价，通常需要对股权所在的公司进行全面的资产评估和财产审计。当出资人使用股权出资后，因各种原因导致股权价值的变化，不能就简单地认定出资人的出资不真实而追究其责任。

（二）债权出资

债权出资，就是指出资人以其对第三人享有的债权作为自己的出资标的投入公司，并由公司取代出资人作为债权人对第三人享有债权，事实上，债权出资本质上属于债权转让或者是债权让与，是将出资人对第三人享有的债权转让给公司。

债权是出资人拥有的重要的财产，具备我国公司法所规定的出资形式的法定要件，在我国公司实践中，债权出资也是较为常见的一种出资方式。在国有企业改制组建的上市公司中，一些国有企业就是以原有的债权作为出资。在商业银行改革和资产重组的过程中所实行的"债转股"，实际上也是债权出资的一种形式，这种"债转股"就是将银行对债务人公司所享有的债权按照约定的方法折抵给公司，从而得到对该公司一定金额的股权，银行也由此成为该公司的股东，而不再是债权人，该公司的此项债务也归于消灭。

债权出资也有其特殊性，虽然债权的价值或者债权的金额是确定的，但是，在我国现阶段商业信用不良，债务人恶意逃债现象普遍的社会背景下，债权的实现具有较大的落空的可能性。如果出资人有意地将已经没有可能实现的不良债权作为出资标的时，其相应的出资也就成了虚假出资，因此对债权出资的价值评估应当充分考虑其不能实现的风险。但是债权出资后，因为各种情况的变化导致债权最终不能实现时，不能简单地认定出资人出资不真实。

第四章 创新创业主体的退出机制

第一节 解 散

一、公司解散的含义和特征

公司解散是公司退出机制之一，是公司终止的一个重要法律程序。公司解散是指公司作为一个组织，因为发生了某种原因而导致公司归于消灭的一种事实状态和一种法律程序。

从事实状态的角度看，公司解散的目的和结果就是公司将要停止其所有的业务活动并且公司的法人资格和市场主体资格也将永久性消灭。从法律程序的角度看，公司解散是一个过程，也即债权人或者有关机关作出公司解散的决定之后，公司并不是立即消灭其法人资格和市场主体资格，其法人资格和市场主体资格依然存在。在公司解散决定作出以后，公司将要进行清算，当清算过程结束，公司被注销以后，公司的主体资格才被消灭。

二、公司解散的分类

（一）任意解散

任意解散，又称自愿解散，是指一个公司在没有遇到外在强制力的情况下，根据公司章程或者股东决议自愿作出解散公司的情况。这种解散与外在意志力无关，是公司内部自愿作出的决定，取决于公司股东的意志，股东可以选择解散公司或者不解散公司，是公司股东完全自愿的决定，因此也称为自愿解散。任意解散在某种程度上也体现了公司法上的"私法自治"的法理精神。但是任意解散并不等于公司解散的程序也是任意的，股东只能作出解散公司的决定，无法左右公司解散的程序，因此，公司任意解散的情况下，解散的程序依然要根据法律规定进行。

根据我国《公司法》第180条的规定，公司任意解散的原因主要为：第一，公司章程规定的公司营业期限届满。当营业期限届满时，公司此时应当解散，转为清算中的公司。第二，公司章程规定的解散事由出现。股东在设立公司，制定公司章程时，事先可以在公司章程中规定公司解散的各种事由。公司在经营过程中，当出现了公司章程规定的解散事由，股东会可以作出决议解散公司。第三，股东会或者股东大会决议解散公司。公司最高的权力机关为股东会和股东大会，决定着公司的生死，因此，当股东会或者股东大会决定解散公司时，公司也应当解散。第四，公司合并或者分立导致公司解散。在复杂烦琐的市场运行过程中，公司的发展往往存在着合并、分立的情况，当公司发生合并、分立的情况时，往往都伴随着公司的解散，这是市场发展的必然规律。在公司合并时，参与合并的公司必然是两家或两家以上，当一个公司吸收合并其他公司时，为吸收合并，此时被吸收的公司将会解散，而吸收的公司将会继续存续；当两个以上公司合并成为一个新的公司时，为新设合并，此时，参与合并的各个公司都将解散，此时将出现一个新的法人人格。

（二）强制解散

强制解散，与上述任意解散相反，是指公司并非基于意思自治，而是在外在强制力的情况下，因政府有关机关决定或法院判决而发生的解散。强制解散具体包括了行政强制解散和法院裁判解散两种情况。

1. 行政强制解散。我国《公司法》第180条第四项规定，公司因依法被吊销营业执照、责令关闭或者被撤销而解散。因此行政强制解散是指公司被国家行政机关强制解散的情况，即被依法吊销营业执照、责令关闭或者被撤销时，公司被行政强制解散。

行政强制解散主要发生于公司出现了违法行为，损害了社会公共利益的情形，当公司因违反国家法律、行政法规、规章或者其他规范性文件中的强制性规定达到一定程度时，工商、税务、环保等相关行政主管部门可以吊销其营业执照、责令关闭或者撤销该公司。当作出了行政强制解散的决定后，根据法律规定，公司不再进行任何经营活动，应当依照法律规定进入清算程序，在清算程序结束之后，办理公司的注销登记。在我国《公司法》中规定了很多可以导致公司被吊销营业执照、责令和被撤销的情形。

2. 法院裁判公司解散。法院裁判解散是我国《公司法》规定的对公司僵局的救济机制，我国《公司法》第 182 条规定："公司经营管理发生严重困难，继续存续会使股东利益受到重大损失，通过其他途径不能解决的，持有公司全部股东表决权百分之十以上的股东，可以请求人民法院解散公司。"因此，法院裁判公司解散是指法院在特定的情况下，经持有公司股东表决权百分之十以上的股东的申请，依法作出裁判解散公司的情形。

根据我国法律规定，法院裁判解散公司通常具有以下几个法定构成要件。

第一，公司的经营管理发生严重困难，公司继续存续会严重损害股东和债权人的基本利益。比如公司的对外业务经营发生严重困难，公司的经营活动极其不顺利，无法取得盈利甚至一直处于亏损状态，或者公司股东之间或者董事之间发生了严重的意见分歧或者其他纠纷，并且双方无意达成一致或者进行妥协，导致公司经营陷入困境，甚至整个公司处于瘫痪的状态，公司僵局的后果只会严重损害公司及其股东的利益，对社会的发展也是极其不利的。

关于公司经营管理发生严重困难应当如何认定，《最高人民法院关于适用〈中华人民共和国公司法〉若干问题的规定（二）》（以下简称《公司法司法解释（二）》）第 1 条作出了规定：（1）公司持续两年以上无法召开股东会或者股东大会；（2）股东表决时因为各种原因无法达到法定或者公司章程规定的比例，持续两年以上不能作出有效的股东会或者股东大会决议；（3）公司董事长期冲突，且无法通过股东会或者股东大会解决；（4）经营管理发生其他严重困难，公司继续存续会使股东利益受到重大损失的情形。但是股东向法院提起解散公司的申请仅包括以上具体情形，当股东以知情权、利益分配请求权等权益受到损害，或者公司亏损、财产不足以偿还全部债务，以及公司被吊销企业法人营业执照未进行清算等为由，提起解散公司诉讼的，人民法院不予受理。

第二，通过其他途径不能解决。在公司经营管理发生严重困难时，司法解散应当是最终的救济途径，也就是说，如果有其他方法可以解决公司经营管理发生的严重困难时，应当优先采用其他方法解决，当其他方法无法解决公司经营管理发生的严重困难时，才采用司法解散的方式来解决公司经营管理发生的严重困难。《公司法司法解释（二）》第 5 条规定："人民法院审理解散公司诉讼案件，应当注重调解。当事人协商同意由公司或者股东收购股份，或者以减资等方式使公司存续，且不违反法律、行政法规强制性规定的，人民法院应予支持。当事人不能协商一致使公司存续的，人民法院应当及时判决。"所以法院在审理解散公司诉讼案件时，首先应当选择调解的方式，因为公司的成立花费了股东的财产和心血，如果公司能够通过其他方式解决经营管理上发生的严重困难，那么法律应当允许公司有自救的机会，这也是对社会资源的有效利用，同样符合社会主义核心价值观的要求。

第三，需要持有公司全部股东表决权百分之十以上的股东请求。此项规定主要是避免恶意诉讼，造成司法资源的浪费。法院裁判解散公司是关乎公司存续与否的大事，涉及全体股东的根本利益，因此并不是任一股东都可以享有请求法院解散公司的权利，必须是拥有一部分股东表决权的股东才享有此项权利，根据我国《公司法》的规定，法院裁判解散公司，需要持有公司全部股东表决权百分之十以上的股东请求。

第四，只能由人民法院依法裁判解散公司。根据《公司法司法解释（二）》第4条规定："股东提起解散公司诉讼应当以公司为被告。原告以其他股东为被告一并提起诉讼的，人民法院应当告知原告将其他股东变更为第三人；原告坚持不予变更的，人民法院应当驳回原告对其他股东的起诉。原告提起解散公司诉讼应当告知其他股东，或者由人民法院通知其参加诉讼。其他股东或者有关利害关系人申请以共同原告或者第三人身份参加诉讼的，人民法院应予准许。"

第二节 破 产

一、破产概述

（一）破产的概念

破产是公司另一个退出机制。破产是人类经济社会向前发展的一种经济现象，"破产"一词也就随着社会的发展被赋予了更为广义的含义。"破产"一词来源于拉丁语"Falletux"，意思是"失败"。① 现在，破产作为法律术语，其含义主要有两方面：其一，破产表示债务人不能清偿到期债务时所处的一种客观状态，在此意义上，破产是对债务人特定经济状态及其法律后果的概括抽象。其二，破产是指法院及当事人处理债务清偿事件的特定程序。在此意义上讲，破产又是从破产申请到清算、分配一系列法定程序的总体表达。②

---

① 柴发邦. 破产法教程［M］. 北京：法律出版社，1990：1.
② 杨森. 破产法学［M］. 北京：中国政法大学出版社，2008：1.

关于破产的概念，我国《破产法》并没有给出明确的规定，在学理上，各专家学者也给出了不同的解释。《法学大辞典》对破产所下的定义是，"债务人不能清偿到期债务或者负债超过资产时，由法院强制执行其全部财产，公平清偿全体债权人，或者在法院主持下，由债务人和债权人会议达成和解协议，避免倒闭清算的法律制度"①。

（二）破产的法律特征

根据破产的含义和内涵，通常认为破产具有以下几个法律特征。

第一，破产是一种执行程序。通常认为，破产是一种概括的执行程序，即为全体债权人的利益而对债务人的全部财产进行的执行程序。破产作为执行程序，与普通的民事执行程序虽有不同，但是基本性质方面是一样的，因此在破产程序中不解决当事人之间的实体争议，只是作为一种执行的程序来进行，当破产程序中出现实体争议，应当另行通过诉讼途径来解决。

第二，破产是一种特殊的偿债手段。基于一定的民事权利义务关系，任何债务人都有偿还债权人债务的义务，债务人的偿债行为是最常见的民事法律行为。破产作为一种特殊的偿债手段，与一般偿债行为不同，破产以债务人的全部财产清偿，这就意味着债务人的经济生活、经营管理随着清偿的完结而随之结束，债务人的法律上的主体资格也随之消灭，因此破产是公司的又一退出机制。债务人以全部财产一次性清偿并因此丧失主体资格，这是破产最直观的特征。

第三，破产是在特定情况下适用的执行程序。破产的运行必须以法定的事实为前提，这些法定事实主要包括：一是债务人资不抵债。债务人的所有资产不能还清其所负的到期债务，也就是债务人到期的债务已经超出债务人所有财产的总额。二是到期的债务，债务人无法清偿。当债务人所负债务到期时，债务人却没有办法偿还债务。三是严重影响债权人的权益，并且影响整个社会的交易秩序。破产通过及时消灭债务人的市场主体资格，遏制其财产的继续消耗，抑制其继续经营失败而对社会经济秩序的冲击，疏通因债务人拖欠债务所引起的对经济运行的阻碍，从而保障债权人的合法利益。因此，当出现上述法定事实时，应当及时依法宣告破产，由法院强制执行其全部财产，公平清偿全体债权人，以保障社会交易秩序的安全。

第四，破产以债务人全部财产为清偿对象。破产以债务人的全部财产为执

① 邹瑜，顾明. 法学大辞典［M］. 北京：中国政法大学出版社，1991：1295.

行对象，债务人以其全部财产对全体债权人进行公平的清偿。由于是以债务人的全部财产进行偿还，而财产是企业承担民事责任的基础，所以破产清算后，债务人将丧失企业承担民事责任的基础，而最终导致市场主体资格的消灭。

第五，破产是为了公平地清偿债务。所谓公平地清偿债务，就是指依据破产法所确定的一系列符合商品交易实践和民事交往的一般机理的原则而进行清偿，从而使债权人所得到的清偿与债权的性质和数额相适应。这主要是由破产的属性所决定，在债务人破产的情况下，通常有两个或者两个以上的债权人，同时破产债权又存在普通债权和特别债权之分，特别债权往往优先于普通债权，而普通债权一般也存在数额上的差距，但是债务人的资产不能满足所有债权人的全部债权清偿请求，这就需要对全体债权人进行公平的清偿。但是需要强调的是，对全体债权人的公平清偿并不等于对全体债权人平等清偿，而是根据不同性质的债权确定不同的清偿顺序，相同性质的债权则按照相同的比例进行清偿。公平清偿贯穿于破产清算程序的每一个环节和每一个方面，以实现法律意义上的公平和事实意义上的公平，公平清偿是破产程序中一项重要的清偿原则。

第六，破产是在法院主持下而实施的清偿手段。破产作为市场主体的退出机制，并非出自债务人和债权人的自愿而进行的，破产带有一定的非自愿性。从破产清算程序上看，各国立法均规定，破产要在审判机关的主持下进行，以维护当事人的合法权益。通过破产程序，审判机关对债务人的主体资格作出否定的评价，在法律上宣布债务人市场中主体资格的消亡，结束债权债务关系，这些结果都必须在审判机关的参与下才能得以实现。

二、破产的原因

根据《中华人民共和国企业破产法》（以下简称《企业破产法》）第2条规定："企业法人不能清偿到期债务，并且资产不足以清偿全部债务或者明显缺乏清偿能力的，依照本法规定清理债务。"根据这条规定，我们可以得出破产原因主要有两个。

第一，企业法人不能清偿到期债务并且资产不足以清偿全部债务。在这种情况下，企业法人不能清偿到期债务是一种客观的事实状态，造成这种客观状态的原因是债务人的全部资产小于其所负的全部债务数额，也就是说债务人的财产不足以清偿全部债务。

第二，企业法人不能清偿到期债务并且明显缺乏清偿能力。企业法人不能清偿到期债务，在客观上表现为缺乏清偿能力，这一客观事实主要表现在以下几个方面：其一，债务人的全部资产不足以清偿到期债务，并且债务人商业信誉低下，没有财产向银行设置抵押取得新的贷款来清偿到期债务。其二，有到期的债务而不能履行，表明该债务人缺乏明显的清偿能力。其三，不能清偿到期债务，在一般情况下表现为持续的一种状态，表明不能清偿到期债务是破产原因的本质特征，缺乏明显的清偿能力是破产原因的外在评判标准。

三、破产的申请与受理

（一）破产申请的主体

所谓破产申请，就是指依法享有破产申请权利的当事人或者利害关系人向有管辖权的人民法院提出，请求人民法院宣告对债务人适用破产程序的民事法律行为。我国破产程序的启动采用申请主义，所以破产申请是破产程序执行的绝对条件，人民法院应当根据依法享有破产申请权利的当事人或者利害关系人的申请启动破产程序，如果没有相应的合法的主体申请，法院就不能自动启动破产程序。

我国《企业破产法》第7条规定："债务人有本法第二条规定的情形，可以向人民法院提出重整、和解或者破产清算申请。债务人不能清偿到期债务，债权人可以向人民法院提出对债务人进行重整或者破产清算的申请。企业法人已解散但未清算或者未清算完毕，资产不足以清偿债务的，依法负有清算责任的人应当向人民法院申请破产清算。"第134条规定："商业银行、证券公司、保险公司等金融机构有本法第二条规定情形的，国务院金融监督管理机构可以向人民法院提出对该金融机构进行重整或者破产清算的申请。"根据上述法律规定，有权申请启动破产程序的主体为：债务人、债权人、依法对债权人负有清算责任的企业法人、国务院金融监督管理机构。

1. 债务人。债务人提出破产申请的案件称为"自愿破产"。根据我国《企业破产法》第7条第1款的规定："债务人有本法第二条规定的情形，可以向人民法院提出重整、和解或者破产清算申请。"债务人申请启动破产程序一般是为了通过破产程序清偿或者缓解债务，并在清算完毕依照破产制度免除不能偿付的债务，消灭市场主体资格，退出市场。债务人申请启动破产程序的主要原因是现代破产法律制度规定了债务人的免责制度，免责制度激励了债务人提出破产申请的热情，债务人可以通过破产程序来获得免责的优惠，从而从债务中解脱出来。但是，免责制度的规定必须是适当的，只有适当的免责制度，才能使债务人具有适时提出破产申请的积极性。但是，债务人提出破产申请是有条件的，必须当债务人不能清偿到期债务且资不抵债或者明显缺乏清偿能力时，债务人才能提出破产申请，这也避免了债务人滥用破产免责制度以期逃避债务的弊端。

2. 债权人。债权人提出破产申请的案件又称为"非自愿破产"。根据我国《企业破产法》第7条第2款的规定："债务人不能清偿到期债务，债权人可以向人民法院提出对债务人进行重整或者破产清算的申请。"对债权人的利益保护是我国《企业破产法》的重要价值目标之一，我国《企业破产法》的重要功能也是公平保护债权人的利益，因此当债务人的债务危及债权人的合法利益时，债权人当然向法院申请宣告债权人进入破产程序，以期最大程度上公平清偿全体债权人的债权。但是，提出破产申请的债权人只能依法行使自己的请求权，而不能代替行使其他债权人的权利。通常情况下，债权人提出破产申请应当具备以下条件：第一，须具有给付内容的债权请求权。基于物权或者人身权等无给付内容的请求权没有破产申请权，特定物的原物返还请求权原则上无破产申请权，但因原物返还不能而转化为损害赔偿请求权的则享有破产申请权。第二，须为法律上可强制执行的债权请求权。丧失了申请执行权的债权不享有破产申请权，申请执行人在法律规定的申请执行期限内未申请执行的，同样丧失请求法院强制执行的权利。第三，须为已经到期的债权请求权。未到期的债权不具有强制执行性，因此未到期债权人没有申请破产的权利，但是破产程序开始之后，未到期的债权也视为已到期，债权人从而也享有参加破产程序的权利。

3. 依法对债权人负有清算责任的人。根据我国《企业破产法》第7条第3款的规定："企业法人已解散但未清算或者未清算完毕，资产不足以清偿债务的，依法负有清算责任的人应当向人民法院申请破产清算。"依法对债权人负有清算责任的人的破产申请权利与债务人、债权人的破产申请权利不同，该破产申请是依法负有清算责任的人的法定义务，所以清算责任人没有权利选择不提出破产申请，也不得故意拖延申请，清算责任人违反此项义务，不及时提出破产申请，只会导致债务人财产减少，给债权人的利益造成损害，应当承担赔偿责任，但是我国《企业破产法》并没有明确规定清算责任人不履行该义务应当承担的法律后果。

4. 国务院金融监督管理机构。根据我国《企业破产法》第134条规定："商业银行、证券公司、保险公司等金融机构有本法第二条规定情形的，国务院金融监督管理机构可以向人民法院提出对该金融机构进行重整或者破产清算的申请。"这是对于特定金融机构规定的特别破产申请的主体，国务院金融管理机构只能向人民法院提出对商业银行、证券公司、保险公司等金融机构进行重整或者破产清算的申请。

（二）破产申请的提出

根据我国《企业破产法》第8条第1款规定："向人民法院提出破产申请，应当提交破产申请书和有关证据。"由此可以看出，向人民法院提出破产申请，应当提交两方面的文件：一是破产申请书；二是破产申请书所列事实的证明文件。

1. 破产申请书。破产申请书是破产申请人向法院提出破产申请所出具的书面文件。根据我国《企业破产法》第8条第2款规定，破产申请书应当载明下列事项：第一，申请人、被申请人的基本情况。包括申请人、被申请人的名称、住所地、法定代表人、登记机关等基本自然情况。第二，申请目的。破产申请书上应写明申请人的申请目的，是申请债务人重整、和解还是破产清算，因为人民法院将根据申请人的申请目的来启动相关程序。第三，申请的事实和理由。破产申请人应当在破产申请书上写明破产原因的事实情况和提出破产申请的法定理由。第四，人民法院认为应当载明的其他事项。

2. 申请证据。破产申请人在提交破产申请书的同时，应当提交可以证明破产申请书上所写的事实和理由的有效证据。主要包括债权发生的证据，债务数额和债务性质的证据，债务设有担保的证据和其他与破产程序申请有关的证据。

当破产申请人为债权人时，债权人提交的有关证据应当是可以证明债务人"不能清偿到期债务"的证据；当破产申请人为负有清算责任的企业法人时，其所提交的证据应当是可以证明债务人"资产不足以清偿债务"的证据；当破产申请人为债务人时，债务人所提交的证据应当是可以证明债务人"不能清偿到期债务，并且资产不足以清偿全部债务或者明显缺乏清偿能力"的证据。

3. 债务人提出破产申请的特殊要求。根据我国《企业破产法》第8条第3款的规定："债务人提出申请的，还应当向人民法院提交财产状况说明、债务清册、债权清册、有关财务会计报告、职工安置预案以及职工工资的支付和社会保险费用的缴纳情况。"这是我国《企业破产法》对债务人提出破产申请的特殊要求，当破产申请人为债权人或者负有清算责任的人，则不需要提交上述材料。

（三）破产申请的撤回

破产申请，在本质上就是破产申请人申请人民法院裁定债务人破产，用其全部财产公平地偿还债务，同时消灭债务人的市场主体资格，以解决债务人与债权人之间存在的债权债务关系。破产申请，是破产申请人享有的向人民法院提出破产申请的基本权利，那么破产申请人可以根据自己的意志处理此项权利，在提出破产申请后，应当具有可以撤回破产申请的权利。

我国《企业破产法》第9条规定："人民法院受理破产申请前，申请人可以请求撤回申请。"之所以有这样的规定，是因为我国破产法采取的是受理开始主义，即在法院收到破产申请之时，破产程序尚未开始，只有当法院对破产申请作出受理裁定之时，破产程序才开始。但是破产申请的撤回并不是没有条件限制的，否则将会造成权利的滥用，导致司法资源的浪费。因此，破产申请人的撤回权是有时间限制的，请求撤回申请只能发生在人民法院受理破产申请之前，在人民法院受理破产申请之后，破产申请人请求撤回破产申请的，应当不予支持。人民法院对于破产申请人提出的撤回申请的请求，有权利审查破产申请人处分权利的正当性以及撤回行为是否有害于其他利害关系人的合法利益，是否存在恶意的权利滥用等，并在最终以裁定的形式决定是否准许破产申请人撤回其破产申请。

（四）破产申请的受理与审查

1. 破产案件的管辖规定

我国《企业破产法》第3条规定："破产案件由债务人住所地人民法院管辖。"根据法律规定，债务人住所地一般是指债务人的主要办事机构所在地，债务人没有办事机构的，应当由其注册地人民法院管辖。

法院在收到破产申请人的破产申请书时，首先就要确定管辖的问题，确认收到的破产申请是否属于本法院管辖。收到破产申请的法院，对破产申请书进行审查之后认为本院没有管辖权的，应当立即将案件移送给有管辖权的人民法院。如果收到破产申请的法院，对破产申请书进行审查之后认为本院没有管辖权仍然对债务人作出破产宣告的，该破产宣告因为违反法定程序而无效。如果收到破产申请的法院，对破产申请书进行审查之后认为本院没有管辖权仍然对破产申请人的破产申请作出驳回申请的裁定，该裁定也因为违反法定程序而无效，不影响当事人再向有管辖权的人民法院提出破产申请。

2. 破产案件的受理时间

根据我国《企业破产法》第10条的规定："债权人提出破产申请的，人民法院应当自收到申请之日起五日内通知债务人。债务人对申请有异议的，应当自收到人民法院的通知之日起七日内向人民法院提出。人民法院应当自异议期满之日起十日内裁定是否受理。除前款规定的情形外，人民法院应当自收到破产申请之日起十五日内裁定是否受理。有特殊情况需要延长前两款规定的裁定受理期限的，经上一级人民法院批准，可以延长十五日。"

　　法院受理破产申请需要规定一定的期限，以便法院及时处理当事人的破产请求。《中华人民共和国民事诉讼法》（以下简称《民事诉讼法》）对于人民法院受理一般民事案件的审查受理期限规定为 7 天，但是破产案件涉及的问题较多，并不是简单的民事案件，审查起来具有一定的复杂性和困难性，所以我国《企业破产法》将人民法院受理时限延长到 15 日，受理时限的延长，可以使人民法院更好地审查破产申请的案件，为人民法院有效预防恶意申请或者破产逃债等提供了制度保障。

　　破产案件的复杂性不仅体现在案件性质上，其所涉及的当事人也是复杂的，并且经常会有想要借助破产来逃避债务，最终损害债权人利益等不同的情况，所以即使我国《企业破产法》将案件的受理期限延长到 15 日，仍然会有一些案件无法审查完毕，如果人民法院仓促地作出决定，将有可能作出令当事人不服的裁定，因此，我国《企业破产法》作出了特别规定，即"有特殊情况需要延长前两款规定的裁定受理期限的，经上一级人民法院批准，可以延长十五日"。这点特殊规定与一般的民事诉讼程序也有所不同，我国《民事诉讼法》规定，当事人提交的起诉材料和证据以及诉讼请求、理由不符合法律规定的情形，人民法院可以自行决定延长受理期限。而收到破产申请的人民法院不能自己决定延长受理期限，人民法院如果想要延长受理期限，则需要经过上一级人民法院的批准。这样的规定更有利于受理法院及时审查破产申请人所提出的破产申请并及时地作出相关裁定。

　　3. 人民法院对破产申请的审查

　　对于破产申请人提交的破产申请，受理法院要在受理期限内进行必要的审查，以便于依据法律规定作出是否受理破产申请人提交的破产申请的决定。法院对破产申请的审查主要包括以下几个方面。

　　（1）审查破产申请人是否具有破产申请的资格。根据我国《企业破产法》第 7 条和第 134 条的规定，有权申请启动破产程序的主体为：债务人、债权人、依法对债权人负有清算责任的企业法人、国务院金融监督管理机构。所以人民法院应当审查提出破产申请的人是否属于法律规定的上述可以提出破产申请的主体，除了上述法定主体以外的其他任何人都不享有破产申请权。

　　（2）审查破产企业的主体资格，以及是否符合《企业破产法》规定的破产原因。根据我国《企业破产法》的规定，债务人应当是依法设立的企业法人。

企业法人以外的组织的清算，属于破产清算的，参照适用《企业破产法》规定的程序，同时还要有相应法律的明确规定，没有法律的明确规定，企业法人以外的组织的清算，也不能参照适用《企业破产法》规定的程序。人民法院还需要审查破产企业是否符合《企业破产法》规定的破产原因，即企业法人不能清偿到期债务并且资产不足以清偿全部债务；企业法人不能清偿到期债务并且明显缺乏清偿能力。

（3）审查破产申请所提交的文件是否符合法律规定。人民法院在收到破产申请时，还应当审查破产申请人所提交的破产申请书以及相关证据。破产申请书是否写明我国《企业破产法》所规定的所有事项，并且人民法院要对破产申请人所提交的相关证据和事实理由作出初步的审查，以便于进一步的审理。

4. 人民法院对破产申请的裁定

人民法院对破产申请作出如上审查之后，需要根据不同的情况作出不同的处理方式，人民法院对于收到的破产申请在审查之后会作出受理、不予受理或者是驳回申请的裁定。

裁定受理就是人民法院对破产申请人提出的破产申请进行审查之后，认为其破产申请符合法律规定，从而作出受理该破产案件的裁定。

裁定不予受理是人民法院对收到的破产申请进行审查之后，认为该破产申请不符合我国《企业破产法》的相关规定，从而作出对该破产案件不予受理的裁定。根据最高人民法院《关于审理企业破产案件若干问题的规定》第9条的规定："债权人申请债务人破产，债务人对债权人的债权提出异议，人民法院认为异议成立的，应当告知债权人先行提起民事诉讼。破产申请不予受理。"同时根据第12条的规定，人民法院在对破产申请审查过程中发现债务人有隐匿、转移财产等行为，为了逃避债务而申请破产的，债权人借破产申请毁损债务人商业信誉，意图损害公平竞争的，人民法院对该破产申请不予受理。

裁定驳回申请是指法院受理破产申请后，发现受理有所不当时，驳回对破产申请人提出的破产申请的程序。比如破产申请不符合法律规定的受理条件，债务人恶意破产或者债务人巨额财产下落不明的，人民法院在受理破产申请后可裁定驳回破产申请。

人民法院裁定不受理破产申请的或者裁定驳回申请的，申请人对裁定不服的，可以自裁定送达之日起10日内向上一级人民法院提起上诉。

四、破产的程序

（一）破产重整

破产重整是破产法上的一个特殊程序，综合各方学者和我国《企业破产法》的规定，所谓破产重整，就是经债务人、债权人或者债务人的法定少数股东申请，在人民法院的主持和利害关系人的参与下，对不能支付到期债务或者有明显丧失清偿能力可能的企业，依照法律规定的程序达成重整计划并实施的一种积极的特殊法律程序。根据我国《企业破产法》第 2 条的规定，破产重整的原因主要有两个：其一是不能清偿到期债务；其二是有明显丧失清偿能力可能的。

1. 破产重整的申请

（1）破产重整申请人。根据我国《企业破产法》的规定，重整申请人主要有三类：一是债权人。我国《企业破产法》第 7 条规定，债务人不能清偿到期债务，债权人可以向人民法院提出对债务人进行重整。二是债务人。债务人申请破产重整可以分为主动申请和被动申请。债务人的主动申请是指当出现重整原因时，债务人可以直接向人民法院申请重整。债务人的被动申请是指债权人申请对债务人进行破产清算的，债务人可以在人民法院受理破产申请后到破产宣告前向人民法院申请进行重整。三是出资人。出资额占债务人注册资本十分之一以上的出资人可以在人民法院受理债权人的破产申请后、宣告债务人破产前提出破产重整的申请。

（2）破产重整申请应当向人民法院提出，人民法院的管辖权根据破产案件管辖的一般规则确定，应当由债务人住所地人民法院管辖。

2. 破产重整的审查

（1）形式审查。形式审查主要是对受理破产重整申请的人民法院是否有管辖权、破产重整申请人是否合格、申请书的形式内容是否符合法律规定的要求等方面进行审查。

（2）实质审查。实质审查主要是对债务人是否具有破产重整原因、被申请人是否合格等方面进行审查。

3. 破产重整的效力

（1）对债务人的效力。在重整期间，经过债务人的申请，人民法院的批准，债务人可以在管理人的监督下自行管理财产和营业事务，并且行使法律赋予管理人的职权。这是因为破产重整是一个有可能使企业起死回生的程序，对企业的财产和营业事务最为了解的就是债务人，因此，让债务人自行管理财产和营业事务会最大可能地使企业起死回生，继续存在。当然鉴于其之前经营中发生一系列问题，所以债务人对财产和营业事务的管理都必须在管理人的监督下进行，以避免债务人滥用重整的机会，使债权人的利益受到损失。

（2）对债权人的效力。在重整期间，债权人应当积极地通过债权人会议来表达自己的意见，行使自己所享有的权利。债权人的债权应当一律通过重整程序，而不得通过个别清偿方式来实现。

（3）对管理人的效力。在重整期间，经人民法院的批准，债务人可以自行管理财产和营业事务，此时，已经接管债务人财产和营业事务的管理人应当把管理人的职权交给债务人行使，并且，管理人要监督债务人管理财产和营业事务的活动。

4. 重整计划的终止

根据我国《企业破产法》的规定，重整计划终止的原因主要有两个方面：第一，重整计划因执行完毕而终止。重整计划执行完毕，是指重整计划的执行人按照重整计划的规定完成了重整任务，企业达到重整目的从而起死回生的情形。我国《企业破产法》规定了重整计划执行完毕之后债务人免责的制度，也就是说，按照重整计划减免的债务，在重整计划执行完毕时，债务人将不再承担清偿责任。第二，重整计划因执行障碍而终止。债务人不能执行或者不执行重整计划的，人民法院经管理人或者利害关系人申请，应当裁定终止重整计划的执行。人民法院裁定终止重整计划执行的，应当同时宣告债务人破产。

（二）破产和解

破产和解就是指人民法院受理破产案件之后，破产债务人具备破产原因，但尚未被人民法院宣告破产前，由债务人向人民法院提出与债权人和解的申请，债权人会议讨论通过并经人民法院许可的，终止破产程序的一项制度。根据破产和解的概念结合相关法律规定，破产和解主要有如下特点：第一，破产和解发生在破产债务人已经具备破产原因，但是尚未被人民法院宣告破产；第二，破产和解的目的在于避免破产清算；第三，债权人会议表决通过的和解协议须经人民法院裁定认可才能生效；第四，和解协议具有强制性，和解协议一经人民法院认可，对双方当事人均产生法律约束力。

1. 破产和解的申请

（1）破产和解申请人。根据我国《企业破产法》第95条规定，破产和解的申请人为债务人。并且债务人是唯一的和解申请人，其他人均不得提出申请，人民法院也不得主动提起破产和解。

（2）破产和解申请时间。根据我国《企业破产法》第95条规定，债务人在出现破产原因后，人民法院尚未宣告破产前，均可以提出破产和解申请。

2. 和解协议的法律效果

和解协议生效之后将会产生以下法律效果。

（1）和解协议对债务人产生的效力。和解协议是无担保的债权人对债务人清偿债务作出让步的结果，债务人因和解协议获得了程序上和实体上的利益，债务人理应执行和解协议的规定，按照和解协议规定的条件清偿债务，债务人不能执行或者不执行和解协议的，因和解协议而获得的利益自然不能再继续享有。① 债权人在和解协议中所作出的让步也会当然失效。因此，和解协议对债务人产生的效力主要体现在：第一，债务人在和解协议生效后取得和解协议中赋予的权利，并承担和解协议所规定的义务；第二，债务人在和解协议生效后重新取得对其财产的支配权；第三，债务人在和解协议生效后，将取得免责的权利，但是获得免责的权利的前提是债务人履行和解协议中所规定的义务。

（2）和解协议对债权人产生的效力。和解协议一经债权人会议依法定程序通过并经人民法院认可便对所有债权人发生法律效力。对债务人享有无财产担保的债权人，无论其是否同意和解协议，只要和解协议依法经债权人会议表决通过并经人民法院认可，就应当遵守和解协议的规定。和解债权人在和解协议执行期间，其债权行使受到限制，全体和解债权人便只能按照和解协议的规定受偿，不得超越和解协议的约定实施影响债务人正常生产经营和清偿活动的行为。

3. 破产和解的终结

破产和解作为破产程序中的一项制度，终结破产和解的原因主要有两方面：第一，债务人已经按照和解协议的规定，清偿了债务，完成了和解协议对其所规定的义务，债务人的破产原因消除，债务人从所负债务中解脱出来，进入正常的生产经营活动。第二，债务人没有按照和解协议的规定清偿债务，没有履行和解协议对其规定的义务，债务人不执行或者不能执行和解协议的，人民法院经债权人的申请，应当裁定终结破产和解，并宣告债务人破产，重新启动破产程序，来完成对债权人的债权清偿。

（三）破产清算

破产清算就是指企业法人不能偿还到期债务被人民法院依法宣告破产时，

---

① 韩长印. 破产法学［M］. 北京：中国政法大学出版社，2007：193－194.

由人民法院组成清算组对企业法人进行清理,并将破产财产公平地分配给债权人,并最终消灭企业法人资格的程序。根据我国法律规定,启动破产清算程序的唯一法定机构是人民法院,其他任何机构都无权启动破产清算程序。破产宣告是进入破产清算程序的标志,破产案件的受理并不意味着破产清算程序的启动,因为在破产案件受理之后,并不一定必然要通过破产清算程序来进行,还有可能进行破产和解和破产重整。下面将介绍破产清算程序过程中会出现的问题。

1. 破产财产的变价

破产财产的变价,也可以称之为破产财产的变现,是指破产管理人将破产财产中的非金钱财产,以拍卖或者变卖的方式,转变为金钱财产的行为或过程。在我国,破产管理人需要提出破产财产变价的方案,并且由破产管理人执行破产财产的变价方案。

破产管理人在提出和执行破产财产变价的方案时,应当遵循以下几个原则:第一,公平、公正、公开的原则;第二,整体变价与分散变价相结合原则,根据我国《企业破产法》第112条第2款的前半部分规定,破产企业可以全部或者部分变价出售;第三,无形资产单独处理原则,根据我国《企业破产法》第112条第2款的后半部分规定,企业变价出售时,可以将其中的无形资产和其他财产单独变价出售。

根据我国《企业破产法》第112条第1款的规定:"变价出售破产财产应当通过拍卖进行。但是,债权人会议另有决议的除外。"由此可见,破产财产的变价以拍卖方式为主,其他方式为辅。

2. 破产费用与共益债务

破产费用是指在破产程序中,为了保障破产程序顺利进行,保护全体债权人的共同利益所花费的各种费用的总称。共益债务是指在破产程序中,为了全体债权人的利益,而由债务人的财产负担的所有债务的总称。

破产费用和共益债务是为了债权人的共同利益而使债务人财产负担的给付义务。根据法律规定,破产费用的范围包括破产案件的诉讼费用,管理、变价和分配债务人财产的费用,管理人执行职务的费用、报酬和聘用工作人员的费用。共益债务的范围包括:第一,因管理人或者债务人请求对方当事人履行双方均未履行完毕的合同所产生的债务;第二,债务人财产受无因管理所产生的债务;第三,因债务人不当得利所产生的债务;第四,为债务人继续营业而应支付的劳动报酬和社会保险费用以及由此产生的其他费用;第五,管理人或相关人员执行职务致人损害所产生的债务；第六，债务人财产致人损害所产生的债务。

根据我国《企业破产法》的规定，破产费用和共益债务的清偿有三个基本原则。第一，优先偿付原则。优先偿付原则是指破产费用和共益债务应当优先于破产债权得到清偿，也就是说，破产费用和共益债务的请求权人相较于其他破产债权人享有优先受偿权。第二，随时偿付原则。随时偿付原则是指根据破产案件的需要，破产费用和共益债务随时得到给付，并不受破产分配程序的限制。第三，足额偿付原则。足额偿付原则是指破产费用和共益债务应当得到全额清偿，如果不能足额拨付或者清偿，破产程序应当即时终结。

3. 破产财产的分配

破产财产的分配就是指破产管理人根据法定的清偿顺序和程序，将变价后的破产财产公平地分配给各债权人的过程。破产清算的目标就是完成破产财产的分配，破产财产的分配完成也是破产程序终结的原因之一。

根据我国《企业破产法》第113条规定："破产财产在优先清偿破产费用和共益债务后，依照下列顺序清偿：（一）破产人所欠职工的工资和医疗、伤残补助、抚恤费用，所欠的应当划入职工个人账户的基本养老保险、基本医疗保险费用，以及法律、行政法规规定应当支付给职工的补偿金；（二）破产人欠缴的除前项规定以外的社会保险费用和破产人所欠税款；（三）普通破产债权。破产财产不足以清偿同一顺序的清偿要求的，按照比例分配。破产企业的董事、监事和高级管理人员的工资按照该企业职工的平均工资计算。"

五、破产程序终结

（一）破产程序终结的原因

根据我国《企业破产法》的规定，破产程序终结的原因主要有以下几种。

1. 因破产财产不足以支付破产费用而终结

根据我国《企业破产法》第43条第4款规定："债务人财产不足以清偿破产费用的，管理人应当提请人民法院终结破产程序。人民法院应当自收到请求之日起十五日内裁定终结破产程序，并予以公告。"根据我国法律规定，破产费用应当由破产财产随时清偿，并在破产分配实施之前从破产财产中优先拨付。如果债务人的财产连破产费用都支付不了，那么破产债权人的债权就更不可能从破产财产中得以清偿了，破产程序继续进行也无任何实质性的意义，只会造成资源的浪费，因此此时破产程序随着人民法院的裁定而终结。

2. 因全体债权人同意而终结

根据我国《企业破产法》第105规定："人民法院受理破产申请后，债务人与全体债权人就债权债务的处理自行达成协议的，可以请求人民法院裁定认可，并终结破产程序。"全体债权人如果同意与债务人就债权债务的处理自行达成协议的，这是当事人对人民法院作出的放弃继续进行破产程序的意思表示。人民法院在收到债务人请求裁定认可的申请后，应当对申请是否属于全体债权人的真实意思表示作出审查，如果全体债权人没有异议的话，人民法院应当裁定认可，并同时终结破产程序。

3. 因债权得到全部清偿而终结

根据我国《企业破产法》第108条规定："破产宣告前，有下列情形之一的，人民法院应当裁定终结破产程序，并予以公告：（一）第三人为债务人提供足额担保或者为债务人清偿全部到期债务的；（二）债务人已清偿全部到期债务的。"债权人提出破产申请就是为了能够公平地得到债权清偿，在债权人得到全部清偿或者足额担保之后，债权人的目的也算已经达到，破产程序也就没有继续下去的必要了，人民法院应当依职权裁定终结破产程序，并予以公告。

4. 因没有财产可供分配而终结

根据我国《企业破产法》第120条第1款规定："破产人无财产可供分配的，管理人应当请求人民法院裁定终结破产程序。"债务人无财产的原因可能是原来预想应当存在的财产并不存在，也可能是该财产的价值已经丧失。债务人没有财产可供分配，破产程序也就没有继续下去的必要，管理人应当请求人民法院裁定终结破产程序。并且，裁定一经作出，破产程序即告终结。

5. 因破产财产分配完毕而终结

根据我国《企业破产法》第120条第2款规定："管理人在最后分配完结后，应当及时向人民法院提交破产财产分配报告，并提请人民法院裁定终结破产程序。"破产程序进行过程中，如果没有成立和解，也没有其他特殊情形，通常以破产财产被分配完毕而结束，这是破产程序终结最为常见也是最为基本的方式。破产分配是破产程序进行的主要目的，如果破产财产已经通过破产分配的方式完成分配，那么破产程序继续存在没有任何实际意义，管理人应当在最后分配完毕后，向人民法院提交破产财产分配报告，并申请终结破产程序。人民法院在收到管理人提交的终结破产程序的申请后，经审查没有申请不当的事由的，应当在15日内作出终结破产程序的裁定，并予以公告。

（二）破产程序终结的效力

1. 对破产机构的效力

当人民法院裁定破产程序终结后，破产管理人、债权人会议等破产机构也相继宣布解散。根据我国《企业破产法》第122条规定："管理人于办理注销登记完毕的次日终止执行职务。但是，存在诉讼或者仲裁未决情况的除外。"所以管理人在完成其法定工作后，应当终止执行职务。

2. 对破产人的效力

我国现行的《企业破产法》只适用于企业法人，因此，在破产宣告后，破产程序因分配完毕和破产财产不足以支付破产费用而终结后，法人的主体资格归于消灭，同时根据破产免责制度，破产人对于未偿还的所剩债务当然免除，不用再偿还。

3. 对债权人的效力

破产程序终结以后，破产企业的市场主体资格也就归于消灭，债权人未得到分配的债权因为破产免责制度也就得不到清偿，在破产终结裁定作出之后视为消灭。破产债权人不能在破产程序结束后向债务人另行主张权利。和解协议实现后，和解债权人于达成和解协议时所免除的部分债权，在整顿成功后不得向债务人再行索要。但是破产程序终结后，债权人对破产企业的保证人、连带债务人等享有的权利原则上不受影响。根据我国《企业破产法》第124条规定："破产人的保证人和其他连带债务人，在破产程序终结后，对债权人依照破产清算程序未受清偿的债权，依法继续承担清偿责任。"

第二编　创新创业法律主体的运营、管理机制

第一章　创新创业合同管理法律制度

合同（Contract）又称为契约、协议，有广义和狭义之分。广义的合同指所有法律部门中确定权利、义务关系的协议。狭义的合同仅指民事合同，即平等主体之间设立、变更、终止民事关系的协议。这里讲的合同指的是民事合同。

第一节　合同的订立

一、合同订立的原则

依照《民法典》的相关规定，合同订立需要遵循五项基本原则。

（一）平等原则

《民法典》第4条规定："民事主体在民事活动中的法律地位一律平等。"

在民事制度中，各民事主体法律人格独立，法律地位平等，享有不受他人干涉、控制的自由权利。在合同关系中，合同当事人的法律地位同样处于平等的状态中，只有做到人格平等，维护地位平等，才能保护商品经济的顺畅发展，保证社会主义市场经济的良好秩序。

（二）自愿原则

《民法典》第5条规定："民事主体从事民事活动，应当遵循自愿原则，按照自己的意思设立、变更、终止民事法律关系。"

该原则强调当事人在合同订立前，享有是否订立的自由；在合同订立中，享有与谁订立合同，怎么订立合同，合同内容为何以及合同的解释方式等自由。法律保护当事人在订立合同时的自由意志，但这样的自由同样应当在法律和国

家的合理限制和干预范围内。

（三）权利义务公平对等原则

《民法典》第 6 条规定："民事主体从事民事活动，应当遵循公平原则，合理确定各方的权利和义务。"

该条原则可具体理解为权利义务公平对待原则。公平分为形式公平与实质公平两个层面，在交易活动中，既要保证双方当事人的形式公平，又要尽可能地做到实质公平，即权利、义务的大致对等。法律对明显违背公平的合同，赋予了当事人有权要求法院或者仲裁机构撤销或变更合同的权利。

（四）诚信原则

《民法典》第 7 条规定："民事主体从事民事活动，应当遵循诚信原则，秉持诚实，恪守承诺。"

诚信原则是民事领域最基本的原则，其是指民事主体在从事民事活动时，应当遵守诚信，保持善意，不得欺诈。对于纷繁复杂的民事领域包括合同领域在内，诚信原则的运用有着非常重要的作用，因为该原则具有很大的弹性空间，既能像其他原则一样确定民事行为规则，又能在实际情况中平衡民事主体之间的利益冲突，还可以起到对法律、对合同的解释作用。

（五）守法和公序良俗原则

《民法典》第 8 条规定："民事主体从事民事活动，不得违反法律，不得违背公序良俗。"

该原则称为"遵纪守法原则"或者"守法和公序良俗原则"。在日常生活中，遵守法律和公德，是人们开展社会活动的基本准则。而维护社会公共秩序和善良风俗，维护社会经济秩序，则是为了保证社会功能的正常运转。在合同领域，这两个层面的要求是非常高的，是与整个社会活动相衔接的整体要求。

二、合同订立的主体及形式

（一）订约主体

订约主体在这里是指实际签订合同的人，包括合同当事人和其代理人。在这里要区分订约主体和合同主体。合同主体是指构成合同关系、在合同中享受权利并承担义务的当事人。订约主体与合同主体不一定是同一人，比如由代理人代为订立的合同，代理人是订约主体，合同主体则是被代理人。

（二）合同订立的形式

《民法典》第 469 条第 1 款规定："当事人订立合同，可以采用书面形式、口头形式或者其他形式。"

1. 口头形式

口头形式在合同订立中最为常见，生活中的诸多简单交易都会使用口头形式的合同。口头形式是一种更为自由简便的方式，其不需要当事人特别予以说明，只要双方无约定、法律未规定只能订立特殊形式的合同，就可采用口头形式。但在口头形式的合同争议中，合同是否存在、合同内容为何等都需要当事人予以证明。

虽然称为口头形式的合同，但其实也能够在双方当事人的合意下产生文字的凭证。但这类凭证不意味着就是合同，而只是作为证明合同成立的辅助材料。这一类合同之所以非常常见，是因为其足够简便，效率更高，但与简便相对应的就是取证难度的提高以及容易出现责任混乱的情况，因此这类合同一般都只适用于能够即时清结和标的数额相对较小的情况。

2. 书面形式

《民法典》第 469 条第 2 款规定，"书面形式是合同书、信件、电报、电传、传真等可以有形地表现所载内容的形式。"在一份书面形式的合同中，会存在许多文字凭据，但只有载明合同主要的权利义务且由当事人或其代理人签字或盖章予以确认的文字凭据，才能构成书面合同的内容。

书面合同有以下几种表现形式。

（1）表格合同

在表格合同中，一定表格的记载能反映当事人的合意内容。但一份完整的表格合同，还包括附件、有关文书、通用条款等。

（2）车票、保险单

车票、保险单不等于合同，而是作为合同凭证以证明合同关系的存在。合同凭证能够确认双方当事人的权利义务，但其不是合同本身，而只是一种载体。

（3）合同确认书

《民法典》第 491 条规定："当事人采用信件、数据电文等形式订立合同要求签订确认书的，签订确认书时合同成立。"

以上所述都是一些普通书面形式的合同类型，特殊书面形式的合同在现实生活中也同样存在。特殊书面形式是指除了像普通书面形式的合同一样存在文字表述的协议内容之外，还必须经过公证、鉴证、审批、登记等手续。书面形式的合同相对于口头形式而言，在便利程度方面没有优势，但在发生纠纷时能够更清楚地从保存的文字证据中进行判断。因此，目前很多较为复杂和重要的合同都会选择采取书面的形式。

3. 推定形式

推定形式，是在没有语言、文字表达的情况下，以行为完成整个合同成立的过程。比如自动售货机的买卖过程，顾客在购买其商品时并没有语言沟通或者文字叙述，而是直接作出投币的行动，来完成整个买卖合同的成立。

三、合同订立的程序

合同订立的一般程序要经过要约和承诺的阶段，对于合同一方的当事人来说，了解合同订立的过程以及订立过程中该注意哪些问题是十分有必要的。

（一）要约

1. 要约的概念

要约，又可以称为发盘、出盘、发价、出价、报价，在要约行为中，发出要约的人一般称为要约人，接受要约的人一般称为受要约人。关于要约概念的规定，见于《民法典》第 472 条："要约是希望与他人订立合同的意思表示，该意思表示应当符合下列条件：（一）内容具体确定；（二）表明经受要约人承诺，要约人即受该意思表示约束。"由此可见，要约是一种意思表示，这种意思表示的目的在于希望和他人订立合同而非其他。

2. 要约的构成要件

构成一个要约需要具备以下四个要件。

（1）须是特定人作出意思表示。

（2）需体现订立合同的意图。在实际生活中，应当根据具体情况，比如要约使用的语言表述、文字形式或者其他表示方式，来判断要约人是否存在订立合同的意图。

（3）须向要约人希望与之订立合同的受要约人发出，也就是向特定的人发出。只有如此，才有可能收到来自要约人的承诺，从而实现合同的成功订立。这里的特定，可以是特定的一人也可以是特定的数人。

（4）内容具体确定。内容具体，是指要约的内容必须包括合同成立所必要的条款，即合同的主要条款。内容确定，是指要约的内容必须准确表达要约人的意思，明白清楚，不能使人出现模糊的含义理解。

3. 要约的生效及效力

《民法典》第 474 条规定："要约生效的时间适用本法第一百三十七条的规定。"第 137 条规定："以对话方式作出的意思表示，相对人知道其内容时生效。

以非对话方式作出的意思表示，到达相对人时生效。以非对话方式作出的采用数据电文形式的意思表示，相对人指定特定系统接收数据电文的，该数据电文进入该特定系统时生效；未指定特定系统的，相对人知道或者应当知道该数据电文进入其系统时生效。当事人对采用数据电文形式的意思表示的生效时间另有约定的，按照其约定。"

要约有生效的情况也有失效的情况。《民法典》第478条规定："有下列情形之一的，要约失效：（一）要约被拒绝；（二）要约被依法撤销；（三）承诺期限届满，受要约人未作出承诺；（四）受要约人对要约的内容作出实质性变更。"

关于要约的效力，其及于要约人和受要约人两方面。

（1）对要约人的效力，即形式拘束力：要约生效后，即产生对要约人的拘束力，不能随意撤回、撤销或对要约加以限制、变更和扩张，除非要约人预先申明不受要约约束或依交易习惯可认为其有此意旨时。

（2）对受要约人的效力，即实质拘束力：要约生效后，受要约人可以作出承诺，取得其因要约承诺都完成后合同成立的法律地位。

4. 要约的撤回和撤销

要约的撤回，是指要约人在发出要约后，于要约到达受要约人之前取消其要约的行为。《民法典》第475条规定："要约可以撤回。要约的撤回适用本法第一百四十一条的规定。"第141条规定："行为人可以撤回意思表示。撤回意思表示的通知应当在意思表示到达相对人前或者与意思表示同时到达相对人。"这种被撤回的要约实际尚未生效。但实践中存在撤回的通知于要约到达后到达，而按其通知方式依通常情形应先于要约到达或同时到达，这样的效力该怎么确定？关于这个问题我国的法律并没有明确的规定，但是可以按照诚实信用的原则作出解释，相对人在这样的情况下，应当向要约人发出迟到的通知，相对人怠于通知且其情形为要约人可得而知者，其要约撤回的通知视为未迟到。

要约的撤销，是指在要约发生法律效力后，要约人取消要约从而使要约归于消灭的行为。要约的撤销与要约的撤回不同，撤销是在要约已经生效之后，而撤回则必须在要约生效前。《民法典》第476条规定："要约可以撤销，但是有下列情形之一的除外：（一）要约人以确定承诺期限或者其他方式明示要约不可撤销；（二）受要约人有理由认为要约是不可撤销的，并已经为履行合同做了合理准备工作。"

5. 要约邀请

要约邀请，也叫作要约引诱，是指意思表示的内容是希望他人向自己发出要约。要约邀请只是订立合同的一种预备行为。《民法典》第 473 条规定："要约邀请是希望他人向自己发出要约的意思表示。拍卖公告、招标公告、招股说明书、债券募集办法、基金招股说明书、商业广告和宣传、寄送的价目表等为要约邀请。商业广告和宣传的内容符合要约条件的，构成要约。"

要约邀请和要约的区别在学理上很明确，但在实践中则是非常复杂的。各国对招标、投标、悬赏广告等行为是属于要约还是要约邀请都有着不同的规定。我国主要是按照以下标准来区分的。

（1）以法律规定为标准：法律规定某种行为是要约邀请或是要约，自然应当以法律规定为准。

（2）以当事人的意图为区分标准。当事人在发出文字或者作出行为时，文字的表述方式或者行为的行动方式都会体现其主观意图。例如，当事人在其表述中写道："以我方最后确认为准"，就说明其是想等待对方发出要约才确认，因此属于要约邀请；商店在其要卖出的服装上写上"全部八折"的文字时，属于要约，但若标明为"样品"，则对样品之外的商品而言属于要约邀请。

（3）以订约提议的内容是否包含了合同的主要条款作为区分标准。例如，甲对乙称"我有位于某处的房屋一栋，愿以低价出售，你是否愿意购买"，因没有标明价款，不能认为是要约；若甲明确提出以 20 万元出售该房屋，则构成要约。

（4）以交易习惯作为区分标准。出租车停在路边揽客（竖起"空车"标牌），如果根据当地规定或行业习惯，司机可以拒载，则此种招揽是要约邀请；反之，若规定禁止拒载，则可视为要约。

（5）以订约提议是向特定人还是不特定人发出作为区分标准。向特定人发出的一般都是要约，而向不特定人发出的，很多都属于要约邀请，如商业广告等。

（二）承诺

1. 承诺的概念和要件

《民法典》第 479 条规定："承诺是受要约人同意要约的意思表示。"构成承诺的要件如下。

（1）承诺应当由受要约人作出。一是承诺是受要约人作出的意思表示，如果受要约人是特定的，则承诺必须由该特定人作出；如果受要约人是不特定的，不特定人都可以作出相应的承诺。不属于受要约人的人，其作出的意思表示不是承诺，而可以视为新的要约或要约邀请。二是承诺可以由受要约人本人或者其代理人作出。

（2）承诺应当在合理期限内向要约人发出。承诺应当在要约确定的期限内到达要约人。

（3）承诺的内容应当与要约的内容相一致。关于"内容一致"的理解，具体表现在：承诺应当无条件地同意要约，不得限制、扩张或者变更要约的内容，否则不构成承诺，而应视为对要约的拒绝并作出一项新要约（或称反要约）。但承诺的内容并非必须和要约的内容完全一样、一字不落，如果承诺对要约的内容作非实质性变更，该承诺仍然有效。但要约人及时表示反对或者要约表明承诺不得对要约的内容作出任何变更的除外。

2. 承诺的效力

承诺的效力表现为：承诺生效时合同成立。具体而言，对于诺成合同，承诺生效，合同即告成立；在实践合同，若交付标的物先于承诺生效，承诺同样使合同成立，若交付标的物后于承诺生效，则合同自交付标的物时成立。因此，承诺生效的时间在民法上具有重要意义。

对于承诺的生效时间，我国《民法典》第484条规定："以通知方式作出的承诺，生效的时间适用本法第一百三十七条的规定。承诺不需要通知的，根据交易习惯或者要约的要求作出承诺的行为时生效。"

3. 承诺的撤回和迟延

承诺的撤回，是指受要约人在其作出的承诺生效之前将其撤回的行为。按照到达主义，承诺是可以撤回的，但是撤回必须先于承诺或者同时到达方能生效。承诺一旦撤回，就无法发生效力，合同也即无法成立。

承诺迟延，又叫作迟到的承诺，是指受要约人未在承诺期限内发出的承诺。《民法典》第486条规定："受要约人超过承诺期限发出承诺，或者在承诺期限内发出承诺，按照通常情形不能及时到达要约人的，为新要约；但是，要约人及时通知受要约人该承诺有效的除外。"《民法典》第487条规定："受要约人在承诺期限内发出承诺，按照通常情形能够及时到达要约人，但是因其他原因致使承诺到达要约人时超过承诺期限的，除要约人及时通知受要约人因承诺超过期限不接受该承诺外，该承诺有效。"此规定有利于保护受要约人的利益。

第二节 合同的效力及内容

一、合同生效

合同生效的意思是，合同双方当事人按照法律上对于合同的有关规定，通过协商达成一致意思，此时双方订立的合同生效，即产生法律上的效力。《民法典》第502条规定："依法成立的合同，自成立时生效，但是法律另有规定或者当事人另有约定的除外。"

关于合同成立和生效之间的关系，一方面，二者是有机结合在一起的，合同生效必须先有合同成立，而合同成立通常又会带来合同生效的结果。另一方面，合同成立和合同生效在法律的语境中又是相对独立的。合同成立解决的是合同存不存在的问题，而合同生效则是解决合同有没有效力的问题。合同一旦不成立，涉及的一般仅是缔约过失责任；而合同无效，除了能引起民法上的民事责任之外，还有可能会产生行政法或刑法上的效果，即行政责任或刑事责任。

二、合同的效力

（一）附条件、附期限以及限制民事行为能力人订立合同的效力

1. 附条件合同的效力

附条件合同是指一种并非自动产生法律效力的合同类型，合同效力是发生还是消灭，取决于合同双方当事人在合同中所约定的条件是否成就。这里所指的"条件"是一种合同附加条件，是指通过合同当事人的协商，在合同中约定某种现在不确定的、在将来可能发生的事实情况，以此将来事实的成就与否来限制合同效力的发生或消灭。而所谓的合同附加条件，是作为当事人的意思表示，可以在合同中约定有关合同的特别生效条件。

附生效条件的合同，是指合同双方当事人在合同中约定，若某种事实发生，则合同生效，反之则不生效，此类合同就被称为附生效条件的合同。如前所述，合同成立和合同生效是两个概念，附生效条件的合同是已经成立的合同，但合同并非成立就生效，而是介于一种效力停止的状态，此时的效力没有发生也未就此消灭，而要等到条件成就的时候，合同才能生效。故该类合同有时也被称作是附停止条件的合同。

　　附解除条件的合同，是指合同已经产生了法律效力的情况下，当事人约定的条件一旦成就，合同就失去法律效力，反之合同则继续有效。在合同失效时，双方当事人应当解除该合同，而合同继续有效时，则应当继续履行合同。

　　对于附条件的合同，需要双方当事人都采取正确的态度，根据法律的规定进行订立。在附条件合同成立之后且条件成就之前，双方当事人都应顺应条件能否顺利成就的自然发展，不能为达目的主观上怀着恶意的态度，客观上采取行动促进或者阻拦合同所订条件之成就。若一方当事人在因条件成就而能使自己受益的情况下，主观恶意地采取不正当行动来达到条件成就之目的的，法律上视为条件不成就；另一方面，若一方当事人在因条件成就而可能使自己受损的情况下，主观恶意地采取不正当行动来达到条件不成就之目的的，法律上视为条件已经成就。

　　2. 附期限合同的效力

　　附期限合同，分为附生效期限的合同和附终止期限的合同，是指在合同效力发生或者效力终止的问题上，由双方当事人协商选择一定的期限作为条件。这里的"期限"，指的是一种将来确定发生的事实。

　　附生效期限的合同，是指在合同效力发生的问题上，双方当事人约定合同在一个期限前不生效，到达期限时才生效。有些书籍中出现的附延缓期限合同或者附始期合同，其实就是附生效期限合同的另外一种名称。在这类合同中，一般把合同中约定的生效期限称作始期，始期在合同中的作用相当于民法上的停止条件。

　　附终止期限的合同是指合同成立并生效后，双方当事人约定合同在一个期限届满时失效，合同也就随之解除。在这类合同中，与前述"始期"相对应的，将合同中约定的失效期限称为终期，终期在合同中的作用相当于民法上的解除条件。

　　3. 限制民事行为能力人订立合同的效力

　　在合同的订立中，对签订合同的当事人也有相应的限制，按照法律规定，双方当事人均应具有与合同对应的民事权利能力和民事行为能力。如果签订合同的一方或双方为限制民事行为能力人时，这种情况下签订的合同被称为效力待定合同，该合同必须由限制行为能力人的法定代理人予以承认，才能产生法律上的效力。但纯获利益的合同或者与其年龄、智力、精神健康状况相适应而订立的合同，不必经法定代理人追认。

　　（二）无权代理人订立的合同

　　无权代理，是指订立合同的当事人是无权代理人，其本身没有代理权而以他人的名义订立合同。在无权代理中，其订立合同的效力不是绝对无效的，而是处于待定的状态，如果被代理人在之后对合同进行了追认，该合同就得以生效。未经被代理人追认，对被代理人不发生效力，由行为人承担责任。法律上规定该类合同的效力处于待定状态，是因为虽然签订合同的是"无权代理人"，其无代理权而使合同存在瑕疵，但这种瑕疵并非"致命"，而是可以通过追认来予以修正。

（三）法定代表人、负责人超越权限订立合同的效力

法人或者其他组织的法定代表人、负责人在对外订立合同时，应该限制在其权限范围之内。如果合同的相对方明知法人或者其他组织的代表人、负责人的权限，却依然与其订立超越权限的合同，这样的合同在法人或者其他组织没有加以追认的情况下，是无效的。

（四）无处分权人订立合同的效力

无处分权人订立合同，是指无处分权人以自己而非他人名义，对他人所有的财产进行处分，订立与之相关的合同。这样的行为是一种无处分权行为。"处分他人财产"，细化来讲，就是无处分权人在法律层面对他人财产的处分，具体包括转让财产、赠与财产或者对财产设定抵押等行为。在"经权利人追认或者无处分权的人订立合同后取得处分权"之后，这类合同即是有效合同。

三、合同的内容

在一般合同的诸多条款中，依据内容可以大致分为事实性条款（其中包含技术性条款）与法律性条款两类。前者包括一些合同交易涉及的事实层面和操作层面的内容，即合同订立的当事人、合同的内容、合同签订的缘由、合同中约定的履行地点、履行时间和履行方式等。后者则包括法律层面的问题，诸如合同中约定的违约责任承担、风险分配的方式以及关于救济程序的适用等方面。事实性条款是解决事实清楚、交易可操作性的问题，因此在交易中一般是交由商务谈判人员予以协商和确认。而法律性条款是解决违约、风险规避及救济途径等问题，法务人员对其关注得更多，也是法务工作中时常需要通过谈判反复协商、拉锯的内容。

合同的内容由当事人约定，一般包括以下条款：当事人的名称或者姓名和住所；标的；数量；质量；价款或者报酬；履行期限、地点和方式；违约责任；解决争议的方法等。

签订合同时需要注意下列事项。

1. 争议解决条款。诉讼及仲裁方式的选择与诉讼地及仲裁地选择应当被重点关注。选择对己方有利管辖权自始至终是合同文稿必争之条款。此类条款设计需考虑争议解决方式的优越性、便利性及可变通性。通常如可能为原告则选诉讼管辖，如可能为被告则选仲裁管辖。

2. 违约金条款。违约金条款的本质不是为了追求额外的利益，而是为了给对方施加压力促使其按约定履行合同，从而实现交易目的。过重的惩罚实质为居心不良；过轻的惩罚又达不到想要的效果，最好是恰到好处。有违约补救措施的约定好过进行违约金惩罚的约定。同时，违约金条款另外一个重要的功能是解决违约损失金额举证责任不能的问题，因此需充分利用该条款规避违约损失金额举证不能的法律后果。

3. 合同解除权条款。缔约者要同意合同的提前解除和终止，设计好解除合同的对价即可。能预见约定解除的条件或情形须尽力书写周全，以便日后只能通过法定解除权的行使来解决僵局。

4. 生效失效条款。合同都有生效条件及时间约定，但失效的时间需自行斟酌，如不宜书写失效的日期就不要书写失效的日期，以免造成合同还未履行完，约定合同期间已届满、失效的尴尬境地。

第三节 合同的履行

一、合同履行的定义

合同履行，是指当事人实现合同内容的行为。从合同成立的目的来看，任何当事人订立合同，都是为了能够实现合同的内容。而合同内容的实现，有赖于合同义务的执行。当合同规定的义务被执行时，就是合同当事人正在履行合同；当合同规定的全部义务都被执行完毕时，当事人订立合同的目的也就得以实现，合同也就因目的实现而消灭。因此，合同的履行是合同目的实现的根本条件，也是合同关系消灭的最正常的原因。

二、合同履行的主体

合同履行主体不仅包括债务人，也包括债权人。合同若要实现全面适当地履行，不仅需要依赖于债务人履行债务的行为，同时还要依赖于债权人受领履行的行为。因此，合同履行的主体是指债务人和债权人。除法律规定、当事人约定、性质上必须由债务人本人履行的债务以外，履行也可以由债务人的代理人进行。

拥有债权的债权人的代理人也可以代为受领。在某些情况下，合同也可以由第三人代替履行，只要不违反法律的规定或者当事人的约定，或者符合合同的性质，第三人也是正确的履行主体。不过，由第三人代替履行时，该第三人并不取得合同当事人的地位，第三人仅仅只是居于债务人的履行辅助人的地位。

三、合同履行的原则

（一）全面履行原则

合同的履行，是要求合同双方当事人都能够按照合同的约定，实际且全面地履行合同。全面履行原则，又叫作适当履行原则或正确履行原则。该原则涉及合同中约定的标的及其质量、数量，合同的履行期限、履行地点、履行方式等，要求当事人全面地履行合同义务。依法成立的合同对于双方当事人均有约束力，合同当事人在此约束之下应当自觉地履行其应尽的合同义务。

（二）诚实信用原则

在民事活动中，诚实信用的重要性不言自明。从字面上理解，诚实信用原则要求人们都以诚信的形象参与到民事活动中来，遵守诺言，童叟无欺。从内容来理解，诚实信用原则是一个弹性较大的原则，它很难像一般的具体原则一样有着明确的适用范围，而是作为一个抽象的法律原则，可以在不同的情况下予以变通和适用。

诚实信用原则既可以发挥法律的规范作用，又能起到道德的调节功能。而正因为诚实信用原则的适用弹性大，因此在合同争议中，该原则的适用权掌握在法官手中，法官可以根据案件的实际情况，有针对性地运用诚实信用原则，对当事人的权利和义务进行适度的调整。对于诚实信用原则的实质，可以说是众说纷纭，但总体而言，诚实信用在法律中的运用是非常有必要的，它能够求得双方当事人利益的均衡，促进市场交易的顺利进行，更能够促进良好市场氛围的形成，达到一种良性的循环。

《民法典》第 509 条第 2 款对诚实信用原则做了具体化规定："当事人应当遵循诚信原则，根据合同的性质、目的和交易习惯履行通知、协助、保密等义务。"通知、协助、保密等义务，不是在合同一开始就需要全部承担的，而是可以根据合同在不同阶段的发展变化，选择其中的一项或几项，要求合同另一方当事人加以履行。

按照诚实信用原则，当事人在合同的履行过程中应注意做到以下几点。

1. 债务人不得履行自己已知有害于债权人的合同，于此种情形，债权人可以请求撤销合同。

2. 在以给付特定物为义务的合同中，债务人于交付物之前，应以善良管理人的注意，妥善保存该物。

3. 在发生不可抗力或者其他原因致使合同不能履行或者不能按预定条件履行时，债务人应及时通知债权人，以便双方协商处理合同债务。

4. 在合同就某一有关事项未规定明确时，债务人应依公平原则并考虑事实状况合理履行。

（三）情势变更原则

情势变更原则，是指合同成立后至履行完毕前，合同存在的基础和环境，因不可归属于当事人的原因发生变更，如果继续履行合同将对一方当事人不公平，故允许变更合同或者解除合同。

案例分析：甲公司与乙公司 2013 年 4 月 1 日签订"羽绒购销合同"，乙向甲按期供应鸭绒，并交付 7 万元定金。2013 年 4 月 10 日，由于大规模禽流感导致水禽交易市场受严重影响，乙提出解除合同并退还定金。原审法院认为，于 2013 年 4 月 1 日签订合同时，仅在前一天即 2013 年 3 月 31 日才发现 3 例人感染 H7N9 流感病毒，乙公司不可能预计此后 H7N9 禽流感病毒的发展趋势，而在 2013 年 4 月 8 日，发现 24 例 H7N9 禽流感病毒，病例分布于上海、江苏、安徽、浙江 4 省市的 17 个地市级区域，上述情况相对于双方订立合同时发生了重大的变更，继续履行合同对乙公司明显不公平，在此情况下，乙公司及时通知甲公司解除合同符合法律规定。

适用情势变更原则需要几个条件：一是必须在合同成立后出现对合同有决定性影响的变更情势；二是情势变更导致合同不能履行或者难以履行；三是情势变更的出现在当事人的预料之外；四是继续履行原合同会造成对其中一方不公平的情形。

四、合同履行的规则

合同履行的规则涉及履行的主体、标的、期限、地点、方式等。

（一）履行主体

合同履行主体不仅包括债务人，也包括债权人。因为，合同若要实现全面适当地履行，不仅主要依赖于债务人履行债务的行为，同时还要依赖于债权人接受债务人履行的行为。因此，合同履行的主体是指债务人和债权人。除法律规定、当事人约定、性质上必须由债务人本人履行的债务以外，履行也可以由债务人的代理人进行，但是代理只有在履行行为是法律行为时方可适用。同样，在上述情况下，债权人的代理人也可以代为受领。此外，必须注意的是，在某些情况下，合同也可以由第三人代替履行，只要不违反法律的规定或者当事人的约定，或者符合合同的性质，第三人也是正确的履行主体。

（二）履行标的

合同的标的是合同债务人必须实施的特定行为，是合同的核心内容，是合同当事人订立合同的目的所在。合同标的的质量和数量是衡量合同标的的基本指标，因此，合同的履行需要按照合同所约定的标的的质量和数量，必须严格按照合同的约定履行。如果合同对标的的质量没有约定或者约定不明确的，当事人可以补充协议，协议不成的，按照合同的条款和交易习惯来确定。如果仍然无法确定的，按照国家标准、行业标准履行；没有国家标准、行业标准的，按照通常标准或者符合合同目的的特定标准履行。

（三）履行期限

合同履行期限是指债务人履行合同义务和债权人接受履行行为的时间。作为合同的主要条款，合同的履行期限一般应当在合同中予以约定，当事人应当在该履行期限内履行债务。如果当事人不在该履行期限内履行，则可能构成迟延履行而应当承担违约责任。履行期限不明确的，可以补充协议；不能达成补充协议的，按照合同有关条款或者交易习惯确定。如果还无法确定的，债务人可以随时履行，债权人也可以随时要求履行，但应当给对方必要的准备时间。这也是合同履行原则中诚实信用原则的体现。当事人不按照合同约定的期限履行，对合同另一方当事人构成违约，造成损害的还应当承担损害赔偿责任。

（四）履行地点

履行地点，是指债务人履行债务、债权人受领给付的地点。履行地点的确定，关系到履行的费用和履行的时间，在国际交易中还会涉及合同纠纷中到底适用哪里的法律作为裁判依据的问题。关于履行地点的确定，以合同明确约定的地点为先。若合同约定不明确的，可以补充协议；不能达成补充协议的，按照合同有关条款或者交易习惯确定。根据《民法典》第511条第（三）项规定："履行地点不明确，给付货币的，在接受货币一方所在地履行；交付不动产的，在不动产所在地履行；其他标的，在履行义务一方所在地履行。"

（五）履行方式

履行方式，是指双方当事人在合同中约定采取何种履行义务的方式，一般包括运输方式、交货方式、结算方式等。关于履行方式的确定，以合同约定的方式为先。但合同未约定或者确定不明的，可以用补充协议予以规定；无法达成一致协议的，可以以合同的有关条款和交易习惯来确定。如果上述方法都无法确定的，根据《民法典》第511条第（五）项规定："履行方式不明确的，按照有利于实现合同目的的方式履行。"

（六）履行费用

履行费用是指债务人因履行合同而需负担的费用。履行费用的负担分为三种情况：一是合同中已经有关于履行费用的约定，则按约定负担；二是合同中没有关于履行费用的约定或者有但约定不明确的，由履行义务一方负担。另外，如果因为债权人的行为而导致履行费用增加时，债权人负责该增加部分的费用。

五、合同履行的抗辩权

在合同履行过程中可能出现各种情况，例如先给付方发现对方资信状况变差或者发生资不抵债的情况，就要求对方给予自己一定的保证金或者要求与对方同时履行合同，或者要求在对方履行合同所规定的义务后，自己再履行合同上规定的义务，这种抗辩就是合同履行的抗辩权。

合同履行抗辩权包括如下几种类型：第一，同时履行抗辩权。即当事人互负债务，没有先后履行顺序的，应当同时履行。一方在对方履行之前有权拒绝其履行要求。一方在对方履行债务不符合约定时，有权拒绝其相应的履行要求。第二，先履行抗辩权。即合同双方当事人互负债务，有先后履行顺序，先履行一方不履行的，后履行一方有权拒绝其履行要求。先履行一方履行债务不符合约定时，后履行一方有权拒绝其相应的履行要求。第三，不安抗辩权。指的是应当先履行债务的当事人，有确切证据证明对方有经营状况严重恶化，转移财产、抽逃资金，以逃避债务，丧失商业信誉或者有丧失或者可能丧失履行债务能力的其他情形之一的，可以中止履行。中止履行后，对方在合理期限内未恢复履行能力并且未提供适当担保的，中止履行的一方可以解除合同。

但不安抗辩权的行使，也是有一定条件和限制的。中止履行应当及时通知对方。对方提供适当担保时，应当恢复履行。如没有确切证据证明对方丧失履行能力而中止履行的，或者中止履行后，在对方提供适当担保后仍拒不恢复履行的，不安抗辩权人应当承担违约责任。

当事人可以在合同的履行上享有上述同时履行抗辩权、先履行抗辩权、不安抗辩权三项权利。法律上设计这些抗辩权的存在，是为了能够维护当事人的合法权益，在当事人有上述合法理由拒绝履行时，并不构成违约行为，对方的请求权也就无法对其产生对抗效力。

第四节　违约责任

一、违约责任的概念

违约责任是指合同的一方当事人，因为没有履行合同义务或者履行了但不符合合同约定条件的，对方当事人可以主张其承担的责任。违约行为只能由合同的当事人作出，如果不是由合同当事人而是由于合同外的第三人行为导致了违约，这样的情况下合同对方是不能对第三人主张违约责任的。

二、违约行为的分类

1. 单方违约与双方违约

单方违约，是指合同中只有一方当事人出现违约行为。而双方违约则是指双方当事人都存在违反合同约定的行为。当事人双方都违反合同的，应当各自承担相应的责任。可见，在双方都构成违约的情况下，双方的违约责任不能相互抵销。

2. 根本违约与非根本违约

违约行为可以分为根本违约和非根本违约。根本违约是指违约行为导致一方订约目的无法实现，而非根本违约是指虽然存在违约行为，但是仍然可以实现订立合同的目的。二者在法律上的主要区别在于，出现根本违约时，非违约方可以解除合同，即构成合同法定解除的理由。

3. 不履行、不完全履行与迟延履行

合同不履行是指合同一方或双方当事人不按照合同约定的事项履行合同的行为。不履行又分为不能履行和拒绝履行。不能履行是指债务人在客观上已经没有履行能力，或者法律禁止债务的履行。例如，合同中约定债务人向债权人交付某种特定物，但特定物已经损毁，则债务人一方构成不能履行。拒绝履行是指，债务人一方向债权人表示其不会履行合同。债务人的这种表示很多时候是明示的，但也可以是默示的。例如，债务人将应付标的物处分给别人，即可视为拒绝履行。

合同的不完全履行是指债务人虽然履行了债务，但其履行不符合合同的约定。不完全履行，有瑕疵给付和加害给付两种情形。瑕疵给付是指债务人履行的标的物在品种、规格、数量、内在质量等方面不符合合同约定的履行行为。如果因债务人交付的标的物的缺陷而造成他人的人身、财产损害的，此种给付行为则为加害给付。

迟延履行是指合同当事人的履行合同的行为违反了履行期限的规定。履行迟延在广义上包括给付迟延（债务人的迟延）和受领迟延（债权人的迟延），狭义上是指债务人的给付迟延。

4. 实际违约与预期违约

实际违约指的是当事人一方不履行合同义务或者履行合同义务不符合约定的。预期违约是指当事人发现合同相对方有证据证明对方会发生不能履行的情况，可以对对方当事人行使不安抗辩权的一种情形。实际违约与预期违约都是构成违约的形态，当事人可以向对方主张合同违约赔偿。

三、违约责任的免责事由

我国目前采取的是严格责任原则，但对于违约方而言，在以下两种情形下有可能免除或部分免除法律责任。一是符合法律明确规定的免责条件，二是符合双方当事人预先约定的限制或排除将来责任的情形。

法律规定的免责事由主要有三种。

（一）不可抗力

是指出现当事人无法预见、避免并且无法克服的客观情况。主要有以下四种分类：第一，自然灾害。这类不可抗力事件是由自然原因引起的，如旱灾、地震、水灾、火灾、风灾等。第二，政府行为。政府行为是指在当事人已经订立合同的前提下，当事人无法预见到未来政府会颁发新政策、法律和行政法规，并因此造成合同的不能履行。第三，战争。第四，社会异常事件。诸如突然出现罢工或者骚乱等，当事人无法避免其对于合同履行的致命性影响的。

（二）合理损耗

承运人能够证明货物的毁损、灭失是因合理损耗造成的，不承担损害赔偿责任。合理损耗作为一项免责事由，能够更好地平衡承运人与货主之间常常不对等的利益，这项损失不是由承运人承担，而是由货主负责。

（三）债权人的过错

合同无法履行的原因是债权人的过错造成的，债务人也不需要承担违约责任。

四、承担违约责任的方式

当合同一方当事人发生违约的情况，合同相对方可以要求对方承担违约责任。违约责任的承担方式有以下几种。

（一）继续履行合同

当合同标的物并未发生毁损灭失等情况时，为达到合同目的，未违约方可以要求违约方继续履行合同，当对方履行完合同义务后，违约责任即告消灭。

（二）采取补救措施

采取补救措施的承担方式适用于合同瑕疵履行的情况。补救措施主要有修理、更换、重作、退货、减少价款或者报酬等。

（三）赔偿损失

赔偿损失也被叫作违约损害赔偿，是一种违约方所要承担的责任形式。在受害方因违约方的违约行为导致财产有所损失或者利益有所减少、丧失的情况下，违约方需要对其进行金钱形式的赔偿。赔偿的范围包括现有财产损失和可得利益损失，但是不应当包括订立合同时预期不可预见的损失。

（四）违约金

违约金，是指一方当事人在出现违约行为时，需要向对方当事人支付约定好的金钱或财物。

违约金是在违约行为出现之前的预先协商结果，因此很难完全符合实际的违约损害赔偿额，因为合同双方的力量不平衡还可能出现违约金过高或者过低的现象，非常不利于合同中实质公平的实现。因此，各国都在法律中设计了能够平衡此种不公平现象的制度，即法官对不合理的违约金具有一定的变更权。我国《民法典》第585条对违约金有明确规定："当事人可以约定一方违约时应当根据违约情况向对方支付一定数额的违约金，也可以约定因违约产生的损失赔偿额的计算方法。约定的违约金低于造成的损失的，人民法院或者仲裁机构可以根据当事人的请求予以增加；约定的违约金过分高于造成的损失的，人民法院或者仲裁机构可以根据当事人的请求予以适当减少。当事人就迟延履行约定违约金的，违约方支付违约金后，还应当履行债务。"

（五）定金责任

定金，是指在双方当事人的合意之下，一方当事人按照合同标的额的一定比例计算出来的金钱或者相应代替物预先付给对方当事人。定金的存在，是为了保证之后合同能够顺利履行。债务人履行债务后，定金应当抵作价款或者收回。给付定金的一方不履行约定的债务的，无权要求返还定金；收受定金的一方不履行约定的债务的，应当双倍返还定金。当事人如果在合同中约定了以定金来作为担保，一旦其中一方出现了违约行为，就可以要求其承担定金罚的违约责任。

第二章 创新创业用工管理法律制度

第一节 劳动合同的一般法律规定

创业主体从选择自主创业的那一天起就与劳动合同产生了密切的联系，不论建立的企业形式是个人独资企业还是有限责任公司，抑或将来发展成股份有限公司，都不可避免地与劳动者建立劳动关系。劳动合同是劳资双方权利义务的书面表达，是处理企业与员工关系的依据，是解决企业与员工劳动争议的基础。

一、劳动合同概述

1. 劳动合同基本概念

劳动合同，是指劳动者与用人单位之间确立劳动关系，明确双方权利和义务的协议。建立劳动关系应当订立劳动合同。订立和变更劳动合同，应当遵循平等自愿、协商一致的原则，不得违反法律、行政法规的规定。劳动合同依法订立即具有法律约束力，当事人必须履行劳动合同规定的义务。

2. 劳动合同的特征

（1）劳动合同主体具有特定性。一方是劳动者，即具有劳动权利能力和劳动行为能力的自然人；另一方是用人单位，即获得国家法律法规确定的，具有聘请劳动者资格的企业、个体经济组织、事业组织、国家机关、社会团体等用人单位。

（2）劳动合同权利义务的对应性。劳动者和用人单位既不能只享受劳动权利不履行劳动义务，也不能只履行劳动义务而不享受劳动权利。劳动者的权利即是用人单位的义务，反之，劳动者的义务即是用人单位的权利。

（3）劳动合同具有诺成、有偿的特征。劳动合同的成立，建立在企业与劳动者达成一致意见的基础之上。用人单位必须对劳动者付出的劳动给予一定的薪酬回报。

（4）劳动合同涉及第三人利益关系。劳动合同必须具备社会保险条款，或者劳动合同双方当事人也可以在劳动合同中明确规定有关福利待遇条款，以上这些条款多半涉及第三人物质利益待遇。比如劳动者发生工亡，那么工亡补助金以及直系亲属抚恤金需要支付给工亡职工的近亲属。

二、劳动合同的订立

（一）劳动合同的订立原则

1. 平等自愿、协商一致原则

平等要求订立劳动合同的双方当事人法律地位平等，一方不得享有任何特权胁迫对方订立劳动合同；自愿指建立劳动关系签订劳动合同完全出于双方当事人的真实意愿。

2. 合法原则

合法原则要求劳动合同不违反国家法律的强制性规定，其内涵包括：第一，劳动合同的主体必须是符合法律规定的年满16周岁至退休之间的具备劳动能力的自然人，用人单位要求必须是依法成立、具备用人资格的组织体。第二，劳动合同的内容合法，不得损害国家、集体和他人的利益，同时也不能有加重对方义务、排除自身责任的条款。

3. 公平原则

公平原则要求双方当事人本着公平公正理念签订劳动合同，尤其在双方协商签订的合同条款之上，必须从公平公正角度出发、在合法范围内确定合同条款。如约定试用期的条款、约定保密义务的条款。

4. 诚实信用原则

诚实信用原则要求劳动合同双方当事人在签订合同时不欺诈不隐瞒，双方应当尽到善意和恪守诺言的义务。

（二）劳动合同的订立形式和订立时间

1. 劳动合同的订立形式

劳动合同的订立形式是指劳动合同依法成立的外在表现方式。[①] 劳动合同应

---

① 关怀，林嘉. 劳动法［M］. 4 版. 北京：中国人民大学出版社，2012：91.

当采用书面形式，不采用书面形式的合同在形式上存在欠缺。劳动合同的正式成立，通常要经过用人单位公布招工简章、劳动者自愿报名协商、考核录用等程序。由于劳动合同涉及许多内容，当事人之间的权利义务关系十分复杂，故应以书面形式确立下来，口头形式很难证明劳动关系的存在。

当事人如果没有订立书面劳动合同，他们之间是否就不存在劳动关系呢？当然不是。根据《劳动合同法》第10条，用人单位自用工之日起即与劳动者建立劳动关系，即便用人单位与劳动者在用工之前订立劳动合同，劳动关系也自用工之日起建立。在没有书面劳动合同的情况下，劳动关系的认定主要依据以下标准：双方主体资格合法；劳动者接收单位的管理和各项规章制度，从事有报酬的劳动；劳动是单位业务的组成部分。① 劳动者通常可以提出以下凭证证明劳动关系的存在：工资支付凭证或记录，社会保险费的记录，工作证、服务证等证件，招工招聘登记表或报名表，考勤纪律，其他劳动者证言等。

2. 劳动合同的订立时间

《劳动合同法》第10条规定："建立劳动关系，应当订立书面劳动合同。已建立劳动关系，未同时订立书面劳动合同的，应当自用工之日起一个月内订立书面劳动合同。用人单位与劳动者在用工前订立劳动合同的，劳动关系自用工之日起建立。"用人单位招聘了劳动者，即与劳动者建立了劳动关系，此时，订立书面劳动合同对双方当事人而言是需要履行的一项义务。按照法律规定，这项义务应当在用工之日起一个月内履行完毕。用人单位超过一个月不满一年未与劳动者订立书面劳动合同的，应当向劳动者每月支付二倍工资；自用工之日起满一年不与劳动者订立书面劳动合同的，视为用人单位已经与劳动者订立了无固定期限劳动合同。劳动者拒绝与用人单位签订劳动合同的，用人单位有权终止劳动关系。若处在自用工之日起一个月内的，用人单位应书面通知劳动者终止劳动关系，无须支付经济补偿金。若处在自用工之日起超过一个月不满一年的，用人单位应书面通知劳动者终止劳动关系，并依法支付经济补偿金。

三、劳动合同的主要类型

期限是劳动合同最主要的分类标准。按照劳动合同的期限来划分，劳动合同主要分为固定期限劳动合同、无固定期限劳动合同和以完成一定工作为期限的劳动合同。

---

① 劳动部：《关于确立劳动关系有关事项的通知》，2005年5月25日。

（一）固定期限劳动合同

固定期限劳动合同，又称定期劳动合同，是指用人单位与劳动者约定了终止时间的劳动合同。劳动关系只在合同有效期限内存续，超出约定的期限劳动合同即终止。如果双方协商一致，还可以续订劳动合同，延长期限。

（二）无固定期限劳动合同

无固定期限劳动合同，是指用人单位与劳动者约定无确定终止时间的劳动合同。这里所说的无确定终止时间，是指劳动合同的期限长短不能确定，只要没有出现法律规定的解除条件，双方当事人就应当继续履行劳动合同规定的义务。法律规定的解除条件一旦成就，无固定期限劳动合同也可解除。

根据《劳动合同法》第 14 条规定："用人单位与劳动者协商一致，可以订立无固定期限劳动合同。有下列情形之一的，劳动者提出或者同意续订、订立劳动合同的，除劳动者提出订立固定期限劳动合同外，应当订立无固定期限劳动合同：（一）劳动者在该用人单位连续工作满十年的；（二）用人单位初次实行劳动合同制度或者国有企业改制重新订立劳动合同时，劳动者在该用人单位连续工作满十年且距法定退休年龄不足十年的；（三）连续订立二次固定期限劳动合同，且劳动者没有本法第三十九条和第四十条第一项、第二项规定的情形，续订劳动合同的。用人单位自用工之日起满一年不与劳动者订立书面劳动合同的，视为用人单位与劳动者已订立无固定期限劳动合同。"

经典案例：

老王自 1998 年 3 月入职某公司担任电工，2003 年 6 月，老王的母亲重病住院，为了能照顾母亲，老王于 2003 年 7 月 1 日向公司提出辞职，公司予以批准，老王于当日办理了离职手续后连夜回到了老家。老王母亲住院 2 个月后不幸病逝，办完后事后，老王提出重新回公司上班，由于工作能力强，公司决定聘用老王继续担任电工，2003 年 11 月，老王重新办理了入职手续。2008 年 9 月，老王向公司提出自己已经工作超过 10 年，要求订立无固定期限劳动合同，公司不同意。

此案涉及对"连续工作满十年"的界定。"连续工作满十年"应当是劳动者在同一用人单位连续地、不间断地工作满 10 年以上。老王在办理离职手续后，间断四个月再返回用人单位且重新聘用，不符合"连续工作满十年"的规定，因此，公司不同意与老王签订无固定期限劳动合同并不违反法律规定。

（三）以完成一定工作为期限的劳动合同

是指劳动者与用人单位约定以某项工作的完成作为劳动合同终止的条件，

其实质是一种附解除条件的劳动合同,双方约定的工作已经完成了,那么劳动合同将解除。以完成一定工作为期限的劳动合同一般事前都无法预知具体的完成时间。

四、劳动合同的内容

劳动合同通常包含两类条款,一是必备条款,二是可备条款。必备条款也叫作法定条款,指的是法律规定的每一份劳动合同都应当具备的条款。可备条款也叫作约定条款,指的是法律不做强行规定,由当事人自己在合同中任意约定的条款。

（一）劳动合同的必备条款

主要包括:①用人单位的名称、住所和法定代表人或者主要负责人。②劳动者的姓名、住址和居民身份证或者其他有效证件号码。③劳动合同的履行期限。④工作内容和工作地点。工作地点是劳动者履行劳动合同义务的具体场所。⑤工作时间和休息休假。⑥劳动报酬。⑦社会保险。⑧劳动保护、劳动条件和职业危害防护。

（二）劳动合同的可备条款

主要有:试用期条款、培训条款、竞业限制条款、补充福利条款等。

1. 试用期指的是用人单位与劳动者建立劳动关系后,为了相互了解、选择而约定的考察期。试用期并非独立于劳动合同期,而是属于劳动合同期内的一个特殊时期,在此期间,劳动者和用人单位的权利义务有较为特殊的安排。为了防止用人单位滥用试用期,《劳动合同法》对试用期作出了许多限制性规定:第一,试用期的长短与劳动合同期限长短相关;第二,同一用人单位与同一劳动者只能约定一次试用期;第三,试用期的工资不得低于本单位相同岗位最低工资或者劳动合同约定工资的百分之八十,并不得低于用人单位所在地的最低工资标准。

2. 培训指的是用人单位为劳动者提供专项培训费用,对其进行专业技术培训。用人单位培训了劳动者的,可以与该劳动者订立协议,约定服务期。劳动者违反服务期约定的,应当按照约定向用人单位支付违约金。违约金的数额不得超过用人单位提供的培训费用。用人单位要求劳动者支付的违约金不得超过服务期尚未履行部分所应分摊的培训费用。

需要注意的是,用人单位对劳动者的培训有两种形式,一种是如前所述的专业技术培训,也被称为职业发展培训。另一种是用法定培训费支付的培训,也被称为职业技能培训,比如上岗培训、基本技能培训等。能够与劳动者订立服务期的培训仅指专业技术培训。

3. 竞业限制指的是在劳动关系结束后，要求劳动者在法定时间内继续保守原用人单位的商业秘密和与知识产权相关的保密事项。不得从事与原单位有着竞争关系的业务。竞业限制的人员限于用人单位的高级管理人员、高级技术人员和其他负有保密义务的人员。竞业限制的范围、地域、期限由用人单位与劳动者约定，但竞业限制最长期限不得超过两年。在竞业限制期内，用人单位应当按月给予劳动者竞业限制补偿金。劳动者违反竞业限制约定的，应当按照约定向用人单位支付违约金。

五、劳动合同的解除

劳动合同的解除有三种形式：一是双方协商一致解除劳动合同；二是单方解除劳动合同；三是经济裁员。经济裁员是一种特殊形式的单方解除。

（一）协商一致解除劳动合同

只要双方当事人协商一致，不需要具备法律规定的解除条件，便可以解除劳动合同。需要注意的是，由谁主动提出解除劳动合同很重要，直接关系到解除的法律后果。如果解除劳动合同是由劳动者提出的，协商解除劳动合同后，用人单位不需要向劳动者支付经济补偿金。反之，若由用人单位提出，则需要向劳动者支付经济补偿金。

（二）单方解除劳动合同

单方解除劳动合同又分为劳动者单方解除和用人单位单方解除两种类型。

1. 劳动者单方解除劳动合同

根据《劳动合同法》第37条规定："劳动者提前三十日以书面形式通知用人单位，可以解除劳动合同。劳动者在试用期内提前三日通知用人单位，可以解除劳动合同。"在预告期满之后，劳动者即可办理相应的手续解除劳动合同，用人单位针对劳动者解除合同不可附加任何条件，劳动者擅自解除劳动合同给用人单位造成损失的，应当承担相应的法律责任。

2 用人单位单方解除劳动合同

用人单位解除劳动合同又有两种形式，一是即时解除，二是预告解除。用人单位单方即时解除劳动合同的情形主要有：①劳动者在试用期内被认定为不符合录用条件或者不能胜任该工作。②无视用人单位规章制度，严重违反规章制度。③劳动者自身严重失职给用人单位造成损失。④劳动者与两个以上用人单位签订劳动合同，给用人单位造成损失或者经用人单位纠正后不改的。⑤劳动者被追究刑事责任。以上情形除试用期之外，都属于劳动者存在主观过错的情形。用人单位不需要提前通知劳动者便可行使解除权，并且不必向劳动者支付经济补偿金。

用人单位预告解除劳动合同的情形主要规定在《劳动合同法》第40条，这一类解雇在性质上属于劳动者无过错解雇，用人单位除严格满足法律规定的实质要件和程序要件才能解除劳动合同外，还应当向劳动者支付经济补偿金。

六、劳动合同的终止

劳动合同终止与劳动合同解除最大的区别在于，劳动合同解除是基于法律行为，当事人通过自己有意识的行为主动结束劳动合同的效力；而劳动合同终止是基于客观事件，比如期限届满、劳动者退休、死亡，用人单位主体资格灭失等，这些都是不以当事人主观意志为转移的。根据《劳动合同法》，劳动合同终止的法定情形包括以下几种。

（1）劳动合同期限届满。劳动合同期满是劳动合同终止的最主要形式，适用于固定期限的劳动合同和以完成一定工作任务为期限的劳动合同。一旦约定的期限届满或工作任务完成，劳动合同即自然终止。

（2）劳动者达到退休年龄和条件。由于劳动者已经达到退休的法定年龄和工作年限，退出劳动力市场的劳动者的基本生活已经通过养老保险制度得到保障，此时劳动合同终止。

（3）劳动者死亡、宣告死亡或者宣告失踪。当劳动者死亡、因下落不明被人民法院宣告失踪或者宣告死亡后，其民事行为能力归于消灭，作为劳动关系当事人，无法再享受权利和承担义务，自然也不能继续履行劳动合同，劳动合同当然终止。

（4）用人单位被依法宣告破产、被吊销营业执照、责令关闭。对企业法人而言，破产、吊销营业执照就意味着其法人资格被强行剥夺，法人资格也就随之消亡，不再具备劳动关系主体资格和权限，表明此时企业已无法按照劳动合同履行其权利和义务，只能终止劳动合同。

七、劳动合同的特殊制度

（一）集体合同

1. 集体合同的概念和内容

集体合同是指用人单位与劳动者团体针对劳动各项标准进行协商谈判而签

订的协议。《中华人民共和国劳动法》（以下简称《劳动法》）第 33 条规定：
"企业职工一方与企业可以就劳动报酬、工作时间、休息休假、劳动安全卫生、
保险福利等事项，签订集体合同。"

集体合同的主要内容包括三部分：一是专门针对劳动标准条件，这是集体
合同的核心内容；二是集体合同的有效期限，变更以及解除集体合同的条件和
限制性因素等。集体合同的具体内容通常包括以下几个方面：劳动报酬，包括
工资水平，分配方式与支付办法等；安全生产与工业卫生；工作时间与休息休
假；工伤、医疗、养老与死亡保险待遇；生活福利，包括改善住房条件、生活
供应、保健、科学文化、体育设施等；职工技术培训；劳动纪律；集体合同纠
纷处理；集体合同本身的规定，包括变更解除条件，有效期限，履行检查等。
此外，集体合同还应包括企业的生产经营计划、财务计划、发展计划和各项经
济指标等。

2. 集体合同的变更和解除

集体合同的变更是指集体合同在履行过程中由于主客观条件发生变化，当
事人可依照法定程序对原集体合同中的某些条款进行修改。集体合同的解除是
指集体合同在履行过程中由于主客观条件发生变化，使合同的履行成为不可能
或不必要，当事人依照法律规定的条件和程序，提前终止集体合同的法律效力。
法定程序主要指集体协商程序。

变更或解除集体合同的条件主要有：（1）当事人双方协商一致；（2）订立
集体合同时所依据的国家法律、政策发生变化；（3）用人单位因被兼并、解散、
破产等原因，致使集体合同无法履行的；（4）因不可抗力等原因致使集体合同
无法履行或部分无法履行的；（5）法律、法规、规章规定的其他情形。

（二）劳务派遣

劳务派遣又称为人力派遣和劳动力派遣，是一种新型的用工形式。指的是
派遣机构和劳动者签订劳动合同，并根据其与要派单位的协议，将劳动者派遣
到要派单位工作并受要派单位管理与指挥，其工资、福利、社会保险等待遇由
要派单位提供，由派遣机构履行劳动报酬和社会保险支付及缴交登记等义务，
要派单位与派遣机构支付服务费的一种三方涉劳动合同关系。[①] 在《劳动合同
法》出台之前，实践中就有了这种用工方式，只是没有法律的规制，出现了劳
动者权益被侵害，但无法保护的问题。所以劳务派遣工招之即来，挥之即去，

---

① 叶静漪. 劳动合同法十二讲［M］. 北京：中国法制出版社，2007：197.

成了弱中之弱。《劳动合同法》出台之后，才对此设了专章来加以规定。

劳务派遣制度的特点在于：第一，劳动者是派遣公司的职工，不是用工单位的职工，其劳动关系相对方是劳务派遣机构。这与劳务中介、劳务代理不同。第二，劳务派遣单位与用工单位之间依据派遣协议成立民事合同关系，双方的权利义务应遵循私法自治的原则。无论劳务派遣单位与用工单位在派遣协议中如何分配其权利义务，该约定只对劳务派遣单位与用工单位有效，而对于被派遣劳动者并不生效。第三，尽管被派遣员工与用工单位之间并不存在劳动关系，但员工是向用工单位实际提供劳动，用工单位享有对员工的指挥监督权，用工单位对员工负有特殊保护照顾义务，比如说应当向被派遣员工提供安全、卫生的工作环境和条件；应当保证其与其他员工同工同酬；应当保护其人格权不受侵害

1. 劳务派遣合同的签订

（1）审查劳务派遣机构的资质

在签订劳务派遣合同前，劳动者应当认真审核劳务派遣公司的资料，确认对方拥有劳务派遣资质，审核劳务派遣单位的相应资质。谨防职业介绍机构在没有获得法律法规规定的资质，或尚未取得行政机关审批即从事相关劳务派遣工作，避免与没有相应资质的劳务派遣机构签订合同。如果与有资格的派遣机构签订劳动合同，则该合同受法律保护，且劳动者的合法权益也相应地得到保护；如果与非法的派遣机构签订劳动合同，则所签订的合同很大程度被认定为无效，无法保障劳动者的合法权益。

企业在用工管理活动中与劳务派遣机构签订劳务派遣合同时亦应当对派遣机构进行谨慎审查。创新创业进程中，新设企业在用工管理当中更应审查劳务派遣机构资质，保护企业合法权益，避免在劳务派遣用工中出现不必要的纠纷。

（2）明确劳务派遣合同的内容

劳动者在签订劳务派遣合同时，应当明确薪酬的支付和违约责任等，明确薪酬支付的义务主体是用人单位而非派遣企业，防止派遣企业的违法行为侵害到劳动者的权益。

被派遣劳动者应当遵守用工单位的规章制度，严守工作中涉及的企业商业秘密等劳动纪律的规范。用工单位可以给派遣劳动者设置活动的禁止性区域。社会保险金的缴纳、劳动条件和劳动保护、工作时间和休息休假、劳动纪律、工伤事故责任承担等内容均可在法律允许的范围之内由双方当事人协商约定。

2. 劳务派遣的同工同酬问题

"同工同酬"的基本内涵：一是同一用人单位的劳动者之间的工作内容和工作方式相同或相近；二是劳动者之间在同一岗位上的工作量相同或相近；三是等量的工作量取得了相同的工作业绩。

为了降低用工成本，许多企业都会使用一定数量的劳务派遣工。有些企业中"正式员工"或者享有企事业单位"编制"的工作人员，享受着较好的薪酬待遇，相反，"非正式员工""派遣劳动者"承担着与正式员工同等工作量的压力，拿到的却是低于在编人员的薪资。劳务派遣当中的同工同酬问题是企业发展当中的突出问题，合理处理与派遣员工之间的薪酬关系，对企业营造和谐用工环境、促进企业效益有着积极推动作用。

3. 劳务派遣工的退回问题

当出现以下情形时，用工单位可将派遣的劳动者退回派遣单位：（1）用工单位发生重大变化导致无法跟劳动者继续履行或者变更劳动协议的；（2）用工单位被依法宣告破产或者法人资格归于消灭的；（3）用工单位与劳务派遣单位的派遣协议期满的。因上述原因被退回的劳动者在待业期间，劳务派遣单位依法应当按照不低于当地人民政府规定的最低工资标准按月给予补偿。

（三）非全日制用工

非全日制用工主要指薪酬按照小时来计算，劳动者在一家企业中平均每天的工作时间不超过 4 小时，每周工作时间累计不超过 24 小时的用工形式。

近年来，非全日制用工在餐饮、超市、社区服务等领域发展迅速，但对其他的用人单位而言，尚未得到足够的认识和充分的运用。非全日制用工有着很多灵活的特点，比如说协议口头化，关系终止的无因化、随时化和无补偿化等，可以让企业便于管理而且成本降低，同时其工资小时化、用人单位多元化等特点则便于劳动者自主择业并且易于就业，也客观上缓解了就业压力，从制度层面上促进了社会就业。

1. 非全日制用工劳动合同订立的特殊规则

非全日制用工双方当事人可订立口头协议，书面劳动合同不再是非全日制劳动合同的必备形式。从事非全日制用工的劳动者可以与一个或者一个以上用人单位订立劳动合同。此外，非全日制劳动一般是临时性、报酬较低的工作，法律规定非全日制用工双方当事人不得约定试用期。

2. 非全日制劳动合同终止的特殊规则

由于非全日制劳动合同具有短期性、灵活性、非正规性的特点，法律对其终止也设定了特殊的规则：（1）非全日制用工双方当事人任何一方都可以随时通知对方终止用工，无须对方同意或预告；（2）任何一方终止劳动合同，都不需要类似全日制用工合同解除的实体性条件；（3）发生终止用工情形的，用人单位无须向劳动者支付经济补偿金。

3. 非全日制用工的劳动报酬

非全日制用工以小时计酬为报酬结算方式，每小时的薪酬标准不得低于用人单位所在地人民政府规定的最低时薪标准。非全日制用工劳动报酬结算支付周期最长不得超过 15 日，用人单位必须在最长的期限内支付工资，超过此期限未支付或未足额支付工资即构成工资拖欠，用人单位应当承担法律责任。

第二节　劳动标准

劳动标准是针对劳动者在参与重复性的劳动过程以及行使劳动权利的时候，所制定的一个统一标准。所有劳动者与用人单位建立劳动关系，有些过程和细节都是重复出现的，劳动标准就是对这些重复性的劳动行为作出一个统一的标准。我国劳动法制定的劳动标准主要有工资、工作时间和休息休假、劳动安全卫生、职业培训等标准。以下着重介绍劳动报酬（工资）、工作时间和休息休假。

一、工资

（一）工资发放的基本原则

工资是指用人单位依法或依合同约定，以法定货币形式支付给本单位劳动者的劳动报酬。一般包括计时工资、计件工资、奖金、津贴、补贴、加班工资以及特殊情况下支付的工资。

《劳动法》第 46 条规定："工资分配应当遵循按劳分配原则，实行同工同酬。"这是工资支付应当遵循的两大基本原则。按劳分配原则是我国劳动力市场上重要的分配原则之一。按劳分配根据劳动者的劳动数量和质量来分配，实行多劳多得少劳少得，不劳动者不得。劳动者根据自身所付出的劳动和取得的劳动成果取得用人单位的劳动报酬。按劳分配，有利于调节劳动分配的差距问题，激发劳动者的积极性和创造性。

同工同酬原则是指在同一分配单位中，从事同类劳动和同样劳动效率的劳动者，应当获得同等的劳动报酬，不区分性别、年龄和种族等。同工同酬原则是我国宪法中关于公民享有平等权的体现，保障每个劳动者真正平等地获得劳动报酬。

（二）最低工资制度

最低工资是指劳动者在提供了正常劳动的情况下所获得的劳动报酬，是保障劳动者基本生存条件的重要制度。对所谓"正常劳动"，一般认为不旷工、不消极怠工即为提供了正常劳动。最低工资标准一般采取月最低工资标准和小时最低工资标准两种形式。以月为单位计算最低工资主要针对全日制用工，以小时为计算单位的多适用于非全日制用工。最低工资不包括绩效工资、加班工资以及津贴等，因此最低工资标准仅仅指工资一项，劳动者只要提供了正常劳动，那么所获取的报酬就不应当低于最低工资标准。

二、工作时间和休息休假

劳动者在一天或者一周内从事工作的时间就是工作时间，也称劳动时间，包括每天工作的小时数量以及每周工作的天数。工作时间的上限是由法律规定的，用人单位不可随意制定劳动时间的上限，必须在规定的每日工作时长或每周最长工作时间之内安排工作。工作时间是用人单位计算和支付劳务报酬的依据之一，也是劳动者履行劳动义务的标准之一。工作时间之内，劳动者除从事本职工作外，还可以参加用人单位组织的活动或者履行社会义务的其他活动，参与活动的时间，都应当视为劳动者依法参加了生产活动，用人单位应当依法支付劳动薪酬。比如劳动者依法行使选举权或被选举权，当选代表出席乡（镇）、区以上政府、党派、工会、青年团、妇女联合会等组织召开的会议，出任人民法院证明人，出席劳动模范、先进工作者大会等都应当视为劳动者依法从事了生产劳动，用人单位都应当支付报酬。

（一）标准工作日

我国相关法律规定，劳动者每日工作时长不超过 8 小时，每周工作时长不超过 40 个小时。标准工作日是计算其他工作日种类的依据。实行计件工作的劳动者，用人单位应当在标准工作日范围之内合理确定劳动者的计件报酬和劳动定额标准。

（二）延长工作时间

延长工作时间就是将工作时间延长，超过标准工作时间，即每日的劳动时间超过 8 小时。我国法律规定一般情况下不得延长工作时间超过 1 小时，特殊情况下不得超过 3 小时。用人单位应当根据生产需求并且与劳动者协商一致情况下才可延长工作时间，不得擅自延长工作时间，强迫劳动者进行生产工作，延长工作时间必须在法定范围之内。

用人单位延长工作时间即我们通常所言的"加班"，加班是劳动者额外增加了工作量，比原定工作时间更多地付出了劳动，在多付出的劳动时间上，用人单位应当支付更高的劳动报酬以补偿劳动者额外付出的劳动。我国《劳动法》第 44 条规定："有下列情形之一的，用人单位应当按照下列标准支付高于劳动者正常工作时间工资的工资报酬：（一）安排劳动者延长工作时间的，支付不低于工资的百分之一百五十的工资报酬；（二）休息日安排劳动者工作又不能安排补休的，支付不低于工资的百分之二百的工资报酬；（三）法定节假日安排劳动者工作的，支付不低于工资的百分之三百的工资报酬。"

劳动者为了自身工作的方便自主延长工作时间、自愿加班能否请求用人单位支付加班工资呢？根据我国相关立法，在非用人单位安排的，劳动者自愿延长工作时间的情形下，用人单位无须向劳动者支付延长劳动时间的工资。也就是说，目前自愿加班不是请求支付加班工资的理由，不能得到法律的支持。

（三）休息休假制度

休息休假是指劳动者在法定的工作时间之外，由自己自由支配的时间。休息休假制度是保障劳动者休息权的表现。休息时间的种类和时间也是我国法律规定的。目前我国主要的休息休假时间有工作日内的间歇时间、两个工作日间的休息时间、公休假日、法定节日、年休假和探亲假。

法定节假日是我国法律统一规定的用于开展庆祝、纪念活动的休息休假时间，法定节假日的规定与社会经济发展相适应，有利于民族文化的发展和传承，是体现社会公平，让民众共享社会经济发展成果的有效途径之一。法定节假日具有特殊的意义，有别于其他休息日，因此不可调休、补休。法定节假日期间安排劳动者加班的，用人单位应当向劳动者支付平时工资的 300%。法定节假日以外的休息日安排劳动者加班的，用人单位可优先选择安排补休，不能安排补休的，应当向劳动者支付本人工资的 200%。

第三节　特殊劳动保护与社会保险法律制度

一、特殊劳动保护

这里讲的特殊劳动保护主要是指女职工和未成年工的特殊保护。女职工和未成年工属于劳动者中的弱势群体，由于生理条件的限制，存在许多劳动禁忌。为保障妇女和未成年工的劳动权益，国家法律明确规定了一系列特殊保护制度。

（一）未成年工的特殊保护

根据我国现行法律规定，我国公民最低劳动年龄是 16 周岁。16 至 18 周岁的是未成年劳动者，任何组织和单位不得录用低于 16 周岁的未成年人（国家另有规定的除外），否则需要承担相应的法律责任。

经典案例

2007 年 5 月 9 日，震惊全国的山西省"黑砖窑"案件，揭开了山西"黑砖窑"非法用工的冰山一角，四家砖窑里面一共一二十个孩子，最小的只有 8 岁。面对记者的询问，孩子们表情木讷，不知道自己来自何方。面对非法用工和非法拘禁，中央文件作了批复，严惩涉嫌违法的嫌疑人。

我国法律规定，用人单位在招收未成年工的时候，应当为其在劳动过程中中给予特殊的安全保护，严格按照国家劳动标准和劳动保护执行，不得安排未成年工从事危险作业。针对未成年工的身体健康和心理素质，用人单位必须依法定期为其进行检查和疏导，如若发现未成年工的身体健康或心理状态不适宜从事该工作，应当立即进行调整，达到对未成年工身体和心理进行保护的目的。

（二）女性职工的特殊保护

女职工的生理条件与男职工不一样，女职工有"四期"。"四期"是指女职工的经期、孕期、产期和哺乳期。我国《劳动法》以及其他相关法律都对女性职工的"四期"进行了特殊规定和保护。例如规定在女性职工孕期内，用人单位不得解除劳动合同，或者以合同到期终止为由终止双方劳动关系，或者找借口调岗又降薪；又如在女性职工哺乳期间，不得安排其延长工作时间和安排其在夜间从事劳动工作；等等。在女性以上四个生理时期，用人单位应当合理安排女性职工的工作种类和工作强度，禁止从事高危工作和其他不利于女性生理健康的工作。不得因为女职工怀孕、生育哺乳等原因而故意降低女职工的基本工资和福利。

在实际生活中，女职工在"四期"的诸多不便会在一定程度上影响工作，使得女职工的雇佣成本通常高于男职工。不过，用人单位不能只算眼前经济账，应当将关爱女性职工纳入企业文化，在特殊时期给予女职工更多的关怀与帮助。从长远利益来看，获得女职工的忠诚度和满意度也是促进企业生产效率的路径之一。

二、社会保险制度

（一）社会保险的概念和特点

社会保险制度是指国家通过立法建立的，对劳动者在年老、患病、伤残、生育和失业以及发生其他生活困难时，给予物质帮助的制度。

社会保险具有如下特点：（1）具有社会性。表现在社会保险的服务对象范围广泛，包含了来自各个层次和各行各业的不同劳动者。（2）具有国家强制性。社会保险内容由国家制定和实施，其在实行范围、保险项目、保险待遇、收费标准等方面都具有强制性，劳动关系当事人无权选择。若劳动者自愿承诺放弃用人单位为其在职期间缴纳社会保险的权利，则该承诺不具备任何法律效力。（3）具有保障性。当劳动者遇到劳动风险时，能为其提供一定的补偿和物质帮助。比如遭遇工伤、职业病等。

（二）养老保险

养老保险是指劳动者年老失去劳动能力而退出劳动岗位后，定期领取一定数额生活费用的一种社会保险制度。

《国务院关于建立统一的企业职工基本养老保险制度的决定》（国发〔1997〕26号）规定："按本人缴费工资11％的数额为职工建立基本养老保险个人账户，个人缴费全部记入个人账户，其余部分从企业缴费中划入"。可见，我们国家实行的是投保资助型养老保险，要求劳动者和用人单位定期缴纳养老保险费。养老保险有两个账户，一是社会统筹账户，二是个人账户。个人账户的资金来源于用人单位缴费划转的部分和劳动者个人的缴费，若企业欠缴养老保险费，将会直接影响到职工个人的账户金额，从而影响到退休职工能够享受到的养老保险金额。因此，职工对于企业是否按时购买养老保险享有监督和参与权利。

（三）工伤保险

工伤保险又称职业伤害保险，是指劳动者因为与工作有关的事故或因素负伤、患病、残疾、死亡，暂时或永久丧失劳动能力时，在医疗救济、经济补偿和职业康复方面获得物质帮助的社会保险制度。

工伤保险基金的筹集主要由用人单位缴纳保费，劳动者不缴费，且工伤赔偿与受害者工龄无关。我国《工伤保险条例》第60条规定："用人单位依照本条例规定应当参加工伤保险而未参加的，由劳动保障行政部门责令改正；未参加工伤保险期间用人单位职工发生工伤的，由该用人单位按照本条例规定的工伤保险待遇项目和标准支付费用。"

工伤认定所依据的标准是"在工作时间、工作场所、因工作原因受到事故伤害"，《工伤保险条例》将工伤的范围具体化为以下几个方面：（1）在工作时间和工作场所内，因工作原因受到事故伤害的；（2）工作时间前后在工作场所内，从事与工作有关的预备性或者收尾性工作受到事故伤害的；（3）在工作时间和工作场所内，因履行工作职责受到暴力等意外伤害的；（4）患职业病的；（5）因工外出期间，由于工作原因受到伤害或者发生事故下落不明的；（6）上下班途中，受到非本人主要责任的交通事故或者城市轨道交通、客运轮渡、火车事故伤害的；（7）法律、行政法规规定应当认定为工伤的其他情形。

（四）失业保险

失业保险是在劳动者与用人单位解除劳动合同丧失劳动机会之后，在重新寻求工作机会期间的基本生活保障。在市场经济国家，就业竞争优胜劣汰，失业保险是必不可少的一项社会保障制度。失业保险金是国家给予失业人群的基本生活保障，但并非每一个失业的人员都可以领取失业保险金，申请失业保险金需要一定的条件。失业人员申请失业保险金应当具备如下几个条件。

第一，劳动者在失业之前已按照相关规定和流程购买了失业保险，且先前所在单位和本人已足额缴纳了一年以上的失业保险费用。

第二，失业原因并非出自本人内心真实意愿，因本人无法控制的因素丧失劳动机会。其中本人无法控制因素包括：终止劳动合同，用人单位单方解除劳动合同，职工被开除、除名和辞退。只有由于上述原因失业的人员才有权申领失业保险金。

第三，失业人员及时办理失业登记，并有求职愿望和需求的。办理失业登记是为了详细地了解和掌握失业人员的基本情况，确认失业人员具备领取失业保险金的资格。求职意愿和求职需求统计，是为了更精准地促进失业人员再就业，帮助失业人员解决就业问题。

（五）医疗保险与生育保险

1. 医疗保险

医疗保险是劳动者患病、非因工负伤后在医疗和生活上获得物质帮助的一种社会保险制度。我国目前的医疗保险体系包含两大部分：职工医疗保险、居民医疗保险。居民医疗保险又包括新型农村合作医疗保险（简称新农合）和城镇居民基本医疗保险。

职工医疗保险的覆盖范围是城镇所有的企业、事业单位、机关、社会团体、民办非企业单位及职工。《中华人民共和国社会保险法》第 23 条第 2 款规定："无雇工的个体工商户、未在用人单位参加职工基本医疗保险的非全日制从业人员以及其他灵活就业人员可以参加职工基本医疗保险，由个人按照国家规定缴纳基本医疗保险费。"就是说这些人自愿参加基本医疗保险，缴费完全由自己承担。

新型农村合作医疗保险的覆盖范围是农村居民，农村居民以家庭为单位参加新农合，实行个人缴费、集体扶持和政府资助相结合的筹资机制。

城镇居民基本医疗保险是为保障城镇户籍非从业人员身体健康实行的社会保险制度，以家庭缴费为主，政府给予适当补助，重点解决老人、残疾人和儿童的基本医疗保险问题。

2. 生育保险

生育保险是针对妇女劳动者由于怀孕、分娩等原因，导致不能继续工作，收入中断时，为妇女提供的一种医疗、物资帮助。凡社会保险中的妇女成员在合法生育前后的一定时期内，都可以获得社会保险的帮助。生育保险在缴费方式上与工伤保险相同，都是由用人单位缴纳，职工个人不缴费。

第三章　创新创业税收法律制度

第一节　税收基本法律知识

一、税收概述

税收，历史上也曾称为赋税、捐税，是一国为实现国家职能，以强制、无偿方式向纳税人取得财政收入的一种形式。税收是国家财政收入的基本形式，但不是国家取得财政收入的唯一形式，在我国现阶段除了税收以外，财政收入的形式还有国有企业利润、事业单位收入、规费、公债收入等。但是在各种收入形式中，税收是最重要的形式，目前，我国财政收入的90%左右来自国家税收。

税收的特征可归结为强制性、无偿性和固定性。

1. 税收强制性

税收的强制性是指税收是国家以社会管理者的身份，凭借政权力量，依据政治权力，通过颁布法律或政令来进行强制征收。负有纳税义务的社会集团和社会成员，都必须遵守国家强制性的税收法令，在国家税法规定的限度内，纳税人必须依法纳税，否则就要受到法律的制裁，这是税收具有法律地位的体现。

强制性特征体现在两个方面：一方面税收分配关系的建立具有强制性，即税收征收完全是凭借国家拥有的政治权力；另一方面是税收的征收过程具有强制性，即如果出现了税务违法行为，国家可以依法进行处罚。① 在税收政策运行

---

① 杨震. 浅析税收强制性 [J]. 商, 2016 (21)：169.

中，由于征税引起企业、经济组织和个人一部分利益减少，这就必然会使纳税人与国家之间发生利益冲突，只有通过法律的强制手段，才能对纳税人顺利地行使征税权。

税收虽是一种强制手段，但国家采用税收形式取得收入是为了满足社会公共需要以及国家实现自身职能的需要。公民履行纳税是一项积极的社会义务，这同公民违法而支付的罚款的性质相区别，虽然这两者都具有强制性，但罚款是由于公民违反社会规则，侵害社会利益而受到的处罚，它属于过失补偿性的，税收却与此不同，它是强制而非惩罚性的，是为全社会成员谋求福利的举措。①

2. 无偿性

纳税人在与他人发生的经济交往时，是遵循公平、等价有偿等原则。但税收具有无偿性，即纳税人支付税款的无报酬性和不等价性。通过征税，社会集团和社会成员的一部分收入转归国家所有，国家不向纳税人支付任何报酬或代价。税收这种无偿性是与国家凭借政治权力进行收入分配的本质相联系的。

税收的无偿性体现在两个方面：一方面是指政府获得税收收入后无须向纳税人直接支付任何报酬；另一方面是指政府征得的税收收入不再直接返还给纳税人。税收无偿性是税收的本质体现，它反映的是一种社会产品所有权、支配权的单方面转移关系，而不是等价交换关系。税收的无偿性是区分税收收入和其他财政收入形式的重要特征，但是税收只是针对具体的时空而言具有无偿性，在国家与纳税人宏观关系的层面，税收其实是有偿的，因为税收终究是"取之于民，用之于民"。

3. 税收固定性

税收的固定性是指税收是按照国家法律规定的标准征收的，即纳税人、课税对象、税目、税率、计价办法和期限等，都是税收法律预先规定了的，有一个比较稳定的适用期间，是一种固定的连续收入。对于税收预先规定的标准，征税和纳税双方都必须共同遵守，不能约定变更。

二、税收的功能

1. 聚集财政收入

税收收入是我国财政收入最主要的来源，近几年来，我国税收呈现出明显增长的趋势。我国税收收入一直保持所占财政收入比例在90%以上。

---

① 腾国荣，马国贤. 税收法律知识 [M]. 南昌：江西人民出版社，1990：5.

2. 调控经济

税收是国家调控宏观经济的重要杠杆。国家可以利用税收政策，调节产业结构、产品结构，鼓励或限制某些产业或产品的生产和发展。我国现在正处于经济结构调整和优化时期，国家对高新技术产业，安置就业和再就业的企业，节约能源、利用"三废"的项目，直接为农业生产和农民生活服务的产业等，给予低税率或减税、免税的优惠政策，对那些不符合国家产业政策，或污染严重、能耗高的产业，不予减税、免税，并可以通过提高税率等政策措施予以调节或限制。

3. 调节收入分配

经济体制改革以来，随着收入分配政策的调整，居民的收入差距逐渐拉大。解决收入分配上存在的问题，需要多管齐下，综合治理。其中税收作为重要的调节手段，通过政策的调整和征管力度的加大，可以起到有效调节收入分配的作用。比如，通过提高个人所得税工资、薪金等费用扣除标准，可以惠及广大中低收入群体。通过提高个人所得税纳税标准，提高纳税申报效率，加强对高收入群体的税收监管，都能在一定程度上加大对高收入者的税收调节力度，缩小各阶层收入分配差距。国家将征收来的税款，或用之于公众，或用之于老弱病残及失业等人群的社会保障，从而达到促进社会公平的目的。

三、税收基本要素

税收要素是税法的必备要件，当前我国税法必备的三大基本要素主要有纳税主体、课税客体和税率。①

1. 纳税人

纳税人也叫纳税义务人，是指税收法律中规定的负有纳税义务的单位或个人。每一税种都有自己特定的纳税人，纳税人应依法履行税务登记和缴纳税款等义务。

经典案例

小李和小王毕业之后在某市创业，登记注册了一家股份制广告公司，承接各项广告服务宣传业务。公司成立半年之后业务源源不断，某天，小王看到国

---

① 税收要素是税法的必备要件，主要包括纳税主体、课税客体、税率、纳税环节、纳税期限、纳税地点、税收优惠、法律责任等。在此重点介绍纳税主体、课税客体和税率三大要素。

家机关的税务宣传栏之后，对小李说："我们得赶紧到税务机关进行税务申报，拖延下去对公司发展不利。"小李回复："慌什么，我们公司好不容易步入正轨，不算纳税主体，傻瓜才会去进行纳税申报。"小王听后摇摇头，打算向税务机关咨询相关事宜。

我国税收法律注重纳税主体的纳税能力，纳税主体是进行税款缴纳的当事人，企业在设立之初就应当主动进行税务登记，取得纳税主体资格成为纳税人。

2. 课税客体

课税客体也叫征税对象，是指经税法确定的产生纳税义务的标的或者依据。[①] 课税客体是区别各种税目的主要依据，从范围上来看，课税客体包括物和行为，物包括商品、劳务、财产、资源等；行为包括证券交易、车辆购置等。课税客体关系到各个税种的征税界限和管理，直接影响税收资源的开发和税收负担的调节，因此税法针对每一个税种的课税对象都进行了明确具体的划分和规定。

3. 税率

税率是应纳税额和课税客体数额之间的比例。税率的高低直接影响到缴纳税款数额和国家税收的高低，侧面反映了纳税人的负担水平。税率是国家和纳税人之间经济利益调节平衡的手段。税率主要有以下几种。

（1）比例税率

比例税率是税率的一种形式，即对同一课税对象，不论其数额大小，统一按特定的数额比例征税，同一课税对象的不同纳税人税负相同。比如企业所得税的税率为25%，则不管是哪一类企业，其利润大小如何，均按照这一比例征税。比例税率具有计算简便、便于征管的优点，一般应用于商品课税。

（2）累进税率

累进税率是按照征税对象数额的高低，将征税对象划分为若干个等级，每一个数额等级由低到高规定相应的税率，征税对象数额越大其税率就越高，反之亦然。累进税率通常用于所得税和财产税，比如个人所得税的工资薪金所得实行的就是七级超额累进税率，收入越高，适用的税率也就越高，能较好地体现量能负担原则。

（3）定额税率

定额税率，也称"固定税额"，即按征税对象的一定计量单位直接规定应纳税额，而不是按照比率计算征收税款。征税对象的计量单位可以是其自然单位，

---

① 徐孟洲，徐阳光. 税法［M］. 5版. 北京：中国人民大学出版社，2015：24.

也可以是特殊规定的复合单位。如现行税制的资源税中盐以吨数作为计量单位，天然气以立方米为计量单位。采用定额税率征税，税额的多少同征税对象的数量成正比。

政策博览——调整增值税税率，统一增值税小规模纳税人标准

财政部、国家税务总局印发《关于调整增值税税率的通知》规定，自2018年5月1日起，纳税人发生增值税应税销售行为或者进口货物，原适用17%和11%税率的，税率分别调整为16%、10%。纳税人购进农产品，原适用11%扣除率的，扣除率调整为10%。纳税人购进用于生产销售或委托加工16%税率货物的农产品，按照12%的扣除率计算进项税额。

《通知》还规定，原适用17%税率且出口退税率为17%的出口货物，出口退税率调整至16%。原适用11%税率且出口退税率为11%的出口货物、跨境应税行为，出口退税率调整至10%。外贸企业7月31日前出口的本条所涉货物、销售的本条所涉跨境应税行为，购进时已按调整前税率征收增值税的，执行调整前的出口退税率；购进时已按调整后税率征收增值税的，执行调整后的出口退税率。生产企业7月31日前出口的本条所涉货物、销售的本条所涉跨境应税行为，执行调整前的出口退税率。①

四、税收基本原则

1. 税收公平原则

税收公平原则在很大程度上是指纳税人之间税负程度的比较，税法设计的税收负担尽可能地合情合理，应该公平地负担于每一个纳税人身上。纳税人条件相同的，其负担的税负应当相同，条件不同的，所负担的税负也应不一样。税收公平原则主要体现在横向公平和纵向公平。

（1）横向公平

税负的横向公平亦称"税负水平公平"，税负横向公平是指经济能力或纳税负担能力相同的人应当缴纳数额相同的税收。

（2）纵向公平

纵向公平指经济条件和纳税能力不相当的纳税人，应当缴纳不同额度的赋税，即不同情况不同税额。换言之，纳税人经济条件的起伏变化，也会影响税

---

① 中国新闻网.中国财政部、国家税务总局发文调整增值税税率［EB/OL］.（2018－04－04）［2020－04－15］.http：//www.chinanews.com/m/cj/2018/04－04/8483946.shtml.

负的变化。高收入者多纳税，低收入者少纳税。

2. 税收效率原则

税收的效率是指政府针对税收进行有效的资源配置，提高税务行政的管理效率和税收的利用效率。税收效率包括税收经济效率和税收行政效率两方面。税收经济效率指的是追求资源的有效利用，要尽量使税收保持中立并且征税尽量不导致纳税人其他经济损失或额外负担。税收行政效率是指国家应以最小的税收成本去获得最大的税收收入，使税收的名义收入与实际收入的差距最小。提高行政效率的根本途径就是降低征税成本。

3. 税收法定原则

税收法定原则是指税收的征收必须依照法律的强制性规定来执行，即如果没有相应法律做前提，征税人不能随意征税或减免税负，纳税人也没有纳税的义务，即税收主体的权利义务必须由法律加以规定。

政策博览——税收法定再进一步

国务院总理李克强签署国务院令，公布《国务院关于废止〈中华人民共和国营业税暂行条例〉和修改〈中华人民共和国增值税暂行条例〉的决定》（以下简称《决定》），自公布之日起施行，意味着在我国实施了60余年的营业税制度被废止，营业税正式退出历史舞台。这是自党的十八届三中全会明确提出"落实税收法定原则"，以及"深化财税体制改革，建立现代财政制度"以来，国务院废止的第一部税收暂行条例，体现了国家健全现代税制体系、加强税收法治建设、进一步推进全面依法治国的决心，也呼应了党的十九大对深化财税制度改革的重点关切，成为当前多项税制改革及税种立法落地提速进程中的又一阶段性成果。我国在法治化框架下进行了"营改增"的制度设计，客观上已达至逾万亿元的减税效果。相较于营业税，增值税在消除重复征税、促进专业化分工、推动产业结构优化等方面具有明显的优势，而《决定》从纳税人、税率、准予从销项税额中抵扣的进项税额以及不得抵扣的进项税额等，对原《增值税暂行条例》做了修改，进一步完善和细化了增值税规则。《决定》的先行推出有利于总结当前改革经验，在更高的法律规范层级上为接下来的增值税改革及立法工作奠定基础，这无疑是进一步落实税收法定原则的具体体现。①

---

① 刘剑文. 税收法定再进一步 [N]. 人民日报, 2017-12-20 (18).

五、创新创业中纳税人的权利义务

为方便纳税人维护自身合法权益，应当明确纳税人在纳税过程中享有的权利和应尽的义务。根据国家税务总局发布的《关于纳税人权利与义务的公告》，本节就当前创新创业背景之下纳税人主要的权利义务进行阐述。

（一）纳税人权利

纳税人是中国税收法律关系的主体，是国家财政的主要承担者。纳税人权利是指纳税人在依法履行纳税义务时，享有法律规定的权利。

1. 税务知情权。纳税人有权向政府了解国家税收法律、行政法规的规定以及与纳税程序的有关情况，包括：现行税收法律、行政法规和税收政策规定；办理税收事项的时间、方式、步骤以及需要提交的资料；应纳税额核定及其他税务行政处理决定的法律依据、事实依据和计算方法；我们在纳税、处罚和采取强制执行措施时发生争议或纠纷时，纳税人可以采取的法律救济途径及需要满足的条件。简言之，纳税人知情权包括税收政策的知情权、涉税程序的知情权、应纳税额核定知情权和救济渠道知情权。

2. 保密权。根据《中华人民共和国税收征收管理法》（以下简称《税收征收管理法》）第8条第2款的规定："纳税人、扣缴义务人有权要求税务机关为纳税人、扣缴义务人的情况保密。税务机关应当依法为纳税人、扣缴义务人的情况保密。"纳税人保密权中所包含的应当保密的信息，是指税务机关在税收征收管理工作中依法制作或者采集所记录下来的所涉及纳税人个人隐私或商业秘密的信息。法律赋予了税务机关在税收管理的过程中获得纳税人个人信息和生产经营信息的权利，但税务机关所掌握的纳税人信息仅限于在税收管理过程中使用，不可用于其他无关方面，更不能泄露纳税人合法个人信息而使其遭受损害。

经典案例

某市税务局稽查局，根据年度稽查计划安排，对年度企业所得税缴纳情况进行专项检查，稽查人员王某利用企业所得税检查可以接触大量产品原材料数据的便利，将A化工厂投入大量研发资金开发成功的一个化工新产品的有关原料配方数据，泄露给自己开私营化工厂的亲戚，致使A化工厂经济利益遭受损失。A化工厂从维护自身合法权益，充分行使法律赋予的权利出发，将泄露该厂商业秘密给他人的稽查人员王某，向上一级税务机关投诉并要求赔偿。上级税务机关在查证事实的基础上，按照有关法律法规的规定，对稽查局有关负责人及稽查人员王某给予了行政处分，并依法作出了赔偿决定。

3. 税收监督权。也称征收监督权，是纳税人针对税收征管行为的监督，纳税人对税务行政机关执行国家税收法律以及税务行政执法等情况进行总体评价与监督的权利。即纳税人对税务机关违反法律、行政法规的行为，如税务人员索贿受贿、徇私舞弊、玩忽职守，不征税或少征应收税款，滥用职权多征税款或者故意刁难纳税人等，可以进行检举和控告。同时，纳税人对其他纳税人的税收违法行为也有权进行监督和检举。纳税人的控告检举权贯穿于税收征管的始终，充分发挥纳税人监督力量，有利于保障税收法律法规的有效实施，有利于保护纳税人合法权益。

经典案例

设在某市经济技术开发区的 A 公司，按票面金额的 1.2% 收取开票费，为 B 公司虚开货物运输业专用发票。A 公司职工张某，从维护国家利益出发，行使法律赋予的举报权，将这种偷逃国家税款的行为，向市国税局书面举报。后经税务机关查实，A 公司共为 B 公司虚开货物运输业专用发票近 2 亿元，已被 B 公司申报抵扣货物运输进项税额近 1400 万元，给国家造成巨大经济损失。税务机关按有关法律、法规的规定对 A、B 公司分别予以处罚，并移送司法机关处理。市国税局按照有关规定对举报人张某进行了奖励。

4. 税收优惠权。我国《税收征收管理法》第 8 条第 3 款规定，纳税人依法享有申请减税、免税、退税的权利。税收优惠指根据国家制定的税收优惠政策，对特定的行业和领域、特定类型的纳税人或者特定课税对象给予的减轻或免除税收负担的一种优惠待遇。

当前我国主要税收优惠政策是减税、免税政策，除此之外，纳税人还可以依照税收协定的规定申请减税、免税等待遇。减税是指从纳税人应当征收的税款中减去部分税款。免税是免去纳税人应征收的全部税款。纳税人的减税、免税必须按照法律、行政法规的规定，经相关审查机关的批准。

政策博览——税收优惠政策助力"大众创业，万众创新"

财政部、税务总局近日发出通知，为支持小微企业发展，自 2018 年 1 月 1 日至 2020 年 12 月 31 日，继续对月销售额 2 万元至 3 万元的增值税小规模纳税人，免征增值税。同时，为进一步缓解小微企业融资难、融资贵，自 2017 年 12 月 1 日至 2019 年 12 月 31 日，对金融机构向农户、小型企业、微型企业及个体工商户发放小额贷款取得的利息收入，免征增值税；自 2018 年 1 月 1 日至 2020 年 12 月 31 日，对金融机构与小型企业、微型企业签订的借款合同免征印花税，此次免征增值税是对以往规定的延续。而在此前，经国务院批准，财政部、税务总局曾于 2013 年 7 月发出通知，自 2013 年 8 月 1 日起，对增值税小规模纳税人中月销售额不超过 2 万元的企业或非企业性单位，暂免征收增值税。这也就意味着，月销售额在 3 万元以下的小微企业，全部可以享受免征增值税的政策。

在"大众创业，万众创新"大背景之下，国家针对小微企业的税收优惠政策不断出台，税务总局公布的数据显示，2015 年、2016 年小微企业优惠政策减税额均超 1000 亿元。①

（二）纳税人义务

依法纳税是我国《宪法》规定的一项基本义务，纳税人在税务征收管理过程中应当尽到依法纳税、接受监督管理、接受检查、提供纳税信息的义务。

依法纳税要求纳税人依法缴纳税款按时履行税款缴纳义务，履行扣缴义务人代扣、代收税款的义务，依法计价核算与关联企业之间业务往来的义务。

纳税人接受监督管理的义务主要包括依法进行税务登记，依法设置账簿、保管账簿和有关资料以及依法开具、使用、取得和保管发票的义务，依法办理纳税申报的义务，按照规定安装、使用税控装置的义务。

纳税人、扣缴义务人有接受税务机关依法进行税务检查的义务，应主动配合税务机关按法定程序进行的税务检查。如实地向税务机关反映自己的生产经营情况和执行财务制度的情况，并按有关规定提供报表和资料，不得有所隐瞒和弄虚作假，不能阻挠、刁难税务机关及其工作人员的检查和监督。

纳税人提供信息的义务主要包括及时提供纳税相关的必要信息，纳税人除通过税务登记和纳税申报向税务机关提供与纳税有关的信息外，还应及时提供其他信息，如纳税人有歇业、经营规模扩大、遭受各种灾害等特殊情况的，应及时向税务机关说明，以便税务机关依法妥善处理。此外还包括提供财务会计制度（处理办法）和会计核算软件备案的义务，以及提供其他相关涉税信息的义务。

六、创新创业税务登记制度

税务登记是指纳税人依据税收法律的规定，就其设立、变更、注销等事项，在法定的期限之内向税务机关办理书面登记的一项税收管理制度，也是纳税人依法履行税收义务的必经程序。

---

① 小微企业再获税收优惠［N］. 人民日报，2017－11－07（10）.

　　根据我国现行的税收征管法律制度，税务登记可分为设立登记、变更登记、注销登记。

　　1. 设立登记

　　是指纳税人在设立企业时应当办理的税务登记。创新创业主体应当在企业设立之时，自领取营业执照起 30 日内，持相关材料到企业所在地的税务机关进行设立税务登记。

　　设立税务登记应当根据不同的情况向税务机关如实提供如下材料：（1）工商营业执照或其他核准执业证件；（2）有关合同、章程、协议书；（3）银行账户证明；（4）组织机构统一代码证书；（5）法定代表人或负责人或业主的居民身份证、护照或其他合法证件。[①]

　　2. 变更登记

　　是指创新创业主体生产、经营范围等内容发生变化时，应当依法向原税务登记机关申报办理变更税务登记。变更税务登记分为两种类型：一是纳税人在工商行政管理部门办理了变更登记的，应当自该变更登记之日起 30 日内，向原税务登记机关如实申报变更登记，如单位名称、法定代表人、经营范围、开户银行账号变更，涉及纳税人具体责任的承担问题，需要变更工商登记。二是按照税收管理规定不需要在工商行政管理部门办理变更税务登记的，如财务负责人、办税人员变更，应当在其税务登记内容发生变更之日起 30 日之内，或在获得有关机关批准或者纳税人宣布变更之日起 30 日内，携相关材料向原税务登记机关办理变更登记。

　　3. 注销登记

　　注销税务登记主要包括如下三种情形。

　　（1）纳税人在生产经营期间，发生了解散、破产、撤销等丧失纳税主体资格的情形，不能继续履行纳税义务，应当在向工商行政管理机关办理注销登记前，持有关证件和资料向原税务登记机关申报办理注销税务登记；按规定不需要在工商行政管理机关或者其他机关办理注册登记的，应当自有关机关批准或者宣告终止之日起 15 日内，持相关材料向原税务登记机关申报办理注销税务登记。

　　（2）纳税人经营场所或住所发生变更，需要变更税务登记机关的，应当在向工商行政管理机关申请办理变更、注销登记之前，或者经营场所、住所产生

---

　　① 徐孟洲，徐阳光. 税法［M］. 5 版. 北京：中国人民大学出版社，2015：257.

变动之前，持相关证件材料向原税务登记机关申报办理注销税务登记，并应当在注销税务登记之日起30日内向迁达地税务机关申报办理设立登记。

（3）纳税人被工商行政管理部门吊销营业执照或者被其他机关予以撤销登记的，应当自营业执照被吊销或者被撤销登记之日15日内，向原税务登记机关申报办理注销税务登记。

税务机关针对纳税人提交的注销税务登记材料进行核实，针对符合条件并且已缴纳应纳税款和其他款项之后，予以办理注销税务登记手续。

第二节　创新创业涉及的主要税种

一、增值税

经典案例——货比三家

李老板刚刚和某公司签订完买卖合同，路上遇到好朋友小张，李老板兴高采烈地跟小张说自己签单成功了，经过货比三家，在同类产品中选择了最便宜的一家签订买卖合约，准备庆祝一番。小张接过合同一看，惊叫："哎呀，李老板，某公司实际上没有A公司划算啊，我们亏了。"小张道："签订买卖合同时，一定要明确商品的单位价格里是否包含增值税，因为含税与不含税的价格将直接影响缴税额或抵扣额的大小。"

（一）增值税基本知识

增值税是以商品（含应税劳务）在流转过程中产生的增值额作为计税依据而征收的一种流转税。从计税原理上说，增值税是对商品生产、流通、劳务服务中多个环节的新增价值或商品的附加值征收的一种流转税。实行消费者负担的价外税，有增值才征税，没有增值不征税。

在实际生活当中，商品新增价值或附加值在生产和流通过程中是很难准确计算的，我国根据销售商品或劳务的销售额，按规定的税率计算出销售税额，然后扣除取得该商品或劳务时所支付的增值税款，也就是进项税额，其差额就是增值部分应交的税额，这种计算方法体现了按增值因素计税的原则。

（二）增值税的类型

根据对外购固定资产所含税金扣除方式的不同，增值税可以分为如下三种。

1. 生产型增值税

生产型增值税是指在征收增值税时，只能扣除属于非固定资产的那部分生产资料的税款，不允许扣除固定资产的价值和已纳税款。该类型增值税的征税对象大体上相当于国民生产总值，因此称为生产型增值税。

2. 收入型增值税

它是指在征收增值税时，只允许扣除固定资产的当期折旧部分的价值或已成功缴纳的纳税款。课税的依据相当于国民收入，故称为收入型增值税。这种类型的增值税同消费型增值税相类似，也允许对生产用的固定资产进行扣除，但是扣除时间和方法上存在差别。

3. 消费型增值税

它是指在征收增值税时，允许将购置的用于生产的固定资产的价值或已纳税款一次性全部扣除，即纳税企业用于生产的全部外购生产资料都排除在课税之外。增值税的征税对象只相当于消费资料部分，故称为消费型增值税。消费型增值税的目的在于彻底消除重复课税，鼓励投资，加速生产资料的更新换代。

相比较而言，收入型和消费型增值税都允许把外购的固定资产作为扣除要件之一，但收入型增值税只允许外购固定资产分期扣除，其法定增值额相应减少，税负相应减轻；消费型增值税允许外购固定资产的价值或已纳税款一次性全部扣除；生产型增值税对外购固定资产折旧费不作为扣除项目，在税率相同的情况下，纳税人的税负一般也比收入型与消费型增值税重。

（三）提速财税改革——"营改增"

营业税改增值税，是我国税务改革重大工程。将原本缴纳营业税的应税项目改成缴纳增值税。增值税只对产品或者服务的增值部分纳税，减少了重复纳税的环节。增值税是世界上最主流的流转税种，与营业税相比具有许多优势。增值税与营业税是两个独立而不能交叉的税种，即所说的：交增值税时不交营业税、交营业税时不交增值税。两者在征收的对象、征税范围、计税的依据、税目、税率以及征收管理的方式上都是不同的。

营业税与增值税的区别有两点，一是征税范围不同，凡是销售不动产、提供劳务（不包括加工修理修配）、转让无形资产的交营业税，凡是销售动产、提供加工修理修配劳务的交纳增值税。二是计税依据的不同，增值税是价外税，营业税是价内税。所以在计算增值税时应当先将含税收入换算成不含税收入，即计算增值税的收入应当为不含税的收入。而营业税则是直接用收入乘以税率即可。

"营改增"最大的变化，就是避免了营业税重复征税、不能抵扣、不能退税的弊端，实现了增值税"道道征税，层层抵扣"的目的，能有效降低企业税负。更重要的是，"营改增"改变了市场经济交往中的价格体系，把营业税的"价内税"变成了增值税的"价外税"，形成了增值税进项和销项的抵扣关系，这将从深层次上影响到产业结构的调整及企业的内部架构。

营改增是党中央、国务院，根据经济社会发展新形势，从深化改革的总体部署出发作出的重要决策。目的是加快财税体制改革、进一步减轻企业赋税，调动各方积极性，促进服务业尤其是科技等高端服务业的发展，促进产业和消费升级、培育新动能、深化供给侧结构性改革。这对刚开始创新创业的企业十分有利。

政策博览——营改增令小微企业迸发活力

国家财税改革减税降费重中之重，就是要用政府的"痛"换企业的"顺"，让企业轻装上阵，提高竞争力。自全面推开营业税改增值税后，企业负担减轻，在全国消费需求升级的带动下，小微企业迸发出创业活力。

广西"营改增"试点在交通运输业和部分现代服务业启动后，范围逐步扩大，并于2016年5月1日在房地产、建筑、金融和生活服务业全面推开。"营改增"理顺了所有产业的增值税抵扣链条，让实体经济中的每个细胞都受益，推动了供给侧结构性改革。

增值税区别于营业税的计征方式，改变了企业核算方式，也影响企业微观决策。受益于进项税额的抵扣政策，中小企业在能源、购进原材料、设施更换设备购置、固定资产购置、咨询费等方面支出加大，提升了服务品质，提高了企业利润。企业在营改增后总体税负下降，大大增加了企业利润。

二、消费税

（一）消费税特点

消费税的征税对象是特定的消费品和消费行为。它的征收范围具有选择性，只是选一部分消费品和消费行为征收，而不是对所有的消费品和消费行为都征收消费税。它的征收环节也具有单一性，只是在消费品生产、流通和消费的某一环节征收，并非所有的环节都征收消费税。

消费税是对特定货物与劳务征收的一种间接税，就其本质而言，是特种货物与劳务税，而不是特指在零售（消费）环节征收的税。消费税之"消费"，不是零售环节购买货物或劳务之"消费"。除筹集财政收入外，消费税可以根据国家产业政策和消费政策的要求，调节消费行为，促进节能环保，正确引导消费需求，间接引导投资流向，补偿部分商品和消费行为的负外部性，缓解收入分配不公。

消费税有以下几个特点。

1. 对部分消费品在征收增值税的同时，又征收消费税，体现了多层次调节征收。

2. 征收范围仅限于烟、酒、化妆品等15种特殊消费品，课征面窄。

3. 采用从量定额和从价定率两种征收方法。便于计算，也便于管理。

（二）消费税的纳税人

凡是在我国境内生产、加工和进口应税消费品的国有企业、集体企业、私有企业、股份制企业、其他企业和行政事业单位、军事单位、社会团体及个体经营者，都是消费税的纳税人，都必须依照国家的消费税条例依法缴纳消费税。

三、个人所得税与企业所得税

（一）个人所得税

个人所得税，是以个人（自然人）取得的各项应税所得为对象征收的一种税，是调整征税机关与自然人（居民、非居民）之间在个人所得税的征纳与管理过程中所发生的社会关系的法律规范的总称。

个人所得税的纳税人包括居民纳税人和非居民纳税人。居民纳税人指在中国境内有固定住所的个人或是在中国境内无住所但是在一个纳税年度内居住满183天的个人。居民纳税人无论其所得来源于中国境内还是境外，均应向中国政府申报缴纳所得税。非居民纳税人指在中国境内无住所又不居住，或者无住所而在中国境内居住不满一年的个人。非居民纳税人应当就其来源于中国境内的所得承担纳税义务，境外所得除有特别规定外，不需要向中国政府纳税。

2018年我国对《个人所得税法》再次进行了修改，将过去一直实行的分类所得税税制模式转变为实行分类综合所得税税制模式。一方面将个人经常发生的主要所得项目纳入综合征税范围。将工资薪金、劳务报酬、稿酬和特许权使用费4项所得纳入综合征税范围，实行按月或按次分项预缴、按年汇总计算、多退少补的征管模式。另一方面完善个人所得税费用扣除模式。一是合理提高基本减除费用标准，将基本减除费用标准提高到每人每月5000元，二是设立子女教育、继续教育、大病医疗、住房贷款利息或者住房租金、赡养老人等6项专项附加扣除。同时，还优化调整了个人所得税税率结构。这一次的个税改革适当降低了中低收入者税负，更好地发挥了个税调节收入分配的作用。

（二）企业所得税

企业所得税是指对中华人民共和国境内的企业（居民企业及非居民企业）和其他取得收入的组织以其生产经营所得为课税对象所征收的一种税。

企业所得税纳税人包括两大类，一是居民企业，二是非居民企业。居民企业是指依法在中国境内成立，或者依外国（地区）法律成立但实际管理机构在中国境内的企业。非居民企业是指依照外国（地区）法律成立且实际管理机构不在中国境内，但是在中国境内设立机构、场所的或者有来源于中国境内所得的企业。未避免重复征税，从 2000 年 1 月 1 日起，对个人独资企业和合伙企业不征收企业所得税，改为征收个人所得税。

企业所得税的征税对象是纳税人取得的生产经营所得和其他所得。包括销售货物所得、提供劳务所得、转让财产所得、股息红利所得、利息所得、租金所得、特许权使用费所得、接受捐赠所得和其他收入所得等。

企业所得税税率分为普通税率和优惠税率。普通税率有两种情况：一般来说，企业所得税的税率为 25%，但非居民企业在中国境内未设立机构、场所但取得来源于中国境内的所得，或者虽设立机构、场所但取得的与其所设机构、场所没有实际联系的所得，适用的 20% 税率，但根据《中华人民共和国企业所得税法实施条例》第 91 条的规定，该项所得减按 10% 的税率征收企业所得税。优惠税率也有两种情况：符合条件的小型微利企业，减按 20% 的税率征收企业所得税，国家需要重点扶持的高新技术企业，减按 15% 的税率征收企业所得税。此外，根据财政部、税务总局《关于扩大小型微利企业所得税优惠政策范围的通知》（财税〔2017〕43 号）的规定，自 2017 年 1 月 1 日至 2019 年 12 月 31 日，将小型微利企业的年应纳税所得额上限由 30 万元提高至 50 万元，对年应纳税所得额低于 50 万元（含 50 万元）的小型微利企业，其所得减按 50% 计入应纳税所得额，按 20% 的税率缴纳企业所得税。

四、关税的基本知识

关税指一国海关根据该国的关税法律规定，对通过其关境进出口特定货物或物品课征的一种税。关税在各国一般属于国家最高行政单位指定税率的高级税种，对于对外贸易发达的国家而言，关税往往是国家税收乃至国家财政的主要收入。国家对进出关境的货物或物品都可征收关税，但进口关税为最重要的贸易措施。

（一）关税的特点

关税是我国流转税当中一个独立税种，具有区别于其他税种的特点。

1. 关税的课征对象仅限于进出口国境或者关境内的有形货物和物品。货物是指以贸易营利为目的进出口商品。物品是指不以贸易为目的的个人出入境随身携带的行李物品、个人消费品以及邮递物品等。

2. 关税的征税环节特定于进出口环节。关税是进出口环节税，因此在国内流通的各个环节均无须缴纳关税。关税的实施地区是由海关统一法令的领域范围。

3. 关税的计税依据为完税价格。关税的完税价格是以货物的到岸价格为标准确定的，假若到岸价格无法确定时，则由海关进行估算确定。

4. 关税的征收主体是一国海关。海关是专门的出入境管理机关，关税由海关总署及其领导下的各个地方口岸进行征税。

5. 关税具备较强调节功能。关税具有涉外性，一国关税的征收和减免很大程度上影响着出口国家的经济效益，关税不仅仅能带动国家经济，增加国家收入，还是国与国之间交流合作的一个重要工具。

（二）反倾销税和反补贴税

反倾销税和反补贴税是关税制度中加重税收的特殊税种，是在特定情况下一国政府为了保护国家和民族的利益而加征的一种临时附加税。

反倾销税是指对构成倾销的外国商品在征收一般的进口关税之外再附加课征的一种关税。倾销指一国以低于其正常价值的出口价格向他国出口产品的不正当竞争行为。征收反倾销税是通过对进口货物征收高额税款来达到提高进口货物成本的目的，继而抵制外国货物的倾销对本国同类货物的冲击和对经济的影响。

反补贴税是指进口国对外国政府或公共机构直接或者间接地给予出口津贴或补贴的进口货物所征收的一种关税。补贴指出口国政府对出口货物的企业直接或间接给以财政资金的支持或补贴。反补贴税的目的也在于增加进口货物的成本，以便抵消其在本国境内享受的优惠和津贴补助，削弱其利润和市场竞争能力。

第四章　创新创业知识产权法律制度

第一节　知识产权一般法律规定

知识产权，又名"知识的所有权"，指的是权利人对其智力劳动所创作的成果享有的财产权利，一般只在有限的时间内有效。各种智力创造比如发明、外观设计、文学和艺术作品，以及在商业中使用的标志、名称、图像，都可被认为是某一个人或组织所拥有的知识产权。随着科技的发展，为了更好地保护产权人的利益，知识产权制度应运而生并不断完善。

一、知识产权的概念及特征

知识产权是指人们就其智力劳动成果所依法享有的专有权利，通常是国家赋予创造者对其智力成果在一定时期内享有的专有权或独占权。本质上，知识产权是一种无形财产权，其客体是创造性的智力劳动所创造的劳动成果。同房屋、汽车等有形财产一样，均受国家法律的保护。同时作为无形财产，也具有价值和使用价值。

与其他权利相比，知识产权具有以下三个法律特征：一是地域性，即除签有国际公约或双边、多边协定外，依一国法律取得的权利只能在该国境内有效，受该国法律保护，权利人不能要求别国保护其在他国领域内的权利。二是独占性，即只有权利人才能享有，他人不经权利人许可不得行使其权利，否则就构成对知识产权的侵害。三是时间性，各国法律对知识产权分别规定了一定期限，期满后则权利自动终止，如果权利人要求继续保护则需要重新申请。

二、知识产权的类型

知识产权是智力劳动产生的成果所有权，是依照各国法律赋予符合条件的作品作者以及发明者或成果拥有者在一定期限内享有的独占权利。分为著作权与工业产权两类。

1. 著作权

著作权又称版权，是指自然人、法人或者其他组织对文学、艺术和科学作品依法享有的财产权利和精神权利的总称。主要包括著作权及与著作权有关的邻接权；通常我们说的知识产权主要是指计算机软件著作权和作品登记。

2. 工业产权

工业产权则是指工业、商业、农业、林业和其他产业中具有实用经济意义的一种无形财产权，由此看来"产业产权"的名称更为贴切。主要包括专利权与商标权。

三、知识产权的作用

1. 对于公民来说，知识产权制度提高了公民从事科学技术研究和文学艺术作品创作的积极性和创造性。只有对发明创造出来的知识产权提供足够多的保护，才能激发人们创作的动力。法律与监管机制的变化，加上这些市场机制，催生了更多的知识产权，也鼓励了专利的增多。与此同时，专利所有者保护自身权利的能力也提高了，从而鼓励更多人将他们的知识产权申请专利。知识产权系统中的这种正向反馈机制必须得到其他因素的支持。曾经有人把知识产权制度比作"天才之火浇上利益之油"，可见，重视知识产权就是重视发明创造，知识产权制度可以在发生侵权事件后为发明人提供法律保障。

2. 对于企业来说，知识产权制度保障智力成果的推广应用和传播，加速了将智力成果转化为生产力的过程。在科技的扩展中，不同的市场机制起着关键的作用。这让创新过程变得更具竞争性、合作性和全球性，并能培育新的以科技为基础的企业和产业。为了适应这些因素，企业需要更多、更有力的知识产权来维持其国际竞争力。知识产权成果运用到生产建设上去，会产生巨大的经济效益和社会效益，没有知识产权及对其的保护，无论是新企业还是增长型企业，都很难获得任何投资。

3. 对于国际交往来说，知识产权制度为国际经济技术贸易和文化艺术的交流提供了法律准则，保护了国家之间科技成果以及文化的友好交流，促进人类文明进步和经济发展。

4. 对于当代中国法治建设而言，知识产权法律制度作为现代民商法的重要组成部分，对完善中国法律体系，建设法治国家具有重大意义。

第二节 专利相关法律知识

一、专利权的概念和性质

专利权，简称"专利"，是发明创造人或其权利受让人对特定的发明创造在一定期限内依法享有的独占实施权，是知识产权的一种。《中华人民共和国专利法》（以下简称《专利法》）颁布于 1984 年，自此对专利权人依法授予专利有了法律上的保障。与其他权利相比，专利权主要有三个特征：排他性、时间性和地域性。

1. 排他性

排他性也称独占性或专有性，指专利权人对其拥有的专利权享有独占或排他的权利，未经其许可或者出现法律规定的特殊情况，任何人不得使用，否则即构成侵权。这是专利权最重要的特征。

2. 时间性

时间性，指法律对专利权所有人的保护是有时间限制的，超过这一时间限制则不再予以保护，专利权随即成为人类共同财富，任何人均可使用。

3. 地域性

地域性，指任何一项专利权，只有依一定地域内的法律才得以产生并在该地域内受到法律保护。这是区别于有形财产的另一个重要法律特征。依一国法律取得的专利权只在该国领域内受到法律保护，除非两国之间存在双边的知识产权保护协定，或共同参加了有关保护知识产权的国际公约。

二、专利权的客体

专利权的客体，或者说专利法保护的对象，指的是依法应授予专利权的发明创造。根据我国《专利法》第 2 条的规定："本法所称的发明创造是指发明、实用新型和外观设计。"

1. 发明

发明，是指对产品、方法或者其改进所提出的新的技术方案。发明必须是一种技术方案，是发明人将自然规律在特定技术领域进行运用和结合的结果，而不是自然规律本身，因而科学发现不属于发明范畴。同时，发明通常是自然科学领域的智力成果，文学、艺术和社会科学领域的成果也不能构成专利法意义上的发明。

根据专利审查制度的规定，发明分为产品发明、方法发明两种类型，既可以是原创性的发明，也可以是改进型的发明。产品发明是关于新产品或新物质的发明。这种产品或物质是自然界从未有过的，是人利用自然规律作用于特定事物的结果。如果某物品完全处于自然状态下，没有经过任何人的加工或改造而存在，就不是我国专利法所规定的产品发明，不能取得专利权。方法发明是指为解决某特定技术问题而采用的手段和步骤的发明。能够申请专利的方法通常包括制造方法和操作使用方法两大类，前者如产品制造工艺、加工方法等，后者如测试方法、产品使用方法等。改进发明是对已有的产品发明或方法发明所作出的实质性革新的技术方案。例如，爱迪生发明了白炽灯，白炽灯是一种前所未有的新产品，可以申请产品发明；生产白炽灯的方法可以申请方法专利；给白炽灯填充惰性气体，其质量和寿命都有明显提高，这是在原来基础之上进行的改进，可以申请改进发明。

2. 实用新型

实用新型是指对产品的形状、构造或者其结合所提出的适于实用的新的技术方案。实用新型专利只保护产品。该产品应当是经过工业方法制造的、占据一定空间的实体。一切有关方法（包括产品的用途）以及未经人工制造的自然存在的物品不属于实用新型专利的保护客体。上述方法包括产品的制造方法、使用方法、通讯方法、处理方法、计算机程序以及将产品用于特定用途等。例如，一种齿轮的制造方法，工作间的除尘方法，数据处理方法，自然存在的雨花石等不能获得实用新型专利保护。

在实用新型专利中，有关产品的概念也可作为实用新型专利。例如产品形状，产品的形状是指产品所具有的、可以从外部观察到的确定的空间形状。对产品形状所提出的技术方案可以是对产品的三维形态的空间外形所提出的技术方案，还比如对凸轮形状、刀具形状作出的改进；也可以是对产品的二维形态所提出的技术方案，例如对型材的断面形状的改进。不能确定形状的产品，如气态、液态、粉末状、颗粒状的物质或材料，其形状不能作为实用新型产品的形状特征。

有关专利的描述也可作为实用新型专利。例如产品的构造，产品的构造是指产品的各个组成部分的安排、组织和相互关系。它可以是机械构造，也可以是线路构造。机械构造是指构成产品的零部件的相对位置关系、连接关系和必要的机械配合关系等；线路构造是指构成产品的元器件之间的确定的连接关系。

3. 外观设计

外观设计又称为工业产品外观设计，是指对产品的形状、图案或者其结合以及色彩与形状、图案相结合所作出的富有美感并适于工业上应用的新设计。外观设计的载体必须是产品。产品是指用工业方法生产出来的物品，不能是重复生产的手工艺品、农产品、畜产品、自然物。通常来说，产品的色彩不能独立构成外观设计，除非产品色彩变化的本身已形成一种图案。可以构成外观设计的组合有：产品的形状；产品的图案；产品的形状和图案；产品的形状和色彩；产品的图案和色彩；产品的形状、图案和色彩。形状是指产品外部的点、线、面的移动、变化、组合而呈现的外表轮廓，即对产品的结构、外形等同时进行设计、制造的结果；图案是指由任何线条、文字、符号、色块的排列或组合而在产品的表面构成的图形。图案可以通过绘图或其他能够体现设计者的图案设计构思的手段制作。产品的图案应当是固定、可见的，而不应是时有时无的或者需要在特定的条件下才能看见的；色彩是指用于产品上的颜色或者颜色的组合，制造该产品所用材料的本色不是外观设计的色彩。

三、专利权的内容

专利权与一般民事权利的内容一样，都是规定当事人权利义务的权利，只不过，专利权作为知识产权的一种，与一般民事权利又有所不同，例如，一般民事权利没有时间上的限制，而专利权则有，专利权是法律赋予专利权人的一种法定权利，为了社会资源的充分流动，则会有失去保护的时间，而一般民事权利则没有。

1. 专利权人的权利

（1）实施许可权：指专利权人可以许可他人实施其专利技术并收取专利使用费。许可他人实施专利的，当事人应当订立书面合同。

（2）转让权：专利权可以转让。转让专利权的，当事人应当订立书面合同，并向国务院专利行政部门登记，由国务院专利行政部门予以公告，专利权的转让自登记之日起生效。中国单位或者个人向外国人转让专利权的，必须经国务院有关主管部门批准。

（3）标示权：标示权是指专利权人享有在其专利产品或者该产品的包装上标

明专利标记和专利号的权利，专利权人可以自行在产品包装上标示其专利产品。

2. 专利权人的义务

专利权人的义务主要是缴纳专利年费。《专利法》第43条规定："专利权人应当自被授予专利权的当年开始缴纳年费。"未按规定缴纳年费的，可能导致专利权终止。此外，职务发明创造专利的单位在授予专利权后，应当按照规定对发明人或设计人进行奖励；专利实施后，根据其推广应用所产生的经济效益，应按规定对发明人或者设计人发给合理报酬。

3. 专利权的效力

（1）个人未经专利权人许可，不得实施其专利，即不得以生产经营为目的制造、使用、许诺销售、销售、进口其专利产品，或者使用其专利方法以及使用、许诺销售、销售、进口依照该专利方法直接获得的产品。因此，产品发明专利权人和实用新型专利权人独占实施权的内容具体包括对专利产品的制造权、使用权、许诺销售权、销售权和进口权；方法发明专利权人享有的独占实施权，除了指该专利方法的排他使用权外，还包括对依照该专利方法直接获得的产品享有的使用权、许诺销售权、销售权和进口权。这里的许诺销售，是指以做广告、在商店橱窗中陈列或者在展销会上展出等方式作出销售商品的意思表示。

（2）外观设计专利权被授予后，任何单位或者个人未经专利权人许可，都不得实施其专利，即不得以生产经营为目的制造、销售、进口其外观设计专利产品。外观设计专利独占实施权的内容包括对外观设计专利产品的制造权、销售权和进口权。

4. 专利权的期限

发明专利权的期限为20年，实用新型专利权和外观设计专利权的期限为10年，均自申请日起计算。专利权期限届满后，专利权终止。专利权期限届满前，专利权人可以书面声明放弃专利权。

5. 专利权的强制许可

强制许可又称为非自愿许可，是指国务院专利行政部门依照法律规定，不经专利权人的同意，直接许可具备实施条件的申请者实施发明或实用新型专利的一种行政措施。其目的是为了促进获得专利的发明创造得以实施，防止专利权人滥用专利权，维护国家利益和社会公共利益，促进社会发明资源的充分流动。我国专利法将强制许可分为三类。

（1）不实施时的强制许可

具备实施条件的单位以合理的条件请求发明或者实用新型专利权人许可实

施其专利，而未能在合理长的时间内获得这种许可时，国务院专利行政部门根据该单位的申请，可以给予实施该发明专利或者实用新型专利的强制许可。专利权被授予之日起满 3 年后，才可以请求国务院专利行政部门给予强制许可。

（2）根据公共利益需要的强制许可

为了公共利益的目的，或者在国家出现紧急状态或者非常情况时，国务院专利行政部门可以给予实施发明专利或者实用新型专利的强制许可。

（3）从属专利的强制许可

一项取得专利权的发明或者实用新型比前已经取得专利权的发明或者实用新型具有显著经济意义的重大技术进步，其实施又有赖于前一发明或者实用新型的实施的，国务院专利行政部门根据后一专利权人的申请，可以给予实施前一发明或者实用新型的强制许可。在依照前述规定给予实施强制许可的情形下，国务院专利行政部门根据前一专利权人的申请，也可以给予实施后一发明或者实用新型的强制许可。

6. 不视为侵犯专利权的行为

（1）专利权人制造、进口或者经专利权人许可而制造、进口的专利产品或者依照专利方法直接获得的产品售出后，使用、许诺销售或者销售该产品的。

（2）在专利申请日前已经制造相同产品、使用相同方法或者已经做好制造、使用的必要准备，并且仅在原有范围内继续制造、使用的。

（3）临时通过中国领陆、领水、领空的外国运输工具，依照其所属国和中国签订的协议或者共同参加的国际条约，或者依照互惠原则，为运输工具自身需要而在其装置和设备中使用有关专利的。

（4）专为科学研究和实验而使用有关专利的。

四、专利权的保护

专利保护是指在专利权被授予后，未经专利权人的同意，任何人都不得对发明进行商业性制造、使用、许诺销售、销售或者进口，在专利权受到侵害后，专利权人可以通过协商、请求专利行政部门干预或诉讼的方法保护专利权的行为。

1. 专利权保护范围

（1）发明或者实用新型专利权的保护范围以其权利要求的内容为准，说明书或附图可以用以解释权利要求。如何确定专利保护的内容，以权利要求书确定的范围为准。一个国家或一个地区所授予的专利保护权仅在该国或地区的范围内有效，除此之外的国家或地区不发生法律效力，专利保护权是不被认可的。例如一项权利要求书，一种产品由A、B组成，其特征在于C、D，权利要求书所要求保护的技术方案包括完整的A、B、C、D而不仅仅是技术特征C、D。如果他人的产品只包含技术特征，如A、B、C或A、B、D均不属侵权，只有覆盖A、B、C、D全部技术特征才属侵权。

（2）外观设计专利权的保护范围以表示在图片或照片中的该外观设计专利产品为准。申请外观设计不要求提交权利要求书、说明书等文字说明文件，而是要求提交图片或照片。判断是否侵权的标准是：如果在与专利产品相同或相类似的产品上使用了相同或相似的外观设计，即被认为侵权，相同的产品是指用途相同，功能相同；相似产品是指用途相同，具体功能有所不同。

2. 专利侵权行为

《专利法》第11条对专利权的法律效力做了明确规定："发明和实用新型专利权被授予后，除本法另有规定的以外，任何单位或者个人未经专利权人许可，都不得实施其专利，即不得为生产经营目的制造、使用、许诺销售、销售、进口其专利产品，或者使用其专利方法以及使用、许诺销售、销售、进口依照该专利方法直接获得的产品。外观设计专利权被授予后，任何单位或者个人未经专利权人许可，都不得实施其专利，即不得为生产经营目的制造、许诺销售、销售、进口其外观设计专利产品。"

根据上述规定，作为专利侵权行为必须有被侵犯的专利权保护客体以及被指控侵权的实施行为。专利侵权行为的认定就是判断该实施行为是否侵犯了一项已授权并处于专利权有效保护期内的专利保护客体。专利侵权行为分为直接侵权行为和间接侵权行为两类。

（1）直接侵权行为。指直接由行为人实施的侵犯他人专利权的行为。其表现形式包括：①制造发明、实用新型、外观设计专利产品的行为。②使用发明、实用新型专利产品的行为。③许诺销售发明、实用新型专利产品的行为。④销售发明、实用新型或外观设计专利产品的行为。⑤进口发明、实用新型、外观设计专利产品的行为。⑥使用专利方法以及使用、许诺销售、销售、进口依照该专利方法直接获得的产品的行为。⑦假冒他人专利的行为。

（2）间接侵权行为。指行为人本身的行为并不直接构成对专利权的侵害，但实施了诱导、怂恿、教唆、帮助他人侵害专利权的行为。间接侵权行为通常是为直接侵权行为制造条件，常见的表现形式有：行为人销售专利产品的零部件、专门用于实施专利产品的模具或者用于实施专利方法的机械设备；行为人未经专利权人授权或者委托，擅自转让其专利技术的行为等。为生产经营目的使用或者销售不知道是未经专利权人许可而制造并售出的专利产品或者依照专利方法直接获得的产品，能证明其产品合法来源的，仍然属于侵犯专利权的行为，需要停止侵害但不承担赔偿责任。

3. 专利侵权抗辩

为激发全社会创新活力和创造潜能，营造大众创业、万众创新的公平竞争环境，《专利法》一方面应该积极鼓励科技创新，另一方面应当保护好创新成果、维护好创新环境。因此，对于认为自己的行为不属于侵犯专利权的行为，有以下几种抗辩方式。

（1）先用权抗辩

《专利法》第75条第（二）项规定，在专利申请日前已经制造相同产品、使用相同方法或者已经作好制造、使用的必要准备，并且仅在原有范围内继续制造、使用的，不视为侵犯专利权。作为被诉侵权方，结合《最高人民法院关于审理侵犯专利权纠纷案件应用法律若干问题的解释》第15条的相关规定，先用权抗辩应当适用以下条件。

①时间要件。先用权抗辩得以成立的被诉侵权方所实施的技术方案或外观设计，应当是申请日前已经存在的技术方案或外观设计，而不包括被诉侵权方在原方案或设计的基础上进行改进，于申请日后才作好准备实施的行为，也就是说在先实施行为必须发生在涉案专利的申请日以前。

②使用要件。被诉侵权方满足在申请日前已经制造相同产品、使用相同方法，或者已经作好制造、使用的必要准备的条件。对于已经制造相同产品、使用相同方法比较好理解，但对于已经作好制造、使用的必要准备，应当具体分析，例如被诉侵权方为实施相关技术方案，对生产资源的投入，包括完成主要技术图纸设计或其他工艺文件、制造或购买实施相关技术所必需的机器设备、原材料、模具等，上述情形可以视为已经作好制造、使用的必要准备。

③原有范围要件。先用权的制造或使用行为应当只限于原有的范围之内，超出原有范围的实施行为构成专利侵权，而原有范围包括涉案专利申请日前已有的生产规模以及利用已有的生产设备或根据已有的生产准备可以达到的生产规模。

④合法性要件。被诉侵权方主张先用权，所实施的发明创造应当是独立完成或合法取得的，而不是通过非法途径（如抄袭、窃取）获取的发明创造。

（2）现有技术（或设计）抗辩

现有技术抗辩，又称公知技术抗辩，是指被诉落入专利权保护范围的全部技术特征，与一项现有技术方案中的相应技术特征相同或等同，或者被诉侵权技术方案是一项现有技术与所属领域公知常识的简单组合的，应对认定被诉侵权人的行为不构成侵犯专利权。

《专利法》第 67 条规定："在专利侵权纠纷中，被控侵权人有证据证明其实施的技术或者设计属于现有技术或者现有设计的，不构成侵犯专利权。"

（3）缺少技术特征抗辩

在专利权侵权纠纷案件中，应当首先确定专利权保护范围。根据《专利法》第 64 条规定："发明或者实用新型专利权的保护范围以其权利要求的内容为准，说明书及附图可以用于解释权利要求的内容。外观设计专利权的保护范围以表示在图片或者照片中的该产品的外观设计为准，简要说明可以用于解释图片或者照片所表示的该产品的外观设计。"在判断被控侵权产品是否落入专利权的保护范围，我国目前采用的是"全面覆盖原则"。《最高人民法院关于审理侵犯专利权纠纷案件应用法律若干问题的解释》第 7 条规定："人民法院判定被诉侵权技术方案是否落入专利权的保护范围，应当审查权利人主张的权利要求所记载的全部技术特征。"那么，根据"全面覆盖原则"的判断原则，被诉侵权技术方案的技术特征与权利要求记载的全部技术特征相比，缺少权利要求中记载的一项或一项以上技术特征则不构成侵犯专利权。

（4）不构成相同或等同侵权抗辩

不构成相同或等同侵权抗辩是指被诉侵权技术方案的技术特征与权利要求记载的全部技术特征相比，有一项或者一项以上的技术特征既不相同也不等同的，认定其没有落入专利权的保护范围，不构成侵犯专利权。根据《最高人民法院关于审理专利纠纷案件适用法律问题的若干规定》第 17 条第 2 款规定："等同特征，是指与所记载的技术特征以基本相同的手段，实现基本相同的功能，达到基本相同的效果，并且本领域普通技术人员在被诉侵权行为发生时无需经过创造性劳动就能够联想到的特征。"

（5）合法来源抗辩

现行《专利法》第 77 条规定："为生产经营目的使用、许诺销售或者销售不知道是未经专利权人许可而制造并售出的专利侵权产品，能证明该产品合法来源的，不承担赔偿责任。"

被诉侵权人在遭遇专利纠纷时，适用《专利法》第 77 条应该注意以下几个问题。

①仅限于为生产经营目的而进行的许诺销售或者销售行为以及使用专利产

品或依照专利方法直接获得的产品的行为，不包括《专利法》第 11 条规定的制造、进口产品的行为，也不包括使用产品制造方法的行为。换言之，仅针对销售流通环节中侵犯专利权行为作出的宽大处理。

②主观上对销售的产品侵犯他人专利权是不知情的。

③证明合法来源，被诉侵权人举证证明从合法的进货渠道，以合理的价格购买了被诉侵权产品，并提供相关票据。如果被诉侵权人不能提供合法来源的证据，就不能按照《专利法》第 77 条规定而免于赔偿责任。

（6）提起无效宣告请求

在专利侵权诉讼中，如果上述五种抗辩方法均不能有效对抗专利权人，那么被诉侵权人可以涉案专利不符合专利授权条件为由，提起无效宣告请求。但被诉侵权人提出无效宣告的理由应当符合《中华人民共和国专利法实施细则》第 65 条第 2 款的规定，否则国家知识产权局专利复审委员会不予受理或驳回无效宣告请求。

此外，还有一些适用于特殊情况下的专利侵权抗辩方法，例如非生产经营目的的抗辩，权利用尽抗辩，临时过境抗辩，专为科学研究和实验的抗辩，药品、医疗器械行政审批的抗辩，抵触申请抗辩等。

第三节　商标相关法律知识

一、商标的概念、特征和功能

商标是用来区别一个经营者的品牌或服务和其他经营者的商品或服务的标记。《中华人民共和国商标法》（以下简称《商标法》）第 3 条规定："经商标局核准注册的商标为注册商标，包括商品商标、服务商标和集体商标、证明商标；商标注册人享有商标专用权，受法律保护。"如果是驰名商标，将会获得跨类别的商标专用权法律保护。能将自己的商品或服务与他人的商品和服务区分开的标志（包括文字、图形、字母、数字、声音、三维标志和颜色组合，以及上述要素的组合）均可作为商标申请注册。

商标是商品的标志，它象征着商品的品质、信誉、评价和名声，通过对商标本质的分析可看出商标具有如下特征：①商标具有依附于商品的从属性，即商标是商品经济的必然产物。②商标具有财产属性。③商标具有竞争性。④商标具有排他性。

商标的功能有很多，除了能够标明商品的来源外，还能够起到广告宣传的作用。商标权是商标通过确保商标注册人享有用以标明商品或服务来源，或者许可他人使用以获取报酬的专用权，而使商标注册人受到保护。从广义上讲，商标通过对商标注册人加以奖励，使其获得承认和经济效益，而对全世界的积极和进取精神起到促进作用。商标保护还可阻止诸如假冒者之类的不正当竞争者用相似的区别性标记来推销低劣或不同产品或服务的行为。这一制度能使有技能、有进取心的人们在尽可能公平的条件下进行商品和服务的生产与销售，从而促进国际贸易的发展。商标也是产品与包装装潢画面的重要组成部分，设计精美、寓意深刻、新颖别致、个性突出的商标，能很好地装饰产品和美化包装，使消费者乐于购买，例如名牌车、名牌包等。

二、商标权的主体、客体和内容

1. 商标权主体

商标权主体又叫商标权人，是指依法享有商标权的自然人、法人或者其他组织，包括商标权的原始主体和继受主体。根据1993年修改的《商标法》第4条、第9条和1993年第二次修订的《商标法实施细则》第2条的规定，商标注册申请人有以下两类：第一，依法成立的企业、事业单位、社会团体、个体工商户和个人合伙；第二，符合法定条件的外国人和外国企业。鉴于上述规定对我国商标注册申请人的要求过于苛刻，禁止我国自然人申请商标注册的规定已不适应社会主义市场经济的需要，且不规定商标注册申请人可以共同申请注册同一商标既不符合国际惯例也不符合我国的国情，因此，2001年《商标法》第二次修正时对关于商标注册申请人的规定做了重要修改，在第4条第1款和第2款作出规定："自然人、法人或者其他组织对其生产、制造、加工、拣选或者经销的商品，需要取得商标专用权的，应当向商标局申请商品商标注册。自然人、法人或者其他组织对其提供的服务项目，需要取得商标专用权的，应当向商标局申请服务商标注册。"申请注册的商标被核准注册后，该商标注册申请人就成了该注册商标的商标注册人、商标权的原始主体。商标权的原始主体可以依法转让其注册商标。作为商标权原始主体的自然人死亡后，该注册商标可以依法移转给其继承人；作为商标权原始主体的法人或者其他组织终止后，该注册商标可以依法移转给有关法人或者其他组织。自然人、法人或者其他组织依法通过注册商标的转让或者移转取得商标权后，就成为该商标权的继受主体。

我国《商标法》允许外国人作为商标权的主体，但是需要满足一定的条件，即外国人或者外国企业在中国申请商标注册的，应当按其所属国和中华人民共和国签订的协议或者共同参加的国际条约办理，或者按对等原则办理。

2. 商标权的客体

随着市场经济的发展，商标与人们日常生活的联系越来越紧密。根据我国商标法的有关规定，商标是指商品生产者、经营者或服务项目的提供者用以标明自己生产、经营的商品或提供的服务项目，并使之与他人生产、经营的商品或提供的服务项目相区别的一种专用标志。商标权的客体，是指因符合商标法规定的条件而获准注册的商标，即注册商标。在我国，商标必须符合以下条件才能使用。

（1）具备法定构成要素

《商标法》第 8 条对商标的构成要素做了明确规定："任何能够将自然人、法人或者其他组织的商品与他人的商品区别开的标志，包括文字、图形、字母、数字、三维标志、颜色组合和声音等，以及上述要素的组合，均可以作为商标申请注册。"

文字商标。这种商标是指用文字构成的商标。可以用汉字、拼音文字、数字、少数民族文字组成。如"熊猫"牌电视机、"万家乐"牌热水器，"999"牌胃泰、"J"牌健力宝等都是巧妙地运用了文字结构的商标。

图形商标。这是指用图形构成的商标。图形商标可以是飞禽走兽、花草鱼虫、天象地理、山川河流、塔亭庙宇等。其特点是形象生动，立意明朗，便于记忆。比如"半球"牌电饭锅、"蜜蜂"牌缝纫机、"红旗"牌小轿车、"三菱"重工等，一看图形，便知其牌。但由于图形商标不便于呼叫，所以数量比较少，而多与文字组合而成。

组合商标。在我国，组合商标的使用率很高，在千种万类的商品上，这种商标比比皆是。如："神州"牌热水器、"仙葫"牌两面针牙膏等。

（2）具备显著性

《商标法》第 9 条规定："申请注册的商标，应当有显著特征，便于识别，并不得与他人在先取得的合法权利相冲突。"所谓商标的显著特征，是指商标的独特性或可识别性，无论是文字也好，图形也好，或文字与图形的组合也好，都新颖独特，具有与其他同类商品相区别的特点。这种特点越强，商标就越显著。"显著特征"的法律意义在于，我国商标法把商标的显著与否作为商标注册的重要条件之一。

（3）其要素不在法律规定禁止使用之列

《商标法》第10条明确规定，下列标志不得作为商标使用。

第一，同中华人民共和国的国家名称、国旗、国徽、国歌、军旗、军徽、军歌、勋章相同或近似的，以及同中央国家机关的名称、标志、所在地特定地点的名称或者标志性建筑物的名称、图形相同的。这是为了维护国家的尊严、军队的军威、勋章的荣誉以及中央国家机关的形象。例如，广西桂林包装机械厂在包装机上申请注册"中华"商标，商标局驳回申请。

第二，同外国的国家名称、国旗、国徽、军旗相同或近似的，但经该国政府同意的除外。这是出于政治上的严肃性的考虑，也是国际上各国之间相互尊重的惯例。如果允许把这些文字和图形作为商标，就会引起国家之间不必要的争端。

第三，同政府间国际组织的名称、旗帜、徽记等相同或近似的，但经该组织同意或者不易误导公众的除外。这是为了维护这些组织的尊严，表现对其尊重。如奥运会的五环旗、WIPO（世界知识产权组织）的徽记及近似图形都不能用作商标。

第四，与表明实施控制、予以保证的官方标志、检验印记相同或者近似的，但经授权的除外。这项规定体现了对一些特定标记的保护。

第五，同"红十字""红新月"的名称、标志相同或者近似的。这项规定表现了对这些国际团体的尊重。

第六，带有民族歧视性的。

第七，带有欺骗性，容易使公众对商品的质量等特点或者产地产生误认的。这项规定体现了使用商标标志必须遵循诚实信用原则，不得背离真实性，欺骗误导公众。

第八，有害于社会主义道德风尚或者有其他不良影响的。这项规定体现了遵循社会主义道德，加强社会主义精神文明建设，坚持倡导优良社会风俗，维护社会公共利益，尊重社会公德等方面的要求。

另外，县级以上行政区划的地名或者公众知晓的外国地名不得作为商标。因为地理名称缺乏显著性，它只能说明商品的产地，起不到使消费者辨认商品生产者的作用；同时地名是大家公用的，不应为某一生产者所独占。但是地名具有其他含义或者作为集体商标、证明商标组成部分的除外；已经注册的使用地名的商标继续有效。如凤凰是湖南省的一个县名，如果商标的图形为凤凰鸟并有"凤凰"两字相注，则应为商标法所允许。

3. 商标权的内容

商标权内容，是指商标权人享有的权利和应履行的义务，包括注册商标的专有使用权、禁止权、转让权、许可使用权和续展权等。

（1）专有使用权

专有使用权是商标权最重要的内容，是商标权中最基本的核心权利。它的法律特征为，商标权人可在核定的商品上独占性地使用核准的商标，并通过使用获得其他合法权益。专有使用权具有相对性，只能在法律规定的范围内使用。我国《商标法》第56条规定："注册商标的专用权，以核准注册的商标和核定使用的商品为限。"即注册商标只能在注册时所核定的商品或者服务项目上使用，而不及于类似的商品或者服务项目；商标权人也不得擅自改变构成注册商标的标志，也不能使用与注册商标近似的商标。

（2）禁止权

禁止权是指注册商标所有人有权禁止他人未经其许可，在同一种或者类似商品或服务项目上使用与其注册商标相同或近似的商标。商标权具有与财产所有权相同的属性，即不受他人干涉的排他性，其具体表现为禁止他人非法使用、印制注册商标及其他侵权行为。由此可见，专有使用权和禁止权是商标权的两个方面。

（3）许可权

许可权是指注册商标所有人通过签订许可使用合同，许可他人使用其注册商标的权利。许可使用是商标权人行使其权利的一种方式。许可人是注册商标所有人，被许可人根据合同约定，支付商标使用费后在合同约定的范围和时间内有权使用该注册商标。实质上，许可制度对于企业间发展横向联合，发挥优势，扩大名牌商品生产，活跃流通，满足消费者需要，提高社会经济效益，具有积极的意义。

（4）转让权

转让，是指注册商标所有人按照一定的条件，依法将其商标权转让给他人所有的行为。转让商标权是商标所有人行使其权利的一种方式，商标权转让后，受让人取得注册商标所有权，原来的商标权人丧失商标专用权，即商标权从一主体转移到另一主体。转让注册商标，应由双方当事人签订合同，并应共同向商标局提出申请，经商标局核准公告后方为有效。

三、商标权的丧失

商标权丧失是指商标权的保护期结束。商标权的丧失有绝对丧失和相对丧失两种情况。商标权的绝对丧失是指因法定原因商标权归于消灭，主要有商标权人未在法律规定的期间内办理续展手续而注销商标；商标权人停止营业而注销商标；商标权人自动放弃商标权而申请注销商标；商标权因故被依法撤销，即商标权人违反商标管理法规或没有履行自己的法定义务而由商标局撤销和对有争议的注册商标由商标评审委员会裁定撤销。商标权的相对丧失仅指商标权与原所有人分离，但商标权仍然存在，只是归受让人所有而已。

1. 自行改变注册事项

《商标法》第 49 条第 1 款规定："商标注册人在使用注册商标的过程中，自行改变注册商标、注册人名义、地址或者其他注册事项的由地方工商行政管理部门责令限期改正；期满不改正的，由商标局撤销其注册商标。"

2. 注册商标成为其核定使用商品的通用名称或者连续三年未使用

通用名称即某类商品的惯用名称，不具有显著性。商标注册后如果长期闲置不用，将不能发挥商标区分商品或者服务来源的基本功能，从而造成商标资源的浪费。因此，我国将商标使用作为维持注册商标有效性的重要条件。我国《商标法》第 49 条第 2 款规定："注册商标成为其核定使用的商品的通用名称或者没有正当理由连续三年不使用，任何单位或者个人可以向商标局申请撤销该注册商标。"《商标法实施条例》第 65 条又补充规定："有商标法第四十九条规定的注册商标成为其核定使用的商品通用名称情形的，任何单位或者个人可以向商标局申请撤销该注册商标"。《商标法实施条例》第 66 条规定："有商标法第四十九条规定的注册商标无正当理由连续 3 年不使用情形的，任何单位或者个人可以向商标局申请撤销该注册商标，提交申请时应当说明有关情况。商标局受理后应当通知商标注册人，限其自收到通知之日起 2 个月内提交该商标在撤销申请提出前使用的证据材料或者说明不使用的正当理由；期满未提供使用的证据材料或者证据材料无效并没有正当理由的，由商标局撤销其注册商标。"从而导致与该商标相关的一切商标权利的非正常终止。

3. 注册商标未续展

时限性是知识产权的一个重要特征，根据我国《商标法》第 39 条规定："注册商标的有效期为十年，自核准注册之日起计算。"第 40 条规定："注册商标有效期满，需要继续使用的，商标注册人应当在期满前十二个月内按照规定办理续展手续；在此期间未能办理的，可以给予六个月的宽展期。每次续展注册的有效期为十年，自该商标上一届有效期满次日起计算。期满未办理续展手续的，注销其注册商标。"由于商标续展的次数并没有法律限制，因而只要一个注册商标仍然具有使用价值或者商业价值，商标权利人就可以通过适当的商标续展手续将商标专用权的期限无限地延长下去。但是，商标权利人由于各种原因，例如，该商标已经多年没有使用，将来也不可能继续使用，权利人从主观上自愿放弃对该注册商标的专有权利；或者权利人由于商标意识淡薄，工作出现疏漏，导致错过了进行商标续展的 6 个月的宽展期，等等，不管商标权利人对于该注册商标的主观态度如何，一旦注册商标错过了自核准之日起 10 年有效期届满之后的 6 个月的宽展期，该注册商标将被商标局注销，此后，该商标将进入公有领域，任何人都可以在不侵犯其他在先权利的前提下对其加以使用，也可以将其注册为商标限制他人使用。

4. 商标淡化

如果商标的所有人对商标使用、保护不当，尤其是驰名商标，则有可能使该商标逐步自然转化成为家喻户晓的商品的通用名称，进而使商标失去显著性，最终使权利人丧失对该标志的独占垄断权。商品通用名称是指为国家或某一行业中所共用的，反映一类商品与另一类商品之间根本区别的规范化称谓。众所周知，商标是商品或者服务的主要识别标志，商标的重要作用就是区分不同来源的商品或者服务。可想而知，一旦注册商标由一家企业拥有和使用，逐渐地演变成由该行业内的数个企业非法使用，而注册商标的所有人并没有及时发现并制止这些侵权行为，使商标侵权愈演愈烈，最后导致整个行业内都将这个注册商标作为某种商品的通用名称加以使用，注册商标由一家企业使用变成由众多企业共同使用，并且逐渐成为人们广泛接受的某一种商品的通用名称，这种事实状态，将使商标所有权人难以对这种名为自己拥有的注册商标享有排他性的使用权，因此也不能限制同行业的竞争对手使用，从而导致了实质意义上的商标权利的丧失。这种情况其实是商标淡化的一种情形，这种情况一旦发生，不但商标的识别性和显著性大为降低，商标所有人多年努力赋予该商标的商业价值付诸东流，就连商标最起码的识别功能都消失殆尽。

由于商标淡化导致商标权利丧失的状况在国内外都时有发生，历史上，"阿斯匹林"就曾经是德国一家企业的注册商标，二战期间该商标被许多国家的企业使用，从而成为一种药品的通用名称；"雪花 + 图形"原本也是一家面粉企业的注册商标，而市场上众多面粉企业都在面粉上使用"雪花"，"雪花"事实上也已经成为一种面粉的通用名称在中国被广泛使用。我国《商标法》和《商标法实施条例》并未对商标淡化作出任何规定。不过，作为商标权人，应当有防止商标淡化的意识。

5. 注册商标转让和移转

注册商标转让，原注册商标所有人自然丧失了对被转让注册商标的权利。《商标法》第42条第4款规定："转让注册商标经核准后，予以公告。受让人自公告之日起享有商标专用权。"而对于原权利人来说，应当是自公告之日起丧失商标的权利，否则，就会在商标转让受理之日与公告之日之间产生一段空白期，这是不利于权利人维护其商标权的。

四、商标权的使用和保护

1. 商标的使用

注册商标的使用方式可以多种多样。《商标法》第48条规定："本法所称商标的使用，是指将商标用于商品、商品包装或者容器以及商品交易文书上，或者将商标用于广告宣传、展览以及其他商业活动中，用于识别商品来源的行为。"

商标的合理使用，是指商标注册人之外的其他人，在未经授权的情况下，基于合理的目的和理由，可以使用与注册商标相同或近似的标志，而不构成侵权。合理使用常见的情况是对商品自身的特征或者功能、用途的描述或说明。合理使用是对商标专用权的合理限制。我国《商标法》第59条规定："注册商标中含有的本商品的通用名称、图形、型号，或者直接表示商品的质量、主要原料、功能、用途、重量、数量及其他特点，或者含有的地名，注册商标专用权人无权禁止他人正常使用。"

判断是否构成合理使用，需要注意在主观上，使用人必须基于善意，不是出于利用他人合理的商标权利，在使用过程中应当不损害商标持有人和包括消费者在内的第三人的利益。对合理使用，实践中曾经出现过不少，"薰衣草"商标侵权案是一个比较典型的案件。此案中，商标所有人甲持有"薰衣草"文字商标，核定使用商品为纸手帕和纸质餐桌用纸等。湖南乙公司生产的"薰衣草手帕纸、面巾纸"等产品包装上的显著位置大量使用了"薰衣草"文字。甲即向法院起诉乙公司侵犯其商标权。法院认为：乙公司使用"薰衣草"文字是为了说明商品的香味类型，供消费者根据自己的喜好选择购买与否。此类标示原料、功能、用途、重量、数量及其他描述商品本身特点的标识传递给消费者的区别信息并不会造成消费者对于商品来源的混淆，即使这些标识与注册商标相近似，专用权人也无权禁止他人正当使用。因此，法院驳回了乙公司的诉讼请求。

2. 商标侵权行为

《商标法》第57条规定了七种侵犯注册商标专用权的行为："（一）未经商标注册人的许可，在同一种商品上使用与其注册商标相同的商标的；（二）未经商标注册人的许可，在同一种商品上使用与其注册商标近似的商标，或者在类似商品上使用与其注册商标相同或者近似的商标，容易导致混淆的；（三）销售侵犯注册商标专用权的商品的；（四）伪造、擅自制造他人注册商标标识或者销售伪造、擅自制造的注册商标标识的；（五）未经商标注册人同意，更换其注册商标并将该更换商标的商品又投入市场的；（六）故意为侵犯他人商标专用权行为提供便利条件，帮助他人实施侵犯商标专用权行为的；（七）给他人的注册商标专用权造成其他损害的。"

有关《商标法》第57条第（二）项，《商标法实施条例》第76条规定："在同一种商品或者类似商品上将与他人注册商标相同或者近似的标志作为商品名称或者商品装潢使用，误导公众的，属于商标法第五十七条第二项规定的侵犯注册商标专用权的行为。"

根据《最高人民法院关于审理商标民事纠纷案件适用法律若干问题的解释》，下列行为属于《商标法》第57条第（七）项规定的给他人注册商标专用权造成其他损害的行为：①将与他人注册商标相同或者相近似的文字作为企业的字号在相同或者类似商品上突出使用，容易使相关公众产生误认的；②复制、摹仿、翻译他人注册的驰名商标或其主要部分在不相同或者不相类似商品上作为商标使用，误导公众，致使该驰名商标注册人的利益可能受到损害的；③将与他人注册商标相同或者相近似的文字注册为域名，并且通过该域名进行相关商品交易的电子商务，容易使相关公众产生误认的。

3. 商标侵权行为法律责任

与一般法律责任一样，商标侵权行为人在发生侵权行为后，不仅需要对被侵权人造成的损失承担民事法律责任，还需要承担行政责任，情节严重的还需要承担刑事责任。

（1）承担民事责任的情形

《商标法》第63条规定："侵犯商标专用权的赔偿数额，按照权利人因被侵权所受到的实际损失确定；实际损失难以确定的，可以按照侵权人因侵权所获得的利益确定；权利人的损失或者侵权人获得的利益难以确定的，参照该商标许可使用费的倍数合理确定。对恶意侵犯商标专用权，情节严重的，可以在按照上述方法确定数额的一倍以上五倍以下确定赔偿数额。赔偿数额应当包括权利人为制止侵权行为所支付的合理开支。人民法院为确定赔偿数额，在权利人已经尽力举证，而与侵权行为相关的账簿、资料主要由侵权人掌握的情况下，可以责令侵权人提供与侵权行为相关的账簿、资料；侵权人不提供或者提供虚假的账簿、资料的，人民法院可以参考权利人的主张和提供的证据判定赔偿数额。权利人因被侵权所受到的实际损失、侵权人因侵权所获得的利益、注册商标许可使用费难以确定的，由人民法院根据侵权行为的情节判决给予五百万元以下的赔偿。"

《最高人民法院关于审理商标民事纠纷案件适用法律若干问题的解释》第21条规定："人民法院在审理侵犯注册商标专用权纠纷案件中，依据民法通则第一百三十四条、商标法第五十三条的规定和案件具体情况，可以判决侵权人承担停止侵害、排除妨碍、消除危险、赔偿损失、消除影响等民事责任，还可以作出罚款，收缴侵权商品、伪造的商标标识和专门用于生产侵权商品的材料、工具、设备等财物的民事制裁决定。罚款数额可以参照《中华人民共和国商标法实施条例》的有关规定确定。"

（2）承担行政责任的情形

根据《商标法》第60条的规定，侵犯商标权的行政责任主要是：责令立即停止侵权行为，没收、销毁侵权商品和专门用于制造侵权商品、伪造注册商标标识的工具，并可处以罚款。

（3）承担刑事责任的情形

《刑法》第213条规定："未经注册商标所有人许可，在同一种商品、服务上使用与其注册商标相同的商标，情节严重的，处三年以下有期徒刑，并处或者单处罚金；情节特别严重的，处三年以上十年以下有期徒刑，并处罚金。"

《最高人民法院、最高人民检察院关于办理侵犯知识产权刑事案件具体应用法律若干问题的解释》第1条规定，具有下列情形之一的，属于刑法第二百一十三条规定的"情节特别严重"：①非法经营数额在25万元以上或者违法所得数额在15万元以上的；②假冒两种以上注册商标，非法经营数额在15万元以上或者违法所得数额在10万元以上的；③其他情节特别严重的情形。

第三编　创新创业纠纷处理法律制度

第一章　合同纠纷仲裁解决机制

第一节　仲裁的一般法律规定

合同纠纷仲裁解决机制一般指的是民商事仲裁解决机制。作为一种民商事争议的解决方式，仲裁制度的起源可以追溯到公元前的古希腊时期。1889 年英国颁布了世界上第一部仲裁法，瑞典也于同年制定了仲裁法。其后，临时性仲裁机构以及常设性仲裁机构在世界各地纷纷建立并呈现出很强的国际化趋势。

近年来，我国仲裁机构数量稳步增长，仲裁机构受案数量和案件标的总额也呈持续增长的趋势。根据《中国国际商事仲裁年度报告（2016）》显示，2016 年，我国 251 家仲裁委员会共受理案件 208545 件，比上年增加 71621 件，增长 52%；案件标的总额为 4695 亿元，同比增长 14%；① 根据《中国国际商事仲裁年度报告（2017）》显示，2017 年，我国 253 家仲裁委员会共受理案件 239360 件，比 2016 年增加 30815 件，增长率为 15%，房地产类和金融类案件数量位居前两位。② 仲裁作为解决民商事合同纠纷的主要方式之一，创新创业者有必要了解并熟悉仲裁制度，了解及熟悉仲裁制度不仅可以利用仲裁制度妥善地解决各

---

① 《中国国际商事仲裁年度报告（2016）》发布［EB/OL］.（2017 - 09 - 28）［2020 - 10 - 10］. http：//www. ccpit. org/contents/channel＿ 4131/2017/0928/885598/content＿ 885598. htm.

② 《中国国际商事仲裁年度报告（2017）》发布　去年仲裁受理案件数量同比增 15%［EB/OL］.（2018 - 09 - 16）［2020 - 10 - 10］. https：//www. sohu. com/a/254177906＿ 362042.

种纠纷，并且在一定程度上可以合理规避选择仲裁制度可能面临的风险。

仲裁是指当事双方签订书面协议，自愿将纠纷提交双方所同意的第三者予以裁决，以解决纠纷的一种方式。仲裁需要双方自愿，因此，仲裁不同于诉讼和审判；也区别于强制调解，是一种特殊的自愿性争议解决机制。仲裁是当事人根据自愿达成的书面仲裁协议，将其纠纷提交仲裁庭进行裁判，并受裁判约束的制度。有效的仲裁协议是启动民商事仲裁的唯一方式，仲裁属于社会救济的机制，仲裁活动关乎当事人的实体权益，是解决民商事争议的方式之一。

仲裁与和解、调解、诉讼并列为解决民商事纠纷的四种主要方式。仲裁具有自愿性、专业性、灵活性、保密性、快捷性、经济性、独立性、国际性等特点。仲裁活动作为一种解决纠纷的方式，依法受国家监督；国家监督的方式是通过国家审判机关对仲裁协议的效力、仲裁程序的制定以及仲裁裁决的执行等方面依据法律规定进行干预。因此，仲裁活动体现一定的司法性，是中国司法制度的一个重要组成部分。

仲裁活动受到国家制定或认可的法律规范的约束。为保护当事人的合法权益并且保证能公正、及时地仲裁经济纠纷，我国于 1995 年 9 月 1 日施行《中华人民共和国仲裁法》（以下简称《仲裁法》）；该法于 2017 年进行了修正，因此，我国《仲裁法》现行有效版本是 2017 年的修正版。在我国进行的仲裁活动除了受《仲裁法》的规制之外，还受其他制度中的相关法律规范的规制，如《民事诉讼法》《民法典》等法律、有关国际公约中关于仲裁的规定以及我国最高人民法院《关于人民法院办理仲裁裁决执行案件若干问题的规定》《关于审理仲裁司法审查案件若干问题的规定》《关于仲裁司法审查案件报核问题的有关规定》等司法解释的约束。

一、仲裁的适用范围

在我国，仲裁的适用范围在《仲裁法》第 2 条中进行了规定。① 该规定明确了仲裁的主体、仲裁的事项以及仲裁范围：可以进行仲裁活动的主体必须是发生纠纷的民事主体；用仲裁制度解决的应当是当事人有权处分的权益；仲裁的范围限于合同纠纷和其他财产权益纠纷，合同纠纷主要指经济合同纠纷，其他财产权益纠纷主要指侵权纠纷。

---

① 《中华人民共和国仲裁法》第 2 条规定："平等主体的公民、法人和其他组织之间发生的合同纠纷和其他财产权益纠纷，可以仲裁。"

例如：伍大与谢大订立了一份大闸蟹买卖合同，在合同中约定，如果在双方交易的过程中发生纠纷，由深圳仲裁委员会进行裁决。在伍大收到谢大提供的大闸蟹之后，发现大闸蟹的品质与合同约定不符，此时，由于伍大与谢大的纠纷属于经济合同纠纷，伍大可以按照合同中仲裁条款的约定将纠纷提交深圳仲裁委员会进行裁决。

（一）不得适用仲裁解决的纠纷类型

不得适用仲裁解决的纠纷，我国《仲裁法》第3条进行了明确的规定①；该条规定明确涉及身份关系的纠纷以及由行政机关处理的行政争议不能用仲裁机制进行解决。

1. 婚姻关系纠纷不能仲裁

婚姻是指一男一女合意以终生共同生活为目的、以夫妻相待的结合。② 婚姻关系成立，男方与女方拥有特定的身份关系；婚姻关系纠纷不能仲裁。例如：卢强与黄小在婚前达成协议，如若卢强在婚姻关系存续期间擅自存私房钱产生纠纷，导致黄小提出离婚的，可以将纠纷提交杭州仲裁委员会进行仲裁；后卢强确实擅自留下一大笔私房钱，黄小气愤之下要求离婚，欲将此事提交杭州仲裁委员会进行处理；杭州仲裁委员会不予受理该起纠纷，该起纠纷属于婚姻关系纠纷，涉及身份关系，不属于仲裁机构管辖的范围。

2. 收养纠纷不能仲裁

收养关系是一种拟制血亲关系，使本无父母子女关系的人之间产生法律拟制的父母子女关系。③ 收养成立了特定的身份关系，形成抚养及赡养的义务，收养关系纠纷不能仲裁。例如：古大与何小于1990年8月结婚，1992年3月收养一男孩；1995年4月，古大与何小协议离婚，约定由何小抚养男孩。1998年5月，何小觉得无力抚养男孩，遂将男孩交由邱中夫妻抚养；古大在1999年3月知道后，向邱中夫妻要回男孩自行抚养，但邱中夫妻不愿意，古大遂想到北京仲裁委员会要求解决纠纷。该起纠纷属于抚养关系纠纷，涉及不能自由处分的身份关系，因此不能由仲裁委员会处理。

3. 监护纠纷不能仲裁

监护是为了监督和保护无民事行为能力人和限制民事行为能力人的合法权

---

① 《中华人民共和国仲裁法》第3条规定："下列纠纷不能仲裁：（一）婚姻、收养、监护、扶养、继承纠纷；（二）依法应当由行政机关处理的行政争议。"

② 马俊驹，余延满. 民法原论［M］. 3版. 北京：法律出版社，2016：800.

③ 马俊驹，余延满. 民法原论［M］. 3版. 北京：法律出版社，2016：858.

益而设置的一项民事法律制度。① 监护关系的成立主要依托于一定的身份关系而成立，监护纠纷不能仲裁。例如：2000 年，6 岁黄小的父亲因车祸身亡，母亲杨美丽领取包含黄小生活费在内的赔偿款后，未再与黄小共同生活。2002 年，黄小的祖父母申请北京仲裁委员会撤销杨某的监护人资格，该做法是不正确的，变更监护人纠纷不能由仲裁委员会处理，应当向人民法院起诉要求变更监护人。

4. 扶养关系纠纷不能仲裁

扶养是一定的亲属间在经济上相互供养的义务。广义的扶养包括狭义的扶养、抚养以及赡养。② 扶养基于一定的亲属关系而成立，扶养关系纠纷不能仲裁。例如：黄强与蔡弱夫妻共育有黄甲、黄乙、黄丙三个小孩，2000 年黄强夫妻俩与黄甲、黄乙、黄丙分家，就赡养问题作出书面约定，夫妻俩随黄甲生活，黄乙与黄丙每人每月支付 1000 元扶养费赡养父母亲。2010 年蔡弱因病去世后，黄乙与黄丙就不再支付扶养费，黄强想将扶养协议交由上海仲裁委员会，督促黄乙与黄丙支付扶养费。对于扶养关系纠纷，上海仲裁委员会不应当受理，黄强可以将纠纷起诉至人民法院，由人民法院进行裁决。

5. 继承纠纷不能仲裁

例如：张大与张二因遗产继承问题发生纠纷，二人达成书面仲裁协议，约定将此纠纷交由上海仲裁委员会裁决，订立的仲裁协议无效。该仲裁协议所约定的仲裁事项不属于仲裁适用的范围，即仲裁事项不具有可仲裁性，因为继承等身份的纠纷不适用仲裁。

6. 依法应当由行政机关处理的行政争议不能仲裁

例如：彭某因砸坏幸福村的过滤池，被当地派出所拘留五日，并责令赔偿过滤池损失 2000 余元。幸福村负责人在向彭某追索损失时，彭某称不服派出所的处罚，要求深圳仲裁委员会进行裁决；彭某不服行政处罚决定，可以通过行政诉讼和行政复议进行处理，不应要求仲裁委员会进行仲裁。

（二）例外规定

劳动争议和农村集体经济组织内部的农业承包合同纠纷，可以仲裁，但这两类纠纷具有特殊的民事经济纠纷属性，由法律另行规定的，不受《仲裁法》的规制。③

---

① 马俊驹，余延满. 民法原论 [M]. 3 版. 北京：法律出版社，2016：873.
② 马俊驹，余延满. 民法原论 [M]. 3 版. 北京：法律出版社，2016：881.
③ 《中华人民共和国仲裁法》第 77 条规定："劳动争议和农业集体经济组织内部的农业承包合同纠纷的仲裁，另行规定。"

例如：快乐村的村民大强承包本村四十亩的温室大棚种植蔬菜，恰逢市场上对蔬菜的需求量增大，大棚蔬菜获利颇丰，村委会遂决定将大强承包的大棚收归村委会所有。这种情况的争议属于农村集体经济组织内部的农业承包合同纠纷，不能适用《仲裁法》解决。

二、仲裁的原则和基本制度

（一）仲裁的原则

（1）自愿原则：是否选择仲裁、仲裁委员会的选择、仲裁庭的组成、审理方式和形式等都可以自主决定。

（2）根据事实，符合法律规定，公平合理原则。

（3）独立仲裁原则。独立仲裁原则一方面指仲裁独立进行，另一方面指仲裁委员会之间相互独立，仲裁庭独立裁决案件。

（二）仲裁的基本制度

1. 协议仲裁

协议仲裁是当事人自愿原则的体现。协议仲裁不同于劳动争议仲裁，有效的仲裁协议是民商事仲裁启动的前提，没有仲裁协议的纠纷，仲裁机构不予受理。我国《仲裁法》第4条、第5条①对协议仲裁做了规定。

例如：黄某长期向蔡某提供各类果蔬，若二人在提供果蔬的买卖过程中发生争议，黄某擅自向 A 仲裁委员会申请仲裁，因黄某与蔡某之间未就仲裁达成协议，仲裁委员会不予受理。

2. 或裁或审

或裁或审是仲裁的基本制度之一。发生纠纷之后，在仲裁和诉讼中当事人只能选择其中一种解决争议；当事人选择以仲裁解决争议，则不能再选择诉讼；若选择了诉讼解决争议，就不可以同时选择仲裁；这意味着有效的仲裁协议可以排除法院对纠纷的司法管辖。

仲裁实行或裁或审制度，当事人达成仲裁协议之后，若一方当事人无视仲裁协议向法院起诉，另一方当事人在实质答辩之前，可以向受理法院提出管辖权异议；仲裁协议合法有效，受理法院应当裁定驳回起诉，争议仍由仲裁委员

---

① 《中华人民共和国仲裁法》第4条规定："当事人采用仲裁方式解决纠纷，应当双方自愿，达成仲裁协议。没有仲裁协议，一方申请仲裁的，仲裁委员会不予受理"；第5条规定："当事人达成仲裁协议，一方向人民法院起诉的，人民法院不予受理，但仲裁协议无效的除外"。

会解决。当然，若是当事人首次开庭前未提出管辖权异议的，表明当事人已放弃仲裁协议，受理法院可以继续审理案件。

例如：M公司与N公司因软件买卖合同产生纠纷，经B仲裁委员会审理作出仲裁裁决，除存在法定的申请撤销或者不予执行仲裁裁决的事由之外，M公司与N公司均不得将该纠纷提交法院解决。

3. 一裁终局

我国《仲裁法》第9条规定了仲裁一裁终局制度。① 一裁终局是指仲裁机构受理并经过仲裁庭审理作出的裁决，该仲裁的结果作出即发生法律效力，当事人不得就同一纠纷再向人民法院起诉，也不能向其他仲裁机构再次申请仲裁。

不同于诉讼中采取两审终审的审级制度，仲裁裁决作出后，仲裁裁决受到执行力的保障，当事人不得协议排除一裁终局的适用。

（三）仲裁机构

我国《仲裁法》第10条对仲裁委员会的设立进行了规定。② 仲裁委员会是从事仲裁工作的专门机构。仲裁委员会不按行政区划层层设立，县和未设立区的市不可以设立仲裁委员会。仲裁委员会不隶属于行政机关，各仲裁委员会之间没有隶属关系。

我国《仲裁法》第11条规定了仲裁委员会必须具备的条件。③ 根据国务院的有关规定，仲裁机构的名称应当规范，一律在仲裁机构之前冠以机构所在地的市的名称（地名），我国仲裁机构的名称应当采取"地名" + "仲裁委员会"的方式，如北京仲裁委员会、厦门仲裁委员会、肇庆仲裁委员会等。

三、仲裁的时效

仲裁时效是指权利人向仲裁机构请求保护其权利的法定期限，也即权利人

---

① 《中华人民共和国仲裁法》第9条规定："仲裁实行一裁终局的制度。裁决作出后，当事人就同一纠纷再申请仲裁或者向人民法院起诉的，仲裁委员会或者人民法院不予受理。裁决被人民法院依法裁定撤销或者不予执行的，当事人就该纠纷可以根据双方重新达成的仲裁协议申请仲裁，也可以向人民法院起诉。"

② 《中华人民共和国仲裁法》第10条规定："仲裁委员会可以在直辖市和省、自治区人民政府所在地的市设立，也可以根据需要在其他设区的市设立，不按行政区划层层设立。仲裁委员会由前款规定的市的人民政府组织有关部门和商会统一组建。设立仲裁委员会，应当经省、自治区、直辖市的司法行政部门登记。"

③ 《中华人民共和国仲裁法》第11条规定："仲裁委员会应当具备下列条件：（一）有自己的名称、住所和章程；（二）有必要的财产；（三）有该委员会的组成人员；（四）有聘任的仲裁员。仲裁委员会的章程应当依照本法制定。"

在法定期限内没有行使权利，即丧失提请仲裁以保护其权益的权利。关于仲裁的时效需要参照我国《仲裁法》第74条的规定①以及《民法典》第188条、第594条的规定②。

《民法典》有关诉讼时效中止及中断的规定适用于仲裁时效，仲裁时效期间应从权利人知道或者应当知道权利被侵害时起计算。

四、仲裁的司法监督

关于审判机关即人民法院对仲裁活动介入的行为，一般称为"仲裁的司法监督"。仲裁的司法监督制度是一国法院依照其国内法律或者有关国际条约赋予的监督权力，对仲裁案件的某些事项进行审查，决定是否予以支持和协助或者干预的一种法律制度。从狭义上讲，仲裁的司法监督，专指法院对仲裁的审查和干预，主要表现为确认仲裁协议无效、撤销仲裁裁决、拒绝承认和执行仲裁裁决制度等。从广义上讲，仲裁的司法监督，不仅包括法院对仲裁的审查和干预，还包括法院对仲裁的支持和协助制度。支持与协助包括法院对于仲裁协议效力认定、确认仲裁管辖权、指定和撤换仲裁员、在仲裁程序中采取的保全措施、承认和执行仲裁裁决等。从实践上看，仲裁的司法监督多为广义上的理解。仲裁的司法监督可以为仲裁的顺利进行提供支持与协助或为当事人的权利受到仲裁的损害而实施相应的救济。

我国《仲裁法》和《民事诉讼法》确立了仲裁司法监督原则，于2006年9月施行的《最高人民法院关于适用〈中华人民共和国仲裁法〉若干问题的解释》进一步细化了司法监督的规则，增强了可操作性。

（一）法院审查仲裁协议效力的制度

法院审查仲裁协议的效力可以在仲裁庭首次开庭前或者在法院首次开庭前进行，还可以在仲裁裁决作出后的撤销仲裁裁决或者提出不予执行程序中实施。

---

① 《中华人民共和国仲裁法》第74条规定："法律对仲裁时效有规定的，适用该规定。法律对仲裁时效没有规定的，适用诉讼时效的规定。"

② 《中华人民共和国民法典》第188条规定："向人民法院请求保护民事权利的诉讼时效期间为三年。法律另有规定的，依照其规定。诉讼时效期间自权利人知道或者应当知道权利受到损害以及义务人之日起计算。法律另有规定的，依照其规定。但是，自权利受到损害之日起超过二十年的，人民法院不予保护，有特殊情况的，人民法院可以根据权利人的申请决定延长。"

《中华人民共和国民法典》第594条的规定："因国际货物买卖合同和技术进出口合同争议提起诉讼或者申请仲裁的期间为四年。"

（二）财产保全以及证据保全制度是对仲裁程序中的司法支持与协助

仲裁程序中采取财产保全的目的是保证裁决能够顺利执行，维护当事人的合法权益。证据保全的目的是防止证据灭失，保证仲裁程序顺利进行。申请人的保全申请书可以通过仲裁委员会向人民法院递交。事实上，仲裁程序中的财产保全措施和证据保全措施，是法院对仲裁支持与监督措施功能融合在一起的。

（三）申请撤销仲裁裁决制度

我国《仲裁法》第五章"申请撤销裁决"以专章的形式明确了当事人申请撤销仲裁裁决的条件和程序，赋予人民法院有权通知仲裁庭在一定期限内重新仲裁、撤销仲裁裁决或者驳回申请的方式解决当事人申请撤销仲裁裁决的案件。重新仲裁是法院作出撤销仲裁裁决的裁定之前给予仲裁庭弥补程序性缺陷的机会，以此保障裁决撤销程序的顺利进行。

（四）承认和执行仲裁裁决制度

仲裁裁决一旦作出，具有强制执行的法律效力，当事人应当履行。当事人拒绝履行的，权利人可以申请法院强制执行。被申请人有证据证明裁决具有法定理由的，经法院合议庭审查核实，裁定不予执行。此种情况，也体现了仲裁的司法监督功能。

第二节　仲裁协议的法律规定

一、仲裁协议

有效的仲裁协议是启动民商事仲裁的唯一方式。仲裁协议是指双方当事人自愿将他们之间已经发生或者可能发生的可仲裁事项提交仲裁裁决的书面协议。仲裁协议包括双方当事人在合同中订立的仲裁条款和以其他书面方式在纠纷发生前或者纠纷发生后达成的请求仲裁的协议。①

（一）仲裁协议的内涵

（1）仲裁协议是一种合同。仲裁协议是双方当事人共同的意思表示，必须建立在双方当事人自愿、平等和协商一致的基础上。

例如：蔡甲长期给苏乙供应各种坚果原料，双方订立了买卖合同，为使在

---

① 侯丽艳，梁平，张文镔．经济法概论［M］．北京：中国政法大学出版社，2012：346.

供应过程中产生的纠纷能提交仲裁委员会处理，苏乙采取胁迫的手段，强迫蔡甲签订了仲裁协议，协议约定产生纠纷交由广州仲裁委员会进行裁决。蔡甲与苏乙签订的仲裁协议无效，仲裁协议必须是当事人自愿订立的。

（2）仲裁协议是一种书面协议。我国《仲裁法》第16条有明确规定①，仲裁协议的形式具有特殊性，这种特殊性就是要求有书面的形式。

（3）仲裁协议是当事人约定将争议提交仲裁解决的协议。在仲裁协议中需要约定的是有关需要仲裁解决的争议。

（二）仲裁协议的特性

仲裁协议作为整个仲裁活动的前提和基本依据，有如下法律特性。

（1）仲裁协议只能由具有利害关系的双方（或多方）当事人或其合格的代理人订立。若有关当事人在仲裁程序开始时提出证据，证明他不是仲裁条款或仲裁协议的当事人，或订立时没有权利能力或行为能力，那么仲裁协议无效，对双方均无法律约束力。

（2）仲裁协议是当事人申请仲裁、排除法院管辖的法律依据。仲裁协议一经签订，就成为仲裁委员会受理争议的凭据，同时在申请法院执行时，也以它作为撤销裁决或强制执行的依据。

（3）仲裁协议具有相对的独立性，仲裁协议独立存在，不受合同变更、解除、终止或无效的影响。

二、仲裁协议的形式和内容

（一）仲裁协议的形式

1. 口头方式订立的仲裁协议无效，当事人依此申请仲裁的，仲裁机构不予受理

例如：蔡甲与蔡乙订立小龙虾买卖合同，合同对小龙虾的品质、规格等进行了明确；双方口头约定，如果发生纠纷，将纠纷提交D仲裁委员会进行仲裁。若两人在小龙虾买卖过程中发生争议，并向D仲裁委员会申请仲裁，因双方口头订立的仲裁协议无效，仲裁委员会将不予受理。

2. 仲裁协议采取书面形式，一般包括信函、电报、电传、电子数据交换、电子邮件等

例如：赵四与H公司签订为期一年的大米供应合同，合同生效后，H公司

---

① 《中华人民共和国仲裁法》第16条第1款规定："仲裁协议包括合同中订立的仲裁条款和以其他书面方式在纠纷发生前或者纠纷发生后达成的请求仲裁的协议。"

向赵四发了一封电子邮件，邮件称若在合同履行中发生争议，争议提交 I 仲裁委员会处理，赵四表示同意并回复该邮件，该邮件符合仲裁协议书面形式的要求。

再如：赵四与 I 公司签订为期一年的大米供应合同，合同生效后，I 公司的工作人员给赵四打电话，双方在通话中约定，如若发生纠纷，移交 J 仲裁委员会处理，该约定属于口头协议，无效。

从书面仲裁协议的存在形式看，仲裁协议有三种类型：仲裁条款、专门的仲裁协议和其他文件中包含的仲裁协议。

（1）仲裁条款

仲裁条款，是指双方当事人在合同中订立的，将可能因该合同所发生的争议提交仲裁的条款。① 仲裁条款是仲裁实践中最常见的仲裁协议的形式。

例如：杨甲欲为女儿举办盛大的生日庆祝会，遂与甜蜜蜜烘焙屋订立甜品买卖合同，双方在合同中约定了甜品的数量、价款、交货时间以及交付地点之外，还规定了如若双方就甜品的供应产生纠纷，纠纷将提交 E 仲裁委员会解决。在杨甲与甜蜜蜜烘焙屋订立的合同中，有关仲裁内容的规定就是仲裁条款。

（2）专门的仲裁协议

专门的仲裁协议一般是仲裁协议书，指当事人之间订立的提交仲裁解决的单独的协议。当事人可在争议发生前或者争议发生后订立。

例如：赵大与 F 公司签订一份为期二年的商品运输买卖合同，合同生效之后，F 公司与赵大协商订立了一份解决纠纷协议书，约定在合同履行过程中发生纠纷的，提交 H 仲裁委员会处理；F 公司与赵大订立的解决纠纷协议书就是仲裁协议书。

（3）其他文件中包含的仲裁协议

当事人在相互之间有信函、电传、传真、电子邮件或其他书面材料的往来中，如有双方当事人同意将他们之间的争议提交仲裁的内容，那么，有关文件即是仲裁协议。② 这种类型仲裁协议的仲裁意思，分散在当事人之间彼此多次往来的不同文件中。

例如：杭州的苏大长期给北京的赵二供货，苏大某日突然担心与赵二发生纠纷后难以解决，遂发邮件将他希望订立仲裁协议的事宜向赵二发出建议，赵

---

① 徐家力. 论仲裁协议的效力及解释［A］. 中国仲裁与司法论坛暨 2010 年年会论文集［C］. 2010：128.
② 徐家力. 论仲裁协议的效力及解释［A］. 中国仲裁与司法论坛暨 2010 年年会论文集［C］. 2010：129.

二在看到邮件后，回复愿意接受该项建议，在邮件中赵二表示双方若发生纠纷，可将纠纷提交 G 仲裁委员会处理；苏大收到赵二的邮件后，回复邮件表示同意若产生纠纷，由 G 仲裁委员会进行处理；通过苏大和赵二的邮件往来，可以确认双方达成了仲裁协议。

（二）仲裁协议的内容

我国《仲裁法》第 16 条规定了一份完整、有效的仲裁协议必须具备法定的内容①，具体包括以下几项。

1. 请求仲裁的意思表示

请求仲裁的意思表示是仲裁协议的首要内容。当事人请求仲裁的意思表示要明确，是双方当事人共同的真实意思表示。在欺诈、胁迫、误解等情况下作出的仲裁意思表示无效，仲裁协议也当然无效。

2. 仲裁事项

仲裁协议必须明确约定具有可仲裁性的仲裁事项。仲裁事项即当事人提交仲裁的具体争议事项，是"仲裁什么"的问题。

值得注意的是，由行政机关专属管辖的土地所有权、使用权纠纷等，不能采用仲裁方式解决；专利、商标等知识产权侵权纠纷，可以向专利管理机关或工商行政机关请求处理，或向人民法院起诉，不能采取仲裁的方式解决。

3. 选定的仲裁委员会

仲裁协议必须明确选定唯一的仲裁委员会对纠纷进行裁决，若当事人就选定的仲裁委员会存在分歧，按照以下方式解决。

例如（1）：甲车行向丙汽车厂订购 10 辆汽车，双方订立购车合同，在合同中约定若在交易中产生纠纷由广州仲裁委员会或者深圳仲裁委员会进行裁判。因甲车行与丙汽车厂订立的仲裁子协议约定了两个仲裁机构，双方可以协议选择其中一个仲裁机构申请仲裁；如果双方不能就仲裁机构选择达成一致的，则订立的仲裁协议无效。

例如（2）：乙出版社与邹大签订图书出版合同，合同中约定，若发生纠纷则提交位于北京的仲裁委员会仲裁。北京有北京仲裁委员会以及中国国际经济贸易仲裁委员会两个仲裁机构；在发生纠纷时，乙出版社和邹大可以协商选定北京的一个仲裁委员会进行仲裁，若双方不能达成一致意见，则仲裁协议无效。

---

① 《中华人民共和国仲裁法》第 16 条第 2 款规定："仲裁协议应当具有下列内容：（一）请求仲裁的意思表示；（二）仲裁事项；（三）选定的仲裁委员会。"

例如（3）：黄小与丙公司订立一份运输合同，合同约定，若发生争议，由南昌市仲裁委员会进行仲裁。黄小与丙公司订立的仲裁协议中，选定的仲裁委员会名称存在文字错误，机构名称不准确，但能够推定双方想选择的是南昌仲裁委员会；若双方因运输合同产生纠纷需要仲裁裁决，应认定双方选择了南昌仲裁委员会进行仲裁。

例如（4）：蔡花与董大签订一份房屋租赁合同，合同约定，在履行房屋租赁过程中发生争议的，由J县仲裁机构进行处理。因为县一级不存在仲裁委员会，当蔡花和董大在履行房屋租赁合同中产生争议的，仲裁协议无效，仲裁委员会不予受理纠纷。

例如（5）：黄大与王二签订一份房屋买卖合同，合同约定，若双方就房屋买卖发生争议的，适用贸仲的规则进行仲裁。黄达与王二的仲裁协议仅约定纠纷适用仲裁规则的，视为未约定仲裁机构；当黄大与王二能达成补充协议或者按照约定的仲裁规则能够确定仲裁机构的，可以将双方的争议提交仲裁委员会进行裁决。

例如（6）：张甲与何乙签订一份香猪购销合同，合同中约定，双方在买卖过程中发生纠纷的，可以向南京市基层人民法院起诉，也可以向南京仲裁委员会申请仲裁。张甲与何乙的仲裁协议违反了或裁或审的规定，仲裁协议无效；但若张甲向仲裁机构申请仲裁，何乙未在仲裁法规定的期间内提出异议的，南京仲裁委员会可以就纠纷进行仲裁。

三、仲裁协议的效力

（一）仲裁协议的一般法律效力

1. 排斥当事人的起诉权

例如：钱大与丙公司签订为期两年的商品运输合同，合同约定，若在商品运输过程中产生纠纷的，纠纷由深圳仲裁委员会进行裁决。后钱大与丙公司因商品运输产生纠纷，钱大到法院起诉，法院不应当受理。钱大和丙公司签订了仲裁协议，仲裁协议对双方产生法律效力。发生纠纷后，钱大和丙公司只能通过向仲裁协议确定的深圳仲裁委员会申请仲裁的方式解决该纠纷，而丧失了就该纠纷向法院提起诉讼的权利。现钱大欲违背仲裁协议，就争议事项向法院起诉，丙公司有权在首次开庭前依据仲裁协议要求法院停止诉讼程序，法院也应当驳回当事人的起诉。

2. 排斥法院的司法管辖权

有效的仲裁协议可以排除法院对订立于仲裁协议中的争议事项的司法管

辖权。

3. 仲裁机构取得仲裁权

从我国《仲裁法》第 4 条的规定①可以看出，仲裁协议是仲裁委员会受理仲裁案件的基础，是仲裁庭审理和裁决仲裁案件的依据。

（二）仲裁协议效力的独立性

仲裁协议订立后，独立存在，不受合同变更、解除、终止或者无效的影响，具体表现在以下两方面。

（1）合同成立后，未生效或者被撤销的，不影响仲裁协议的效力。

（2）当事人在订立合同时，就争议达成仲裁协议的，合同未成立不影响仲裁的效力。

第三节 仲裁程序规定

一、仲裁程序概述

仲裁程序是指当事人将所发生的民事争议根据仲裁协议申请仲裁到仲裁庭作出仲裁裁决所适用的程序。除了我国《仲裁法》第四章"仲裁程序"的规定之外，在仲裁实践中，国内的仲裁机构都制定有仲裁规则，其中关于仲裁程序的内容规范着仲裁程序的实际运作。仲裁程序包括简易程序和普通程序。尽管我国的相关法律法规的规定没有进行明确的区分，但是，《仲裁法》中关于独任仲裁员和书面审理的规定，包含了非常明显的简化仲裁程序精神。

（一）仲裁程序的特性

仲裁程序与民事诉讼程序及其他民事纠纷解决程序相比，具有以下几个方面的特性。

1. 仲裁程序具有独立性

仲裁程序与诉讼程序相比较，由于是在私权利范围内处理争议，没有国家统一行使公权力干涉的情况，从本质上来说是一种具体案件、个案中的程序。②

---

① 《中华人民共和国仲裁法》第 4 条规定："当事人采用仲裁方式解决纠纷，应当双方自愿，达成仲裁协议。没有仲裁协议，一方申请仲裁的，仲裁委员会不予受理。"

② 张建华. 仲裁新论［M］. 北京：中国法制出版社，2002：162.

其独立性体现在：仲裁程序不受公权力机关的干涉；仲裁机构之间没有隶属关系，案件管辖上独立；仲裁机构为仲裁权服务，不能干预仲裁权的行使，仲裁庭可以独立行使仲裁权；仲裁裁决书自作出之日起发生法律效力。虽然仲裁程序具有独立性，但是这种独立不是绝对的。

2. 仲裁程序具有非公开性

仲裁的庭审程序，即案件的顺序、方式和步骤等具有封闭性，不允许旁听和报道；从我国《仲裁法》第 40 条的规定①可以看出，仲裁程序具有非公开性，以不公开审理为原则。

3. 仲裁程序具有可选择性

仲裁程序适用何种程序法和何种仲裁规则，当事人可以自行协商决定，甚至可以由当事人自行协商拟定。在实践中，仲裁的当事人没有直接明确选择所适用程序的情况下，适用仲裁程序可以视为当事人默示接受申请仲裁的仲裁机构的仲裁规则所规定的程序，或者适用仲裁地相关的仲裁程序法。

4. 仲裁程序具有非正式性

仲裁程序更注重实际效果，不拘泥于某种正式的形式。仲裁开庭可以是圆桌会议等形式，仲裁员在当事人之间平等地谋求纠纷解决方式。当事人在平和、友善中求同存异，仲裁员在说服、调和中了解案件情况，作出判断。

（二）仲裁程序的当事人及代理人

仲裁程序的参与人包括三方参与人，包括纠纷双方当事人及代理人、仲裁庭成员。

仲裁当事人是指因发生民商事纠纷，根据达成的仲裁协议，以自己的名义参加仲裁活动，并受仲裁裁决约束的民事主体。仲裁当事人的法律地位是平等的，其必须以自己的名义参加仲裁。仲裁当事人享有委托代理人、选择仲裁员、申请回避、收集和提供证据、质证、辩论、和解等的权利。有权利当然会有相应的义务，仲裁当事人必须依法行使仲裁权利；遵守仲裁程序，维护仲裁秩序；自觉履行生效的裁判文书和调解书等。

根据法律的规定或者当事人的授权委托，在仲裁程序中以仲裁当事人的名义进行仲裁活动的，称之为仲裁代理人。仲裁代理人必须在代理权的范围内进行仲裁活动。仲裁代理人进行仲裁的后果，由被代理的仲裁当事人承担。值得

---

① 《中华人民共和国仲裁法》第 40 条规定："仲裁不公开进行。当事人协议公开的，可以公开进行，但涉及国家秘密的除外。"

注意的是，委托仲裁代理人应当向仲裁委员会提交授权委托书。委托代理权产生之后，仲裁程序终结，代理权消灭；或者是委托代理人死亡或丧失行为能力时，委托代理权归于消灭。

二、仲裁的申请和受理

（一）仲裁的申请

申请仲裁，是指平等的民事主体就他们之间发生的合同纠纷和其他财产权益纠纷，根据自愿达成的仲裁协议，提请仲裁协议所选定的仲裁委员会通过仲裁的方式解决争议的行为。仲裁程序是以当事人向仲裁机构申请仲裁为起始。没有仲裁协议，一方当事人申请仲裁，仲裁委员会不予受理。当事人申请仲裁必须向仲裁委员会递交仲裁协议和仲裁申请书。

当事人依据仲裁协议申请仲裁是仲裁程序开始的前提。当事人的申请会被仲裁委员会审查，因此申请仲裁的行为并不必然开启仲裁程序。

1. 申请仲裁的实质条件

我国《仲裁法》第 21 条规定①了当事人申请仲裁的实质条件，包括：首先，有仲裁协议，当事人之间订有仲裁协议是当事人申请仲裁的必要前提。其次，当事人依据仲裁协议申请仲裁，要有具体的仲裁请求和事实、理由。最后，要求当事人在仲裁协议中所约定的，并提请仲裁解决的争议事项具有可仲裁性。

2. 申请仲裁的形式条件

根据我国《仲裁法》第 22 条的规定②，申请仲裁需要相应的形式条件。仲裁申请书是当事人提交仲裁委员会请求对争议进行仲裁的书面文件。《仲裁法》第 23 条规定，仲裁申请书应当记载当事人的基本情况，包括申请人和被申请人的姓名、性别、年龄、职业、住所等；还要记载仲裁请求和所根据的事实、理由。此外，根据《仲裁法》第 43 条的规定，当事人对自己的主张应当提供证据加以证明，记载证据和证据来源、证人姓名和住所。

（二）仲裁的受理

仲裁受理是仲裁委员会对当事人的仲裁申请经过审查，从而决定立案审查的

---

① 《中华人民共和国仲裁法》第 21 条规定："当事人申请仲裁应当符合下列条件：（一）有仲裁协议；（二）有具体的仲裁请求和事实、理由；（三）属于仲裁委员会的受理范围。"

② 《中华人民共和国仲裁法》第 22 条规定："当事人申请仲裁，应当向仲裁委员会递交仲裁协议、仲裁申请书及副本。"

行为。仲裁委员会对于仲裁申请，一般进行实质条件的审查和形式条件的审查。

仲裁委员会认为符合受理条件的，在收到仲裁申请书之日起五日内向申请人发出受理通知书，同时向被申请人发出仲裁通知书及附件。① 仲裁受理后，即产生法律效果。仲裁受理表明仲裁委员会取得对争议案件的仲裁管辖权；申请人和被申请人取得了仲裁当事人的资格，可以依法享受相关法律规定的诸项权利，并同时承担相应的义务。

仲裁委员会受理仲裁申请后，具体的仲裁程序在我国《仲裁法》第 25 条予以明确的规定。②

此外，当事人在收到受理通知书或仲裁通知书后，申请人须在规定的期限内预交仲裁费用，否则将视为申请人撤回仲裁申请；做好证据材料的核对及整理等工作。

三、仲裁庭

（一）仲裁庭

仲裁庭是按照仲裁程序对当事人提请仲裁的争议案件进行审理并作出仲裁裁决的仲裁组织。

仲裁庭行使对争议案件的具体仲裁权。仲裁庭是当事人提请仲裁争议案件的直接审理者和裁判者，仲裁庭是由当事人在仲裁委员会确定的仲裁员名单手册中选定的仲裁员或者是由仲裁委员会主任在名册上指定的仲裁员组成的。根据仲裁争议案件的需要设立仲裁庭，争议案件因仲裁裁判得到解决或者当事人撤回仲裁申请时，仲裁庭即解散。因此，仲裁庭具有临时性。仲裁庭的组成形式以及仲裁庭成员的选定没有固定统一的要求，具有较大的灵活性。

（二）仲裁庭的组成

1. 仲裁庭的组织形式

仲裁庭是基于双方当事人协议授权而行使仲裁权的组织，仲裁庭采取何种

---

① 《中华人民共和国仲裁法》第 24 条规定："仲裁委员会收到仲裁申请书之日起五日内，认为符合受理条件的，应当受理，并通知当事人；认为不符合受理条件的，应当书面通知当事人不予受理，并说明理由。"

② 《中华人民共和国仲裁法》第 25 条规定："仲裁委员会受理仲裁申请后，应当在仲裁规则规定的期限内将仲裁规则和仲裁员名册送达申请人，并将仲裁申请书副本和仲裁规则、仲裁员名册送达被申请人。被申请人收到仲裁申请书副本后，应当在仲裁规则规定的期限内向仲裁委员会提交答辩书。仲裁委员会收到答辩书后，应当在仲裁规则规定的期限内将答辩书副本送达申请人。被申请人未提交答辩书的，不影响仲裁程序的进行。"

形式，也由双方当事人协商选择。在我国，仲裁庭组成形式的确定采取当事人意思自治原则，但是又对双方当事人的意思自治作出了一定的限制。我国《仲裁法》第30条规定①，仲裁组织形式包括两种，一种是三名仲裁员组成的合议仲裁庭，应设首席仲裁员；另一种是独任仲裁庭。

2. 仲裁员的确定

我国《仲裁法》第31条②对仲裁员的确定进行了明确的规定。

例如：苏强与蔡花订立了一份为期两年的租赁合同，合同中约定，在租赁过程中双方产生纠纷的，交由上海仲裁委员会裁决。后苏强与蔡花之间确因租赁问题产生纠纷，蔡花遂向上海仲裁委员会申请仲裁。上海仲裁委员会经过审查，受理了该案件，若苏强和蔡花约定由三名仲裁员组成仲裁庭的，仲裁庭的组成是由蔡花选定的仲裁员，苏强选定的仲裁员以及由蔡花和苏强共同选定的仲裁员或者共同委托仲裁委员会主任指定的仲裁员组成，第三名仲裁员是首席仲裁员。若蔡花和苏强约定由一名仲裁员成立仲裁庭的，由苏强和蔡花共同选定或者共同委托仲裁委员会主任指定仲裁员。

（三）仲裁员的回避

仲裁员回避的方式包括自行回避以及申请回避。我国《仲裁法》第34条③规定了回避的理由，在仲裁庭首次开庭前必须提出回避申请；回避事由在首次开庭后知道的，可以在最后一次开庭终结前提出。

值得注意的是，对仲裁员的回避申请，由仲裁委员会主任决定；仲裁委员会主任担任仲裁员时的回避申请，由仲裁委员会决定；首席仲裁员并没有申请回避的决定权。仲裁员被申请回避，被准许回避的仲裁员退出仲裁庭，重新选定或者指定仲裁员。

---

① 《中华人民共和国仲裁法》第30条规定："仲裁庭可以由三名仲裁员或者一名仲裁员组成。由三名仲裁员组成的，设首席仲裁员。"

② 《中华人民共和国仲裁法》第31条规定："当事人约定由三名仲裁员组成仲裁庭的，应当各自选定或者各自委托仲裁委员会主任指定一名仲裁员，第三名仲裁员由当事人共同选定或者共同委托仲裁委员会主任指定。第三名仲裁员是首席仲裁员。当事人约定由一名仲裁员成立仲裁庭的，应当由当事人共同选定或者共同委托仲裁委员会主任指定仲裁员。"

③ 《中华人民共和国仲裁法》第34条规定："仲裁员有下列情形之一的，必须回避，当事人也有权提出回避申请：（一）是本案当事人或者当事人、代理人的近亲属；（二）与本案有利害关系；（三）与本案当事人、代理人有其他关系，可能影响公正仲裁的；（四）私自会见当事人、代理人，或者接受当事人、代理人的请客送礼的。"

（四）仲裁庭的权利与义务

为了保证仲裁程序的顺利进行，保证仲裁庭所享有的仲裁权的正当行使，仲裁法赋予了仲裁庭一系列的具体权利。根据仲裁法的相应规定，仲裁庭从其成立时，就基于当事人的协议授权而行使指挥、引导整个仲裁程序顺利进行的权利，以及对具体争议案件的审理和裁判权。具体而言，仲裁庭享有调查取证权、开庭审理权、争议案件的调解权、争议案件的裁决权和仲裁程序的指挥权。

仲裁庭在享有仲裁权的同时，也应当承担一定的义务。要求仲裁庭承担一定的义务，是为了保证仲裁权的正当行使，防止仲裁庭滥用职权，给当事人造成损害。具体而言，仲裁庭应当履行及时、公正地审理并裁判案件，制作调解书或者裁决书，制作开庭笔录等义务。

四、仲裁的审理

（一）审理的方式

按照《仲裁法》第 39 条的规定①，仲裁审理的方式可以分为开庭审理和书面审理两种。

1. 开庭审理

开庭审理是仲裁审理的主要方式。所谓开庭审理是指在仲裁庭的主持下，在双方当事人和其他仲裁参与人的参加下，按照法定程序，对案件进行审理并作出裁决的方式。《仲裁法》在规定仲裁的开庭审理原则的同时，又在第 40 条规定了仲裁不公开审理。

仲裁最大的特点在于尊重当事人的意愿，不公开审理的目的在于保守当事人的商业秘密，维护当事人的商业信誉。

2. 书面审理

书面审理与开庭审理不同，是在双方当事人及其他仲裁参与人不到庭参加审理的情况下，仲裁庭根据提供的仲裁申请书、答辩书以及其他书面材料作出裁决的过程。

开庭审理便于当事人当庭出示证据、质证和进行辩论，有利于仲裁庭准确充分地了解案情，但是会延长裁决的时间，增加当事人的各项费用支出。书面审理有利于及时地作出仲裁裁决，有利于当事人节省开支，具有灵活性。但是

---

① 《中华人民共和国仲裁法》第 39 条规定："仲裁应当开庭进行。当事人协议不开庭的，仲裁庭可以根据仲裁申请书、答辩书以及其他材料作出裁决。"

当事人没有口头陈述意见的机会，仲裁庭仅凭书面材料审理，可能无法充分了解案情。开庭审理和书面审理各有利弊，当事人可以自行权衡。

（二）审理的原则

1. 开庭审理为原则，书面审理为补充

根据我国《仲裁法》第 39 条的规定可见，在我国仲裁庭审理案件以开庭审理为原则，同时也不完全排除书面审理。书面审理的案件，经当事人协商同意，此类案件一般涉及金额较小、案件情况并不复杂，甚至当事人对案件事实没有争议，只是对所涉及法律和责任的认识和理解不一致等。

2. 以不公开审理为原则，公开审理为例外

我国《仲裁法》第 40 条规定确立了仲裁庭开庭审理的方式以不公开审理为原则，以公开审理为例外。与仲裁实行不公开审理原则的规定不同，诉讼实行的是公开审理原则。仲裁权是当事人的授权，本质上是一种私人裁判的行为，没有必要将私人行为向社会公开。当事人提交的仲裁事项属于合同纠纷或者其他财产权纠纷，涉及当事人的商业秘密或其他经营秘密，不宜为公众所熟知。仲裁审理确立不公开审理的原则有其特殊的基础和意义。

（三）审理的程序

1. 审理前的准备

在仲裁委员会受理案件之后，仲裁庭正式开庭审理之前，为确保仲裁审理的顺利进行，必须提前进行一系列的准备性工作。

（1）送达仲裁文书、仲裁规则与仲裁员名册

根据《仲裁法》第 25 条的规定，仲裁审理前的送达可以分为三个阶段进行。首先，向申请人送达受理通知书、仲裁规则以及名册，并告知在规定期限内选定或者委托指定仲裁员的权利。其次，向被申请人送达仲裁申请书副本、仲裁规则及仲裁员名册，并告知在规定期限内选定或者委托指定仲裁员的权利。最后，被申请人在期限内提交答辩书的，在仲裁规定的期限内及时将答辩书送达申请人。

（2）书面通知仲裁庭组成情况

书面通知仲裁庭组成情况，可以使当事人及时了解仲裁庭的组成人员，便于当事人行使申请回避的权利。同时，可以保证仲裁庭组成人员及组成程序的正当。

（3）审阅仲裁资料，调查收集必要的证据

仲裁庭根据当事人之间的争议、请求与事实，对于需要进一步补充证据的，

仲裁庭可以要求负有举证责任的当事人进一步提供，也可以在必要时自行收集证据。对于需要鉴定的专业性问题，仲裁庭可以交由当事人约定的鉴定部门鉴定，也可以由仲裁庭指定的鉴定部门鉴定。

2. 审理程序

《仲裁法》对于仲裁庭开庭审理案件的程序，具有灵活性。一般而言，仲裁审理经过开庭准备、正式开庭、庭审调查、庭审辩论、评议与裁决等阶段。

（1）开庭准备

开庭准备主要告知当事人开庭审理的日期与地点。当事人有正当的理由，在规定期限内请求延期开庭的，经仲裁庭决定可以延期。对于开庭审理的地点，当事人未做约定的，可以确定在仲裁委员会所在地开庭；当事人有约定的，在约定的地点开庭。对于公开审理的案件，应当发布公开开庭审理的公告，载明争议双方的姓名、争议事由以及开庭审理的时间和地点。

（2）正式开庭

正式开庭，首先，由首席仲裁员或者独任仲裁员宣布开庭。其次，首席仲裁员或者独任仲裁员核对案件当事人及其代理人的基本情况，宣布案由。最后，宣布仲裁庭组成人员和记录人员名单，告知当事人权利和义务，询问当事人是否行使回避请求权。

（3）庭审调查

仲裁庭在双方当事人陈述、证人作证、出示相关证据并由双方当事人确认证据的情况下，对争议的情况进行全面的调查。庭审调查是仲裁审理的核心阶段，为查明争议的相关事实和正确适用法律作出仲裁裁决提供依据。庭审调查按照当事人陈述，证人作证，出示书证、物证和视听资料，宣读鉴定意见，宣读勘验笔录的顺序进行。

（4）庭审辩论

庭审辩论是在仲裁庭的主持下，双方当事人依据在庭审调查阶段查明的争议案件事实和证据，提出各自的主张，陈述意见，相互辩驳和论证的阶段。庭审辩论一般按照申请人及其代理人发言，被申请人及其代理人答辩，双方辩论，仲裁庭询问双方最后意见的顺序进行。在庭审辩论阶段，双方当事人必须遵守仲裁庭的纪律，听从仲裁庭的指挥，不得扰乱庭审秩序，注意规范用语。

在经过庭审调查和庭审辩论，争议案件事实清楚，当事人之间发生争议的权利义务关系已经明确的，仲裁庭可以根据需要先行调解，调解不成的，应当及时作出仲裁裁决。

（5）评议与裁决

仲裁庭根据庭审调查及庭审辩论查明案件事实和认定证据，参照相关法律规定和国际惯例，确定双方当事人之间的权利义务的过程称为评议。裁决是仲裁庭经过评议后，对双方当事人提请仲裁的事项作出的终局性的判定。仲裁庭的评议一般不公开进行。

此外，仲裁庭庭审笔录由仲裁员、记录人员、当事人和其他仲裁参与人签名或者盖章。

3. 审理中特殊情形的处理

（1）撤回仲裁申请和按撤回仲裁申请处理

仲裁委员会受理当事人提出的仲裁申请之后，在仲裁庭作出裁决之前，仲裁申请人撤回自己的仲裁申请，不再请求仲裁庭对争议案件进行审理并作出仲裁裁决的行为，称之为撤回仲裁申请。仲裁委员会受理仲裁申请后，基于仲裁申请人的某种行为，比如申请人未经仲裁庭允许中途退庭等，仲裁庭可以推定申请人有撤回申请的意思，按撤回仲裁申请处理，是视同当事人撤回仲裁申请。撤回仲裁申请是法律赋予当事人在仲裁程序中的处分权。

（2）缺席判决

只有一方当事人到庭参加仲裁审理时，仲裁庭仅就到庭一方当事人进行调查、核实证据，听取意见；对另一方未到庭当事人提供的书面资料进行审查后，即可作出仲裁裁决的仲裁活动称之为缺席判决。缺席裁决是为了保证仲裁审理的顺利进行，体现了法律对当事人利益的平等保护。

（3）延期开庭

根据我国《仲裁法》第41条的规定①，延期开庭是由于法定事由，导致仲裁审理程序无法按期进行时，仲裁庭可以根据当事人的请求，将仲裁审理推延到另一日期的行为。一般存在当事人有正当理由不能到庭，如地震、水灾等自然灾害；当事人在仲裁审理过程中临时提出回避申请；需要重新调取新的证据或者需要重新鉴定、勘验的情况，则可能引起延期开庭。

（四）审级制度

仲裁实行一裁终局的制度，裁决一经作出即发生法律效力，除法律另有规

---

① 《中华人民共和国仲裁法》第41条规定："仲裁委员会应当在仲裁规则规定的期限内将开庭日期通知双方当事人。当事人有正当理由的，可以在仲裁规则规定的期限内请求延期开庭。是否延期，由仲裁庭决定。"

定外，当事人不得就同一纠纷再申请仲裁或提起诉讼；一方当事人不自动履行仲裁裁决的，另一方当事人可以请求人民法院采取强制措施。

五、仲裁中的保全

（一）仲裁保全

仲裁中的保全包括财产保全和证据保全两类。财产保全为保证将来仲裁裁决能够顺利执行，由法院对当事人的财产或争议的资产采取强制措施的活动。证据保全是对有可能消灭或者以后难以取得的证据，经过当事人的申请，由法院所采取的对证据加以保护的一种临时性的强制措施活动。

《仲裁法》和《民事诉讼法》都规定了财产保全和证据保全的问题，但仲裁中的保全措施与诉讼中的保全措施在实施的程序上是不同的。仲裁机构没有实施保全措施的权力。在仲裁中，当事人如果申请采取保全措施，仲裁机构应当将当事人的申请提交给有管辖权的人民法院，是否采取保全措施，由该法院决定。仲裁中，仲裁机构无权主动向人民法院请求采取保全措施。简而言之，当事人应向仲裁委员会递交书面保全申请，但仲裁委员会无裁定权，亦无执行权，而是应当将当事人的保全申请按照民事诉讼法的规定提交法院。仲裁中不存在依职权保全，只能是依申请进行。

（二）仲裁保全的管辖

仲裁保全的管辖包括级别管辖和地域管辖两个方面。级别管辖解决的是由哪一级别的人民法院进行管理的问题。地域管辖是解决由哪个地方的人民法院进行管理的问题。

1. 级别管辖

国内仲裁的保全申请，由基层人民法院裁定；涉外仲裁的保全申请，由中级人民法院管辖。

2. 地域管辖

（1）仲裁前的证据保全，由证据所在地、被申请人住所地或者对案件有管辖权的人民法院管辖。

（2）仲裁中的证据保全，由证据所在地人民法院管辖。

（3）仲裁前的财产保全，由被保全财产所在地、被申请人住所地或者对案件有管辖权的人民法院管辖。

（4）仲裁中的财产保全，由被申请人住所地或者财产所在地的人民法院管辖。

（三）仲裁保全的裁定与救济

仲裁保全的申请由人民法院依据民事诉讼法的规定对保全申请进行审查，作出是否进行保全的裁定。对于仲裁保全的裁定，被申请人有权申请复议一次，但是复议并不停止仲裁保全的执行。仲裁保全裁定的申请有错误的，申请人应当赔偿被申请人因财产保全遭受的损失，仲裁委员会不承担赔偿责任。

六、仲裁中的和解、调解与裁决

（一）仲裁和解

仲裁和解是双方当事人在仲裁庭作出裁决前，经过协商互谅，自愿达成和解协议，从而解决争议，终结仲裁程序的活动。通常情况下，当事人和解的原因有申请人放弃了自己的仲裁请求；被申请人承认了申请人的仲裁请求；或者是当事人通过协商后相互谅解等，都可能达成解决争议的方案。无论是何种原因促成的和解，都是仲裁之外，在没有仲裁庭或者仲裁员参加的情况下自行协商的结果。

仲裁和解可以在整个仲裁活动中的任何阶段进行，当事人达成和解后，可以请求仲裁庭根据和解协议制作仲裁裁决书；或者可以撤回仲裁申请，此时并不影响仲裁协议的效力，之后若是反悔还可以依据原仲裁协议申请仲裁。仲裁和解协议，没有强制执行力，不能作为公权力机关强制执行的依据。

（二）仲裁调解

仲裁调解是在仲裁庭主持下，双方当事人在自愿协商的基础上，达成一致意见，从而解决争议，结束仲裁程序的一种活动。仲裁调解有两层含义，一是仲裁调解是仲裁庭审理案件的一种程序；二是仲裁调解是一种结案方式。

仲裁庭在作出裁决之前，可以先行调解。当事人自愿调解的，仲裁庭应当调解。调解不成的，应当及时作出裁决。经仲裁庭调解，双方达成协议的，仲裁庭应当制作调解书。仲裁庭除了可以制作仲裁调解书之外，也可以根据协议的结果制作裁定书。调解书和裁定书具有同等的法律效力。调解书经双方当事人签收后发生法律效力；若调解书签收前当事人反悔的，仲裁庭应当及时作出裁决。值得注意的是，仲裁调解书生效后，当事人不得以同一事实和理由向仲裁委员会申请仲裁，也不得向人民法院起诉。

（三）仲裁裁决

仲裁裁决是仲裁庭依据事实和法律，对当事人的仲裁请求及有关事项审理终结后，依法作出的终局性决定。仲裁庭在将争议事实调查清楚，宣布闭庭后，应进行仲裁庭评议，并按照评议中的多数仲裁员的意见作出裁决。对裁决持不同意见的仲裁员的意见可以记入评议笔录。对裁决持不同意见的仲裁员可以在裁决书上签名，也可以不签名。若仲裁庭不能形成多数意见时，则按照首席仲裁员的意见作出裁决。

仲裁裁决书的内容包括仲裁请求、争议事实、裁决理由、裁决结果、仲裁费用的负担和裁决日期等。但是，经当事人协议，仲裁庭可以不在仲裁裁决书中写明争议事实和裁决理由。

仲裁裁决一经作出就生效，仲裁裁决书自作出之日起发生法律效力。仲裁裁决是终局的，即当事人不得就已经裁决的事项再行申请仲裁，也不得提起诉讼。仲裁裁决具有执行力，是法定的执行根据之一，意味着仲裁裁决一般都是由双方当事人自愿履行。一方当事人不履行的，另一方当事人可以依照民事诉讼法的有关规定向人民法院申请执行，由受申请的人民法院依据法定程序予以执行。

第二章　合同纠纷诉讼机制

第一节　民事诉讼一般法律规定

一、民事诉讼基本原则

（一）当事人诉讼权利平等原则

民事诉讼当事人的诉讼权利一律平等。人民法院在审理民事案件时对当事人的诉讼权利予以平等的保护，平等地适用法律，不偏袒任何一方。

民事诉讼当事人各方享有同等的诉讼权利，承担对等的诉讼义务。诉讼权利义务具有相同性，如诉讼双方当事人均有权委托诉讼代理人、向法院提交证据、提出回避申请、申请保全、参加庭审等。诉讼权利义务还具有对应性，例如原告享有起诉权，被告享有应诉答辩权。①

（二）同等原则和对等原则

该原则针对的对象主要是外国人。

同等原则，是指外国人、无国籍人在中国法院起诉、应诉，其权利、义务与中国当事人相同。即外国主体与中国主体有同样的待遇。

对等原则，是指外国法院限制我国当事人诉讼权利的，我国法院对该国当事人加以同样的限制。

---

① 韩心怡. 2017 年国家司法考试系列：韩心怡讲民诉之精讲卷 8［M］. 北京：北京日报出版社，2016：14.

（三）处分原则

当事人有权在法律规定的范围内处分自己的民事权利和诉讼权利。即在民事诉讼中，当事人有权根据自己的意志决定行使或者放弃实体民事权利和诉讼权利，他人不得干涉。

（四）辩论原则

民事诉讼辩论原则，是指当事人在民事诉讼活动中，有权就案件所争议的事实和法律问题，在人民法院的主持下进行辩论、各自陈述自己的主张和根据，互相进行反驳与答辩，从而查明案件事实，以维护自己的合法权益。辩论权是当事人进行辩论的基本权能，也是辩论原则最重要的内容。

当事人辩论的范围很广泛，可以就程序方面、实体方面的内容进行辩论，也可以对适用法律进行辩论。辩论权行使的方式主要是言辞辩论，也可以是书面形式的辩论。辩论权在诉讼各阶段均可行使，即该权利可贯穿第一审程序、第二审程序以及再审程序的全过程。

（五）诚实信用原则

诚实信用原则，是指法院、当事人以及其他诉讼参与人在审理民事案件和进行民事诉讼时必须公正、诚实和善意。

诚实信用原则对当事人的适用：禁止反悔及矛盾行为；禁止以不正当的方法或手段骗取有利于自己的诉讼状态；禁止滥用诉讼权利，故意拖延诉讼；禁止在诉讼中作虚假陈述，影响法院对案件事实的判断；诉讼上的权利丧失。

诚实信用原则对法院的适用：禁止滥用自由裁量权；尊重当事人的程序权利，为当事人创造平等的诉讼条件；尊重当事人程序主体地位，禁止实施突击性裁判。

关于贯彻诚实信用原则的规定，《最高人民法院关于适用〈中华人民共和国民事诉讼法〉的解释》（以下简称《民诉解释》）主要从以下几个方面作出了规定：一是增加关于制裁违反诚实信用原则行为的规定，明确对诉讼参与人或者其他冒充他人提起诉讼或参加诉讼，证人签署保证书后作虚假证言等违反诚实信用原则的行为进行处罚。二是增加对虚假诉讼行为予以制裁的规定，打击当事人之间恶意串通，企图通过诉讼、调解等方式损害他人合法权益的行为。三是对当事人签署据实陈述保证书，证人签署如实作证保证书的程序及后果作出规定。当事人拒不签署保证书，待证事实又欠缺其他证据证明的，人民法院对其主张的事实不予认定。证人拒绝签署保证书的，不得作证，并自行承担相关费用。四是增加规定失信被执行人名单制度，对被执行人不履行法律文书确定的义务的，人民法院除对被执行人予以处罚外，还可以根据情节将其纳入失信被执行人名单，将被执行人不履行或者不完全履行义务向其所在单位、征信机构以及其他相关机构通报。

二、民事诉讼基本制度

（一）合议制度

合议制度，指三名以上的审判人员组成合议庭，代表人民法院行使审判权，对具体案件进行审理并作出裁判的制度。

合议制是人民法院的审判组织形式之一，除合议制以外还有独任制。

根据民事诉讼法的规定，各级人民法院审理民事案件，均可以适用合议制，中级以上人民法院审理民事案件时，必须适用合议制，只有基层人民法院可以根据不同案件及诉讼程序适用合议制或者独任制。

合议制度主要适用于审理和解决民事权利义务争议案件的审判程序，包括一审、二审以及审判监督程序。

（二）回避制度

回避制度，是指在民事诉讼中，审判人员以及其他可能影响案件公正审判的有关人员，在遇到法律规定的特别情形时，退出某一案件的诉讼程序的制度。

审判人员、书记员、翻译人员、勘验人员、执行人员等都属于回避的对象。

适用的情形有：本人或者近亲属与本案当事人或者代理人有利害关系，可能影响案件公正审理的；接受当事人及代理人请客送礼，违规会见当事人的；在一个审判程序中参与过本案审判工作的审判人员，不得参与本案其他程序的审判。但发回重审的案件，在一审法院作出裁判后，又进入二审程序的，原二审合议庭成员不受前款规定的限制。

回避的方式主要有自行回避、指令回避、申请回避。回避的申请可以口头形式提出也可以书面形式提出。回避申请一般是在开始审理时提出，若在开始审理后才知道回避事由的，可以在法庭辩论终结前提出。在正式作出回避决定之前，被申请回避的人应当暂停本案工作，但需要采取紧急措施的除外。

针对不同对象的回避，其决定主体是不同的。审判人员的回避由院长决定；其他人员的回避由审判长决定；院长担任审判长时的回避由审判委员会决定。审判人员回避后，诉讼程序无须重新进行。

当回避申请被驳回时，申请人对驳回回避申请决定不服的，可以申请复议一次。复议期间，被申请回避的人员不停止参与本案的工作。

（三）公开审判制度

公开审判制度，是指人民法院审理民事案件的过程及判决结果应当向社会公开，但法律另有规定的除外。

例外规定是法定不公开和申请不公开两类，前者主要是指涉及国家秘密、个人隐私以及法律规定的其他不公开审理的案件，后者主要是离婚诉讼和涉及商业秘密的案件。无论案件是否公开审理，评议过程和评议笔录是绝对不公开的，但宣判一律要求公开进行。

（四）两审终审制度

两审终审制度，是指一个案件只要经过两级人民法院的审理，第二审便是发生法律效力的终审，即案件初审后可以上诉的法院层级数仅有一级。

除最高人民法院以外，其他各级人民法院适用第一审程序对民事案件所作出的裁判，适用两审终审。适用的程序包括普通程序、简易程序审理的一审民事案件。人民法院审理民事案件通常都适用两审终审，但也有一审终审这种例外情形，比如最高人民法院作为一审的民事案件，人民法院适用特别程序、督促程序和公示催告程序审理的案件，小额诉讼案件等。

第二节　合同纠纷案件的主管与管辖

主管与管辖是民事诉讼立法中具有密切联系的两个制度。当特定纠纷属于人民法院的主管范围时，该案件应当由人民法院体系当中的哪一特定法院受理，就成了当事人起诉时必须明确的现实问题，这就是管辖的问题。主管先于管辖的发生，先由它判定是否属于民事诉讼的受案范围，是确定管辖的前提与基础；管辖则是对人民法院主管的体现与具体落实，在确定由法院主管后，由管辖来确定案件分配到哪一法院受理案件，由哪个法院行使对该案的审判权。

主管解决的是法院的对外关系，即法院与其他国家机关、社会团体在解决民事纠纷方面的分工；而管辖解决的是法院系统内部不同级别、不同地域法院之间的分工。

例：张三想在李四处购买一批货物，于是双方就该批货物签订了买卖合同，但是在交货的过程中张三和李四对该买卖合同的履行问题发生了争议。对于这起民事纠纷，可以采取的解决方式包括和解、调解、仲裁和诉讼，这四种解决纠纷的方式对应了不同的解决纠纷的主体或者机关，这就与主管的问题紧密关联了。如果张三或者李四想通过向人民法院提起诉讼的方式来解决纠纷，那此时他们就需要确定向哪一级别的法院、哪一地域的法院提起诉讼，这就是管辖的问题了。

一、主管

主管，是指国家机关、社会团体以法律规定，行使职权和履行职责的范围和权限。而法院的主管范围，则是确定法院与其他组织之间解决民事纠纷的分工和权限，它主要是通过以一方当事人依法提起诉讼的方式，运用国家强制力作为后盾，解决平等主体之间的人身、财产权利义务纠纷。根据《民事诉讼法》的规定，该范围具体指的是公民之间、法人之间、其他组织之间以及他们相互之间因财产关系和人身关系提起的民事诉讼，主要包括由民法、劳动法、经济法等调整的各种民事法律关系。

法院主管的民事案件与其他机关主管的民事案件的关系如下。

（1）与人民调解委员会的关系

人民调解委员会针对原纠纷的调解协议不具有强制执行力，它没有产生既判力，调解协议仅仅能够对协议双方产生法律约束，如一方当事人不履行调解协议，对方当事人可以就不履行调解协议的纠纷（而不是原纠纷）向法院提起诉讼，调解协议只有经过了法院制作的确认调解协议效力的裁定之后才具有强制执行效力，此时当事人才可以对不履行调解协议的一方申请强制执行。

（2）与仲裁委员会的关系

仲裁委员会主管的是平等主体之间的财产纠纷，它的范围小于法院的主管范围，不包含人身纠纷。有效的仲裁协议是排斥法院的司法管辖权的，意味着当面临财产纠纷时，可以选择仲裁委员会裁决或者法院审判，但只能择其一进行，不能两个机关重复审理，它们是相互排斥的。但是，当事人选择仲裁委员会仲裁之后，仲裁裁决又被撤销或者被不予执行时，此时当事人可以向法院起诉。

（3）与劳动仲裁的关系

在劳动纠纷发生时，不能直接向法院提起诉讼，而应当先向当地的劳动仲裁委员会提起劳动仲裁，这是一道前置程序。只有经过劳动仲裁，并对仲裁裁决不服的，才能向法院提起诉讼，否则法院不予受理。这项程序性规定其实是双赢的举措，一方面对劳动者这一弱势群体加强了保护，让他们能够得到多一层的保障，切实保障劳动者的权利不受到侵犯；另一方面在法院"案多人少"

问题十分严峻的当下，通过多元化纠纷解决机制，将案件进行分流，劳动仲裁前置可以过滤掉大量小纠纷的简单案件，不会造成诉讼泛滥，且能够更高效而快速地解决当事人的纠纷，更有助于缓解法院的办案压力，解决人案矛盾问题。

二、管辖

（一）管辖概述

所谓民事案件的管辖，是指确定上下级法院之间（级别管辖）以及同级法院之间（地域管辖）受理第一审民事案件的分工与权限，它是在法院内部具体落实民事审判权的一项制度。主要是明确级别管辖和地域管辖，从而确定相应的管辖法院。

我国民事审判实行两审终审制度，确定民事案件管辖法院的关键在于确定案件的第一审法院，当第一审法院明确后，该案的第二审管辖法院就是第一审法院的上一级法院；当事人对已经生效的民事判决、裁定不服申请再审的，其管辖法院为审理该案的原审法院或上一级法院。

管辖要遵循管辖权恒定的原则，即管辖权的确定以原告起诉时为准，在案件受理后，受诉人民法院的管辖权不会因为当事人住所地、经常居住地、行政区划的变化而受到影响，案件始终都由最初的受诉人民法院管辖。但也有例外规定，就是在诉讼过程中人为导致诉讼标的额的增减会影响法院的级别管辖。

（二）级别管辖

级别管辖，是指按照一定的标准，划分上下级法院之间受理第一审民事案件的分工与权限。我国设置有四级法院，由下往上依次是基层人民法院、中级人民法院、高级人民法院、最高人民法院，不同层级分别管辖不同标准的案件。《民事诉讼法》根据我国的传统做法和实际情况将案件的性质、繁简程度、影响大小三者结合起来作为划分级别管辖的标准。

1. 基层人民法院

立法通常会对中级人民法院、高级人民法院、最高人民法院管辖的第一审民事案件作出特别规定，除这些特别规定之外的第一审民事案件原则上均由基层人民法院管辖。

2. 中级人民法院

由中级人民法院管辖的案件种类繁多，主要分为以下几种。

（1）重大涉外案件

并非所有涉外案件的管辖权全部属于中级人民法院，只有重大且涉外的案件才由中级人民法院管辖。重大，指的是争议标的额大的案件、案情复杂的案件，或者一方当事人人数众多等具有重大影响的案件，争议标的额的大小，各省有不同的认定标准，这与当地的经济发展水平息息相关。涉外则只要当事人（国籍）、法律事实、诉讼标的三项任意一项涉外即可。需要注意的是，当事人一方或者双方的经常居所地在中国领域外的，法院可以认定为是属于涉外案件。

例：中国公民姚先生在澳大利亚定居多年，他与南宁的网店店主潘先生因为网购的商品存在质量问题而产生了纠纷，姚先生向法院起诉要求潘先生赔偿违约损失 2000 元，请问该案是否属于涉外案件？答案：属于。因为该案属于当事人一方的经常居所地在国外的情形，所以法院可以将该案认定为涉外案件。（依据《民诉解释》第 522 条）

（2）在本辖区有重大影响的案件

经最高人民法院批准，各高级人民法院通常从本地实际情况出发，对其辖区内各中级人民法院辖区内"有重大影响的案件"确定了具体的量化标准。

（3）最高人民法院确定由中级人民法院管辖的案件

根据最高人民法院的有关规定，由中级人民法院管辖的第一审民事案件主要包括海事海商案件、重大涉港澳台案件、公益诉讼案件、认定仲裁协议效力的案件、撤销仲裁裁决的案件、仲裁裁决的执行案件、不予执行仲裁裁决的案件、涉外仲裁中的证据保全与财产保全、部分专利纠纷案件（专利纠纷案件由知识产权法院、最高人民法院确定的中级人民法院和基层人民法院管辖，其中知识产权法院与中级人民法院级别相当）。

例：2007 年 8 月 28 日，河北省某水泥厂与河南省某重型机械厂签订了一份购销合同。合同约定：机械厂以每台 120 万元的价格供给水泥厂挖掘机 15 台，货款为人民币 1800 万元。合同签订后，水泥厂按约定向机械厂交付了 50% 的货款，并于当年 12 月 26 日将 15 台挖掘机运回水泥厂。但在使用过程中，水泥厂发现挖掘机的电压标准不符合要求，无法正常使用，为此，水泥厂要求退货，并要机械厂赔偿损失。但机械厂以水泥厂未在合同中注明电压要求为由，拒绝退货，双方发生争议。

2008 年 9 月 15 日，水泥厂向河南省高级人民法院提起诉讼。河南省高级人民法院认为此案并不属于在本辖区内有重大影响的案件，因此拒绝受理，并告知水泥厂向中级人民法院起诉。水泥厂不服，坚持认为本案涉及两省并且争议额较大，应属于在全省范围内有重大影响的案件，河南省高级人民法院应当受理。

问：河南省高级人民法院是否应当受理此案？

本案中应当以诉讼标的额确定案件的级别管辖，根据《最高人民法院关于调整高级人民法院和中级人民法院管辖第一审民商事案件标准的通知》，河南省高级人民法院可管辖诉讼标的额在1亿元以上的第一审民商事案件，以及诉讼标的额在5000万元以上且当事人一方住所地不在本辖区或者涉外、涉港澳台的第一审民商事案件。而本案争议的标的额为1800万元，因此该案不应由河南省高级人民法院作为第一审法院，而应由中级人民法院作为第一审法院。河南省高级人民法院对此案不予受理是正确的。①

3. 高级人民法院

高级人民法院管辖在本辖区内有重大影响的第一审民事案件。

4. 最高人民法院

最高人民法院管辖下列案件：第一，在全国范围内有重大影响的案件；第二，认为应当由本院审理的案件。所谓"认为应当由本院审理的案件"，是指只要最高人民法院认为某个案件应当由自己审判，它就能取得对该案的管辖权，可以直接受理，只有最高人民法院才具有的"特权"，这也是一种必要的机动权。

（三）地域管辖

地域管辖，是指按照人民法院的不同辖区确定同级人民法院之间受理第一审民事案件的分工与权限。我国法院的管辖区域与行政区划相适应，在确定特定民事案件的管辖法院时，除该案由最高人民法院管辖外，在明确其级别管辖后，还必须通过地域管辖的规定确定同一级别法院中由哪一个法院行使审判权。只有先确定了级别管辖后，才能确定地域管辖。

地域管辖中有三个需要明确区分的概念，分别是居住地、经常居住地、住所地。居住地是事实上的居住状态，是公民居住的地方，它有可能是户籍地也有可能是经常居住地，但不一定与之重合；经常居住地是公民离开户籍地到起诉之时已经连续居住满一年以上的地方，但是公民住院就医不算其中；住所地则是公民的户籍所在地。

---

① 常廷彬，叶昌富. 民事诉讼全程必知的200个常识：最新修订版［M］. 北京：中国法制出版社，2015：28.

1. 一般地域管辖

一般地域管辖是指以当事人住所地与法院的隶属关系为连结点来确定的诉讼管辖。当事人有原告和被告之分，地域管辖通常的做法是原告就被告住所地法院管辖，但也包括特殊情况下被告就原告住所地法院管辖。

（1）原告就被告。即原告应当向被告住所地的人民法院提起诉讼；当被告的住所地与经常居住地不一致的时候，则应向被告经常居住地人民法院提起诉讼。

法人或者其他组织的住所地指的是它们的主要办事机构所在地；当主要办事机构不确定时，则住所地是注册地或者登记地。

双方当事人都被监禁或者被采取强性教育措施的，由被告原住所地人民法院管辖。被告被监禁或者被采取强制性教育措施一年以上的，由被告被监禁地或者被采取强制性教育措施地的人民法院管辖。

双方当事人均被注销户籍的，由被告居住地人民法院管辖。

当事人的户籍迁出后尚未落户的，有经常居住地的，由该经常居住地人民法院管辖；没有经常居住地的，由其原户籍所在地人民法院管辖。

（2）特殊规定：被告就原告住所地人民法院管辖。

仅当被告一方是正在被采取强制性教育措施的人或者正在被监禁的人时，由原告所在地人民法院管辖。仅被告一方被注销户籍的，由原告所在地人民法院管辖。

被告就原告住所地人民法院管辖，在此仅阐述以上几点，其他多为与身份关系有关的诉讼，并不涉及合同纠纷，不再赘述。

2. 特殊地域管辖

特殊地域管辖是以引起民事法律关系发生、变更、消灭的法律事实所在地与法院辖区之间的关系为标准确定的管辖。"密切联系"是确定特殊地域管辖的重要原则。

适用特殊地域管辖的案件一般将其分为三大类：合同纠纷的特殊地域管辖规定；侵权纠纷的特殊地域管辖规定；其他案件的特殊地域管辖规定（公司诉讼、保险合同纠纷、票据纠纷、运输合同纠纷、运输侵权纠纷、海难救助、共同海损）。

以下着重讲述与合同相关的特殊地域管辖。

（1）合同纠纷的特殊地域管辖

因合同纠纷而向人民法院提起的诉讼，由被告住所地或者合同履行地人民法院管辖。

合同没有实际履行，但一方当事人的住所地在约定的履行地，被告住所地和约定履行地人民法院有权管辖；合同没有实际履行，且约定履行地不在一方当事人住所地的，约定履行地人民法院无管辖权，案件由被告住所地人民法院管辖。

合同已经实际履行的，合同约定了履行地点的，以约定的履行地点为合同履行地。合同已经实际履行，但合同没有约定履行地或约定履行地不明的，如争议标的为给付货币，则接收货币一方所在地为合同履行地；如果争议标的为交付不动产的，则将不动产所在地视为合同履行地；如是交付其他标的，那么合同履行地为履行义务一方所在地；财产租赁合同和融资租赁合同以租赁物使用地为合同履行地。

以信息网络方式订立的买卖合同（网购合同纠纷），通过信息网络交付标的的，以买受人住所地为合同履行地；通过其他方式交付标的的，收货地为合同履行地。合同对履行地有约定的，从其约定。

（2）保险合同纠纷、运输合同纠纷特殊地域管辖

保险合同纠纷由被告住所地、保险标的物所在地人民法院管辖。所谓保险标的物，即保险对象，是投保人与保险人订立的保险合同、收取保险费用所指向的对象，如财产、人身（指生命、健康、劳动能力等）以及其他表现形式反映出来的财产利益等。① 因财产保险合同引起的纠纷，如果保险标的物是运输工具或者运输中的货物，由被告住所地或者运输工具登记注册地、运输目的地、保险事故发生地的人民法院管辖。因人身保险合同引起的纠纷，可以由被保险人住所地人民法院管辖。

因铁路、公路、水上、航空运输和联合运输合同纠纷提起的诉讼，由运输始发地、目的地或者被告住所地人民法院管辖。运输始发地是指货物起运或者乘客乘交通工具出发的地点。运输目的地是指依照合同的规定，货物运输或乘客最终到达地。铁路运输合同纠纷由铁路运输法院管辖。

例：甲省 A 县东方红公司与乙省 B 县的东升公司，在丙省 C 县签订化肥买卖合同，由东方红公司向东升公司出售 2000 吨化肥，交货地点在 D 县。交货后，双方因为合同发生纠纷。那么，本案的管辖法院是哪一个？

答案：B 县和 D 县人民法院有管辖权。本案为合同纠纷，属特殊地域管辖，

---

① 田平安．民事诉讼法原理［M］．5 版．厦门：厦门大学出版社，2012：54．

由被告住所地人民法院或者合同履行地人民法院管辖。

（四）专属管辖

专属管辖是指法律强制规定某些案件只能由特定的人民法院管辖，其他人民法院无管辖权，当事人也不得协议变更管辖法院。

专属管辖是法律规定的强制性最强的一种管辖，具有管辖上的排他性，凡是法律规定适用专属管辖的案件，不得适用其他管辖排除，属于我国人民法院专属管辖的案件，外国法院也无权管辖。

与合同纠纷有关的专属管辖如下。

1. 不动产纠纷专属管辖。因不动产纠纷所引起的诉讼，由不动产所在地人民法院管辖。不动产纠纷指因不动产的权利确认、分割、相邻关系等引起的物权纠纷。农村土地承包经营合同纠纷、房屋租赁合同纠纷、建设工程施工合同纠纷、政策性房屋买卖合同纠纷，按照不动产纠纷确定管辖。

例：甲县居民刘某与乙县大江房地产公司在丙县售房处签订了房屋买卖合同，购买大江公司在丁县所建住房 1 套。双方约定合同发生纠纷后，可以向甲县法院或者丙县法院起诉。后因房屋面积发生争议，刘某欲向法院起诉。那么，哪个法院有管辖权？

本案中，合同双方当事人虽然约定了管辖法院，但约定了两个法院，且违反了民事诉讼法关于专属管辖的规定，因此约定是无效的。刘某与大江房地产公司因房屋面积发生纠纷，该纠纷属于不动产纠纷。根据"因不动产纠纷提起的诉讼，由不动产所在地人民法院管辖"的规定，刘某应向房屋所在地丁县法院起诉，只有丁县法院有管辖权，此案属专属管辖。①

2. 港口作业纠纷专属管辖。因港口作业中发生的纠纷提起的诉讼，由港口所在地人民法院管辖。港口作业纠纷包括港口货物的装卸、驳运、仓储过程中发生的合同纠纷以及因违章作业等行为损害港口设施或造成其他人身或财产损害而引起的侵权纠纷。

港口作业纠纷让港口所在地法院专属管辖，主要是为了方便调查取证、证据保全、查明事实。

3. 涉外专属管辖。中外合资经营企业、中外合作经营企业、中外合作勘探开发自然资源发生的合同纠纷，若合同履行地是在中国境内，则由中华人民共

---

① 常廷彬，叶昌富. 民事诉讼全程必知的 200 个常识：最新修订版 [M]. 北京：中国法制出版社，2015：36.

和国人民法院专属管辖。

（五）协议管辖

协议管辖，是指当事人在纠纷发生之前或之后，以协议的方式约定案件的管辖法院，又称约定管辖或者合意管辖。

在不违背级别管辖和专属管辖的规定的前提下，合同或者其他财产权益纠纷当事人可以书面协议选择被告住所地、合同履行地、合同签订地、原告住所地、标的物所在地等与争议有实际联系地点的人民法院管辖。

协议管辖仅适用于合同或者其他财产权益纠纷的第一审地域管辖，而且管辖协议必须是有效的书面协议。管辖协议约定两个以上与争议有实际联系的地点的人民法院管辖，原告可以向其中任何一个人民法院起诉。

例：李某创业想要开一家水果店，便找到某水果供应商并与该蔬果公司签订了一份水果供应合同，并在合同中约定，双方若因合同的履行发生争议，由南宁市江南区人民法院管辖，若双方中的任何一方对一审裁判结果上诉，则由桂林市中级人民法院管辖。现双方为合同履行问题发生了争议，如何认定管辖协议的效力？

本案当中李某与蔬果公司对案件的一审、二审管辖法院都进行了约定，其中对一审部分的约定是有效的，但对二审部分的约定是无效的。因为协议管辖只能针对第一审人民法院的管辖进行约定，第二审法院的管辖当事人不能以协议进行约定。

第三节　当事人与诉讼代理人

民事诉讼参加人分为两类：一类是民事诉讼当事人，具体包括原告、被告、有独立请求权第三人、无独立请求权第三人、共同诉讼人、诉讼代表人；另一类是诉讼代理人，分为法定诉讼代理人和委托诉讼代理人。

一、民事诉讼权利能力

民事诉讼权利能力，又称当事人能力，是指成为一般意义上的民事诉讼当事人所必须具备的诉讼法上的能力和资格。[①]

---

① 田平安. 民事诉讼法原理 [M]. 5 版. 厦门：厦门大学出版社，2012：74.

根据我国法律的相关规定，不同主体对民事诉讼权利能力的确定是不同的。自然人的民事诉讼权利能力始于出生、终于死亡，与年龄、精神状态无关，未成年人、精神病人均享有民事诉讼权利能力；① 法人的民事诉讼权利能力始于成立、终于终止，法人终止的标志是"注销"；② 其他组织则不一定有民事权利能力，只有符合条件的其他组织，才具有民事诉讼权利能力，始于成立、终于终止。

符合条件的其他组织是要求依法成立、有一定的组织机构和自己的财产，不具有法人资格，具体包括：（1）依法登记并领取营业执照的个人独资企业、合伙企业、中外合作经营企业、外资企业、乡镇企业、街道企业；（2）依法设立并领取营业执照的法人的分支机构；依法成立的社会团体的分支机构、代表机构；（3）依法设立并领取营业执照的商业银行、政策性银行和非银行金融机构的分支机构。

二、民事诉讼行为能力

民事诉讼行为能力，是指能够以自己的行为实现民事诉讼权利和履行民事诉讼义务的能力。③ 换言之，民事诉讼行为能力是通过亲自实施民事诉讼行为，行使权利、承担义务的资格。④ 没有民事诉讼行为能力的人所为的民事诉讼行为，不具有法律效力。

根据我国法律的规定，在民事诉讼当中判断诉讼行为能力有无的标准与完全民事行为能力的标准相一致。对于自然人而言，一是年龄要求，必须年满18周岁，或者年满16周岁不满18周岁，以自己的劳动收入作为主要生活来源；二是智力和精神状况要求，即能够辨认自己的行为。以上两个要求必须同时具备，缺一不可。若当事人不满足上述两个条件，则无民事诉讼行为能力，应该由其法定代理人代为进行诉讼。法人和其他组织的民事诉讼行为能力始于合法成立，终于终止。⑤

---

① 韩心怡. 2017 年国家司法考试系列：韩心怡讲民诉之精讲卷 8 ［M］. 北京：北京日报出版社，2016：80.
② 戴鹏. 国家司法考试 2017 版冲刺卷·戴鹏的民诉法 ［M］. 北京：中国工商出版社，2017：34.
③ 江伟. 民事诉讼法 ［M］. 6 版. 北京：中国人民大学出版社，2013：118 – 119.
④ 戴鹏. 国家司法考试 2017 版冲刺卷·戴鹏的民诉法 ［M］. 北京：中国工商出版社，2017：34.
⑤ 田平安. 民事诉讼法原理 ［M］. 5 版. 厦门：厦门大学出版社，2012：76 – 77.

三、当事人适格

(一) 当事人适格的概述

当事人适格，也称正当当事人，是指就特定的诉讼，有资格以自己的名义成为原告或者被告，因而受本案判决拘束的当事人。这种以自己的名义作为当事人并受本案判决拘束的权能，称为诉讼实施权。具有诉讼实施权的原告，称为正当原告；具有诉讼实施权的被告，称为正当被告。① 只有正当当事人起诉和应诉，以自己的名义实施诉讼并受本案判决的拘束，诉讼才具有实际意义。

适格当事人确定的一般原则是要求是本案所争议的民事法律关系的主体。但在某些例外情形下，非本案的实体法律关系主体，也能成为适格当事人，可以它们自己的名义起诉，主要有以下两种类型：第一种情形主要是需要有管理权（依法或依当事人授权）——失踪人的财产代管人、遗产管理人和遗嘱执行人、股东代表诉讼中的股东、著作权集体管理组织、为保护死者名誉而起诉的死者的近亲属；第二种情形主要是要有确认利益——确认之诉中对诉讼标的有确认利益的人或组织。

例：2013 年"韩亚空难"中不幸死亡的浙江江山中学的学生，其父母享有提起侵权损害赔偿的权利，虽然父母并非侵权法律关系的直接主体，但是法律赋予了其诉讼实施权，可以成为正当原告。②

(二) 常见当事人的确定 (原告与被告)

原告，是指为维护自己或者自己所管理的他人的民事权益，而以自己的名义向法院提起诉讼，从而引起民事诉讼程序发生的人。被告，是指被原告诉称侵犯原告民事权益或与原告发生民事争议，而由法院通知应诉的人。③

未依法登记领取营业执照的个人合伙，以全体合伙人为共同诉讼人。

个体工商户，有字号的，以登记的字号为当事人，但应同时注明经营者的基本信息；没有字号的，以营业执照上登记的经营者为当事人；登记经营者与实际经营者不一致的，以登记的经营者和实际经营者为共同诉讼人。

法人或者其他组织的工作人员的职务行为以法人或者其他组织为当事人，工作人员不能作为当事人。

---

① 江伟．民事诉讼法［M］．6 版．北京：中国人民大学出版社，2013：120.
② 韩心怡．2017 年国家司法考试系列：韩心怡讲民诉之精讲卷 8［M］．北京：北京日报出版社，2016：82.
③ 郭翔．郭翔讲民诉之理论卷［M］．北京：中国政法大学出版社，2015：29.

　　如下情形以责任人为当事人：法人或者其他组织应该登记而未登记即以法人或者其他组织的名义进行民事活动；冒用法人或者其他组织进行民事活动；法人或者其他组织依法终止后仍以其名义进行民事活动。

　　当法人解散时，要以"注销"为界进行区分。依法清算并注销前，以该企业法人为当事人；未依法清算即被注销的，以该企业法人的股东、发起人或者出资人为当事人；依法清算并注销的，则无当事人。

　　在雇主与雇工的关系中，如果雇工在从事雇佣工作过程中造成他人损害的，由雇主作为当事人，雇员有故意或者重大过失的，与雇主承担连带责任。雇工从事雇佣活动中遭受人身损害，雇主是当事人，应承担赔偿责任。雇佣关系以外的第三人造成雇工人身损害的，第三人和雇主均为当事人，雇工可以直接请求第三人或者雇主承担赔偿责任，雇主承担赔偿责任后，可以向第三人追偿。

　　在劳务关系中，提供劳务一方因劳务造成他人损害，受害人提起诉讼的，以接受劳务一方为被告。

　　在劳务派遣当中，被派遣人的工作行为致他人损害的，以接受劳务派遣的用工单位为当事人；当事人主张劳务派遣单位承担责任的，该劳务派遣单位为共同被告。

　　因保证合同纠纷提起的诉讼，债权人向保证人和被保证人一并主张权利的，人民法院应当将保证人和被保证人列为共同被告；债权人仅起诉被保证人的，可以只列被保证人为被告；保证合同确定为一般保证，债权人仅起诉保证人的，人民法院应当通知被保证人作为共同被告参加诉讼。

　　在解散公司的诉讼当中，原告为起诉的股东，被告为公司，其他股东是第三人。

　　例：郭某因为常年工作繁忙而没有时间打扫自家卫生，于是决定聘请朋友乡下亲戚家的张阿姨为其进行打扫，约定八小时的打扫时间，并收取 400 元的劳务费用。张阿姨在给郭某擦窗户的时候，郭某考虑到防盗窗已经使用多年，恐有安全隐患，再三强调张阿姨不要爬到窗户外面的防盗窗上擦窗户，但张阿姨为了图方便，将窗户擦干净，趁郭某不注意就直接爬到了防盗窗上，于是防盗窗螺丝松动，张阿姨不慎从楼上摔下，造成粉碎性骨折。问：对此损害，张阿姨能否起诉郭某而获得医药赔偿？

　　不能。因为本案当事人属于劳务关系，张阿姨在提供劳务过程中自己受到损害的，应当根据她与郭某各自的过错情况承担相应的责任，显然郭某在本案中无过错。

四、当事人的诉讼权利和诉讼义务

在民事诉讼中，当事人享有诉讼主体的地位。基于该诉讼主体，当事人在诉讼过程中享有一定的诉讼权利并承担一定的诉讼义务，以此来充分保障当事人的诉权，保证诉讼活动有序进行。

当事人的诉讼权利包括：起诉权；应诉权；委托代理人的权利；申请回避的权利；收集和提供证据的权利；陈述、质证和辩论权；自主选择调解的权利；自行和解的权利；撤诉权；查阅、复制与本案有关的材料和法律文书的权利；申请财产保全、行为保全和先予执行的权利；提起上诉的权利；申请执行的权利；申请再审的权利；提出异议的权利。

当事人的诉讼义务包括：遵守法庭纪律；出庭诉讼；正确实施诉讼行为；缴纳诉讼费用；履行法院生效裁判；不滥用诉讼程序。

五、当事人的变更

自然人死亡的，由继承人承担其诉讼权利、义务，进行诉讼；但具有专属性民事权利义务的除外，例如婚姻关系、收养关系、赡养关系、抚育关系、扶养关系。

法人或者其他组织合并、分离的，由合并后的法人或者其他组织承担诉讼权利义务，进行诉讼。

在民事诉讼过程中，争议的民事权利义务发生转移的，由原当事人继续诉讼，人民法院作出的生效判决对受让人发生法律效力。

例：张三向李四借款 5000 元，并签订借款协议，到期后张三没有按时还款，李四诉至法院要求张三归还借款，但在诉讼中，李四又把该 5000 元债权转移给了王五，本案继续审理。张三和李四要继续诉讼，法院的生效判决对王五发生法律效力。

六、共同诉讼

共同诉讼是指一方或双方当事人的人数为两人或两人以上的诉讼。共同诉讼是与一对一的单数诉讼形式相对应的复数诉讼形式当中的一种。当某个民事法律关系的争议牵涉到若干主体，而且所争议的权利或者义务归属于该若干主

体时，即产生了进行共同诉讼的必要。① 根据形成共同诉讼原因的不同，可以将共同诉讼分为两种类型，一种是必要共同诉讼，一种是普通共同诉讼。

（一）必要共同诉讼

必要共同诉讼，是指当事人一方或者双方为二人以上的多数人诉讼，其诉讼标的是共同的。诉讼标的共同，指共同诉讼当事人与对方当事人争议的是共同的实体权利义务关系，在争议中有共同的利害关系。因此，必要共同诉讼是不可分之诉，人民法院应当合并审理并且一并裁判。

必须共同进行诉讼的当事人没有参加诉讼的，人民法院应当通知其参加；当事人也可以向人民法院申请追加。人民法院对当事人提出的申请，应当进行审查，申请理由不成立的，裁定驳回；申请理由成立的，书面通知被追加的当事人参加诉讼。人民法院追加共同诉讼的当事人时，应当通知其他当事人。

在必要共同诉讼中，应当追加的原告，已经明确表示放弃实体权利的，可不予追加；既不愿意参加诉讼，又不放弃实体权利的，仍然应该追加为共同原告，其不参加诉讼，不影响人民法院对案件的审理和依法作出裁决。

在创新创业当中，适用必要共同诉讼的相关情形如下。

（1）挂靠关系。以挂靠形式从事民事活动，当事人请求由挂靠人和被挂靠人依法承担民事责任的，该挂靠人和被挂靠人为共同诉讼人。

（2）个体工商产业主与实际经营者不一致。营业执照上登记的经营者与实际经营者不一致的，以登记的经营者和实际经营者为共同诉讼人。

（3）个人合伙。个人合伙的全体合伙人在诉讼中为共同诉讼人。个人合伙有依法核准登记的字号的，应在法律文书中注明登记的字号。全体合伙人可以推选代表人；被推选的代表人，应由全体合伙人出具推选书。

（4）企业法人分立。企业法人分立的，因分立前的民事活动发生的纠纷，以分立后的企业为共同诉讼人。

（5）借用关系。借用业务介绍信、合同专用章、盖章的空白合同书或者银行账户的，出借单位和借用人为共同诉讼人。

（6）保证合同关系。一般保证：仅起诉债务人的，以债务人为被告；仅起诉一般保证人的，人民法院应当将债务人列为共同被告；同时起诉债务人和一般保证人的，列两者为共同被告，保证人承担保证责任。连带保证：可以单就

---

① 田平安.民事诉讼法原理［M］.5版.厦门：厦门大学出版社，2012：80.

债务人或者保证人作为被告提起诉讼，也可以将债务人和保证人作为共同被告提起诉讼。

值得注意的是，一般保证当中，如果仅起诉保证人的，人民法院应当追加债务人为共同被告。连带保证当中则完全按照债权人的起诉来确定被告。当事人在没有明确约定保证责任形式的情况下，则推定承担连带保证责任。

（7）承担连带责任的代理关系。原告起诉被代理人和代理人，要求承担连带责任的，被代理人和代理人为共同被告。

例：李某毕业后打算在学校周边的美食街开一家火锅店，但是缺乏启动资金，于是向陈某借了 100 万元，并且在借款合同中约定由李某的好友张某作为保证人。借款到期后，李某由于火锅店生意不好，处于亏本状态而没有钱还款，于是陈某决定向法院起诉，请求还款。问：在本案当中，陈某能否只起诉张某要求还款？

答案：可以。由于本案没有约定保证的形式，可以推定张某承担连带保证责任。在连带保证责任的情况之下，债权人陈某享有选择权，他可以只起诉作为连带保证人的张某，也可以只起诉作为被保证人的李某，还可以将二人列为必要共同被告。

（二）普通共同诉讼

普通共同诉讼，是指当事人一方或双方为二人以上，其诉讼标的属于同一种类，人民法院认为可以合并审理，并经当事人同意而共同进行的诉讼。

与必要共同诉讼不同，普通共同诉讼是可分之诉。即普通共同诉讼既可以作为共同诉讼合并审理，也可以作为各自独立的诉讼分别审理。由于普通诉讼之间没有共同的权利义务关系，即使合并审理，法院判决时也需要对各个诉讼的民事权利义务分别作出确认。共同诉讼人具有独立的诉讼地位，其诉讼权利和义务与独立进行诉讼完全相同。具体表现为如下几个方面：各共同诉讼人可以独自在诉讼中自认、撤诉、和解、上诉，且效力不及于其他共同诉讼人。共同诉讼人的对方当事人，对于各共同诉讼人可以采取不同的甚至对立的诉讼行为。如与一共同诉讼人和解，拒绝与另一共同诉讼人和解；承认一共同诉讼人的诉讼请求，而反驳另一共同诉讼性质相同的诉讼请求。各共同诉讼人可以分别委托诉讼代理人。若共同诉讼人中有一人缺乏适格要件，法院可对此人之诉不予受理，其他共同诉讼人不受此影响。法院在诉讼进行中可视情况将诉讼分开。因共同诉讼人一人发生的诉讼中止、终结事由，不影响其他共同诉讼人继续诉讼。

设立共同诉讼所追求的目标是诉讼的经济性，主要体现为可最大限度节约司法资源。正因为如此，对共同诉讼人之间的独立性应有所限制，以免使设立共同诉讼的目的落空。独立原则适用的界限是：共同诉讼人的独立性应以其具有牵连性的问题为前提。共同诉讼人有牵连性的问题表现在以下几个方面：共同诉讼人中一人提出的主张，如果对其他共同诉讼人有利，而其他共同诉讼人又不反对的，其效力及于其他人。这称为主张共通原则。共同诉讼人中一人所提出的证据，可以作为对其他共同诉讼人所主张的事实进行认定的证据。换句话说，该证据可以作为共同诉讼人的共同证据。这称为证据共通原则。若共同诉讼人中一人所作抗辩足以否认对方主张的权利，那么对其他共同诉讼人与对方当事人的关系，应一并加以考虑。①

例：张三、李四、王五三个人互相不认识，他们都于同一日在麦当娜餐厅吃了相同的套餐，过后三人都出现了严重的食物中毒现象，于是他们各自都向法院起诉麦当娜餐厅，要求餐厅赔偿他们的医疗费用、误工费、营养费等相关费用。法院认为可以将这三个诉讼合并起来一起审理，当事人对此也表示同意。该共同诉讼的性质是什么？该诉讼属于普通共同诉讼。因为存在三个同一种类的诉讼标的，而非同一个诉讼标的。②

七、诉讼代表人

（一）代表人诉讼与诉讼代表人

当事人一方为具有共同或同样的法律利益，因人数众多，而由其中一人或数人作为代表进行诉讼，称为代表人诉讼。在代表人诉讼当中，代表人数众多的一方当事人进行诉讼的人，就是诉讼代表人。③

1. 代表人诉讼的特点

当事人一方人数众多，一般指十人以上；诉讼代表人为二至五人，每位代表人可以委托一至二人作为诉讼代理人；人数众多的一方当事人有共同或同类的诉讼标的，也就是诉因相同；人数众多的一方当事人的诉讼请求具有可代表性。

---

① 江伟. 民事诉讼法［M］. 6 版. 北京：中国人民大学出版社，2013：137.
② 韩心怡. 2017 年国家司法考试系列：韩心怡讲民诉之精讲卷 8［M］. 北京：北京日报出版社，2016：92.
③ 韩心怡. 2017 年国家司法考试系列：韩心怡讲民诉之精讲卷 8［M］. 北京：北京日报出版社，2016：93.

2. 诉讼代表人的权限

诉讼代表人的诉讼行为对其所代表的当事人发生效力；但当事人变更、放弃诉讼请求或者承认对方当事人的诉讼请求，进行和解，必须经过被代表当事人同意。即诉讼代表人行使实体处分权，必须经过其他当事人的承认。

（二）代表人诉讼的种类

1. 人数确定的代表人诉讼

起诉时当事人人数已经确定；多数当事人之间诉讼标的可以是共同的，也可以是同一种类的；适用的程序一般公开审理，作出裁判；诉讼代表人产生的方式是，由全体当事人推选共同的诉讼代表人，也可以由部分当事人推选自己的诉讼代表人，推选不出诉讼代表人的当事人，在必要共同诉讼当中亲自参加诉讼，在普通共同诉讼当中可以另行起诉。

2. 人数不确定的代表人诉讼

起诉时当事人人数不确定；多数当事人之间只能是同一种类的诉讼标的；适用程序要经过公告且不少于 30 天、登记等特殊程序，以便确定当事人，裁判具有扩展效力，可以直接适用；诉讼代表人产生的方式是由当事人推选诉讼代表人（但在实务中一般难成功），可以由人民法院提出诉讼代表人的人选并与当事人协商（但在实务中一般难成功），可以由人民法院在起诉的当事人中指定诉讼代表人，最终推选不出诉讼代表人的当事人可以另行起诉。

例：某企业使用霉变面粉加工馒头，潜在受害人不可确定。甲、乙、丙、丁等 20 多名受害者提起损害赔偿诉讼，但未能推选出诉讼代表人。法院建议由甲、乙作为诉讼代表人，但丙、丁等人反对。此时应该如何做？[①]

本案属于不确定的代表人诉讼，当事人推选诉讼代表人失败，人民法院提出诉讼代表人人选，但与当事人协商失败，最后可以由人民法院指定诉讼代表人。

（三）代表人诉讼与共同诉讼人的区别

（1）在普通共同诉讼中，其中一人的诉讼行为对其他共同诉讼人不发生效力。

（2）在必要共同诉讼中，其中一人的诉讼行为若要对其他共同诉讼人发生效力，需要经其他共同诉讼人承认。

（3）在代表人诉讼中，诉讼代表人实施的对实体权利的处分行为和其他诉

---

① 2011 年国家司法考试卷三第 48 题。

讼行为的效力有所不同，前者需经被代表的当事人同意才发生效力，后者对其所代表的当事人当然发生效力。

八、诉讼第三人

民事诉讼第三人，是指对他人争议的诉讼标的具有独立的请求权，或者虽然没有独立请求权，但与他人案件的处理结果具有法律上的利害关系，因而参加到他人已经开始的诉讼当中来，以维护其合法利益的案外人。民事诉讼的第三人分为有独立请求权第三人和无独立请求权第三人。

（一）有独立请求权第三人

有独立请求权第三人，是指对原告和被告争议的诉讼标的有独立的请求权，而参加诉讼的人。其地位相当于原告，但因是参与到已经开始的诉讼中来，故而无权提出管辖权异议。有独立请求权的第三人提起的是独立的诉讼请求，认为原告和被告的权利主张侵犯了自己的权利，将其一并作为被告。有独立请求权的第三人只能以提起诉讼的方式参诉，法院是不能主动追加的。参诉的时间段通常是在一审法庭辩论终结前，当然一审未及参诉，二审提出申请，法院也可准许。

（二）无独立请求权第三人

无独立请求权第三人，是指虽然对原告和被告之间争议的诉讼标的没有独立的请求权，但与案件的处理结果有法律上的利害关系而参加诉讼的人。无独立请求权第三人可以申请参加诉讼也可由法院依职权追加。无独立请求权第三人的诉讼权利受到的限制较多，比如无权提起管辖权异议，无权放弃、变更诉讼请求或者撤诉。而有些权利是附条件地享有，比如判决承担责任的无独立请求权第三人有权提起上诉；调解需要确定无独立请求权第三人承担义务的，需要经过无独立请求权第三人同意，调解书应当送达无独立请求权第三人，无独立请求权第三人签收前反悔的，调解书不生效，人民院应当及时判决。

（三）第三人撤销之诉

有独立请求权第三人、无独立请求权第三人因不能归责于本人的事由未参加诉讼，但有证据证明发生法律效力的判决、裁定、调解书的部分或者全部内容错误，损害其民事权益的，可提起撤销之诉。撤销之诉应当在第三人知道或者应当知道其民事权益受到损害之日起六个月内提起，由作出原生效判决、裁定、调解书的法院管辖，有管辖权的法院按照一审普通程序组成合议庭进行审理，视审理情况改变或撤销原判决、裁定、调解书或者驳回诉讼请求。对审理结果不服的，第三人可以上诉。

（四）诉讼代理人

民事诉讼代理制度是为当事人不能或难以亲自进行诉讼而设立的一种法律制度。民事诉讼一般由当事人亲自进行，但因种种客观原因致使当事人不能或难以亲自诉讼的，得有人代替或帮助其诉讼。

民事诉讼代理人，是指根据法律的规定或者当事人的委托在一定权限内代替或协助当事人，并且以当事人名义进行民事诉讼的人。被代替或被协助的当事人称为被代理人。"一定权限"又称为诉讼代理权限，诉讼代理人为诉讼行为和接受对方当事人诉讼行为的权利范围称为诉讼代理权。[①]

代理权限分为一般授权和特别授权。一般授权和特别授权的区别主要在于是否可行使程序性诉讼权利，比如代为承认、放弃、变更诉讼请求，进行和解，提起反诉或者上诉（涉及当事人实体权利事项）。一般授权不可以，特别授权则是可以的。

诉讼代理人分为法定代理人和委托代理人。

1. 法定代理人

是指依照法律规定代理无诉讼行为能力的当事人进行民事诉讼的人。法定代理权为全权代理。

法定诉讼代理权的取得与监护权的取得同步，其丧失也与监护权的丧失同步。监护权的取得一般有三种情况：（1）身份关系；（2）基于人道主义而产生的社会保障措施；（3）扶养义务。监护权的丧失有以下几种情形：（1）被监护人取得或恢复行为能力，如被监护人年龄达到 18 岁或精神病痊愈；（2）基于婚姻关系而发生的监护权因婚姻关系解除而丧失；（3）监护人丧失行为能力；（4）监护人或被监护人死亡；（5）收养关系解除。

法定诉讼代理人的诉讼地位相当于当事人，但不等于当事人。如人民法院确定管辖时以被代理的当事人住所地为准、权利义务的最终归属为当事人、法定诉讼代理人死亡不会导致诉讼终结。

2. 委托代理人

委托代理人，是指受当事人、法定代理人委托并以委托人的名义在授权范围内进行民事活动的人。可以担任委托代理人的主要有：（1）当事人近亲属；

---

① 田平安. 民事诉讼法原理 [M]. 5 版. 厦门：厦门大学出版社，2012：95.

（2）律师、基层法律服务工作者；（3）当事人所在社区、单位以及有关社会团体推荐的公民。无民事行为能力人、限制民事行为能力人以及其他依法不能作为诉讼代理人的不可以担任委托代理人。

委托诉讼代理权因当事人、法定代理人的授权而取得，因下列情况而消灭：（1）诉讼代理任务完成，诉讼结束；（2）委托诉讼代理人辞去代理职务；（3）委托人解除委托；（4）委托诉讼代理人在诉讼中丧失诉讼行为能力或死亡。

代理人的诉讼行为对被代理人发生法律效力。在诉讼中，代理人对事实的承认视为当事人承认，但如果承认该事实将直接导致承认对方诉讼请求的，委托代理人需要特别授权。有了代理人后本人可以不亲自出庭，但离婚诉讼除外。

当事人委托书中仅有"全权代理"等表述，无具体授权的，视为一般授权。

3. 诉讼代理人与诉讼代表人的区别

两者最主要的区别在于诉讼代理人不具有当事人的诉讼地位，而诉讼代表人具有当事人的诉讼地位。这就决定了：其一，诉讼代理人与诉讼标的没有利害关系；诉讼代表人与诉讼标的有利害关系。其二，对诉讼行为的后果，诉讼代理人不用承担，由被代理人承担；而诉讼代表人及其被代表的当事人均需要承担诉讼后果。

第四节　诉讼程序规定

一、一审普通程序

民事审判程序中体系最完整、内容最丰富的程序便是普通程序，其集中体现了民事诉讼法的基本原则和基本制度，其他审判程序审理案件时遇有本程序没有特别规定的，也是适用普通程序的相关规定进行审理。

（一）起诉与受理

1. 起诉条件。（1）原告是与本案有直接利害关系的公民、法人和其他组织。原告必须适格。（2）有明确的被告。只要求被告明确，不要求被告适格。（3）有具体的诉讼请求和事实、理由。（4）属于人民法院受理的范围和受诉人民法院管辖。

2. 起诉状。起诉一般要求提供书面的诉状，但口头起诉也是允许的。诉状载明的内容主要有当事人的基本信息；诉讼请求；依据的事实和理由；证据和证据来源，证人的姓名、住所等；受诉法院的名称，起诉的时间，起诉人签名或盖章。

3. 法院的处理。符合起诉条件的，7 日内立案并通知当事人；不符合起诉条件的，7 日内裁定不予受理（该裁定可上诉）；受理后发现不符合起诉条件，裁定驳回起诉（该裁定可上诉）。

4. 一事不再理。是指一个案件经过人民法院实体处理后，当事人重复起诉的，法院不予受理。比如，当事人撤诉或者人民法院按撤诉处理的离婚案件，没有新情况、新理由，原告 6 个月内起诉的，不予受理。有些情形不适用一事不再理：（1）对于裁定不予受理、驳回起诉的案件，原告再次起诉的，如果符合起诉条件，应予受理；当事人撤诉或法院按撤诉处理后，当事人以同一诉讼请求再次起诉的，法院应予受理（离婚案件除外）。（2）赡养费、抚养费、抚育费案件，裁判生效后，因新情况、新理由，一方当事人再行起诉要求增加或者减少费用的，法院应作为新案件受理。

5. 起诉与受理的法律效果。

起诉：诉讼时效中断。

受理：（1）法院取得对案件的审判权，有权利也有义务对案件进行审理并作出判决；（2）禁止重复起诉与受理，法院受理案件后，形成对案件的排他管辖权，其他法院不得重复受理，当事人也不能重复起诉；（3）当事人诉讼地位确定，当事人取得原告或被告的法律地位，并据此享有相应的诉讼权利。

（二）庭前准备及庭审程序要点

1. 庭前分流程序：（1）符合督促程序规定条件且当事人又没有争议的，可以转入督促程序。（2）根据《民事诉讼法》122 条规定，对起诉到人民法院的民事纠纷，适宜调解的，先行调解，但当事人拒绝调解的除外。可见，调解可以在立案审查时及立案后开庭前、庭审中进行。（3）采用庭前交换证据等方式明确争议焦点。

2. 开庭时应当由审判长核对当事人身份，宣布案由，告知审判人员、书记员名单以及申请回避的权利。

3. 宣判应当公开进行。当庭宣判的，应当在判决宣告后 10 日内发给书面判决书；定期宣判的，应当当庭发给判决书。离婚诉讼应当告知双方当事人在判决生效前不得另行结婚。

（三）撤诉与缺席判决

1. 撤诉与按撤诉处理

（1）主体：诉的原告（有独立请求权第三人可以撤回独立之诉，反诉原告可以撤回反诉）。

（2）决定权：法院。

（3）按撤诉处理：原告或其法定代理人经传票传唤没有正当理由拒不到庭或未经许可中途退庭、不预交受理费的，可以按撤诉处理。

（4）后果：主要是导致诉讼程序终结。在法律规定的情形下，原告仍可再次起诉，诉讼时效于撤诉时重新计算。

2. 缺席判决

（1）对象：缺席判决针对的对象主要是被告，包括本诉被告和反诉被告，无独立请求权第三人，申请撤诉未获批准的原告。

（2）条件：上述当事人或其法定代理人经传票传唤，无正当理由拒不到庭或者未经许可中途退庭的，可以缺席判决。

（四）诉讼障碍

1. 延期审理。一般适用于以下情形：（1）必须到庭的当事人和其他诉讼参与人有正当理由没有到庭；（2）当事人临时提出回避申请；（3）需要通知新的证人到庭，调取新的证据，重新鉴定、勘验或需要补充调查的；（4）其他需要延期的情形。延期审理的由法院制作延期审理决定书。

2. 诉讼中止。一般适用于以下情形：（1）一方当事人死亡，需要等待继承人表明是否参加诉讼的；（2）一方当事人丧失诉讼行为能力，尚未确定法定代理人的；（3）作为一方当事人的法人或者其他组织终止，尚未确定权利义务承受人的；（4）一方当事人因不可抗拒的事由，不能参加诉讼的；（5）本案必须以另一案的审理结果为依据，而另一案尚未审结的；（6）其他应当中止诉讼的情形。诉讼中止由法院制作诉讼中止裁定书。

5. 诉讼终结。一般适用于以下情形：（1）原告死亡，没有继承人或者继承人放弃诉讼权利的；（2）被告死亡，没有遗产也没有应当承担义务的人的；（3）离婚案件一方当事人死亡的；（4）追索赡养费、扶养费、抚育费以及解除收养关系案件一方当事人死亡的。诉讼终结由法院制作诉讼终结裁定书。

（五）文书公开

除涉及国家秘密、商业秘密、个人隐私的案件以外，其他发生法律效力的判决书、裁定书公众均可查阅。

（六）判决、裁定、决定

1. 判决。案件实体问题的处理都以判决的形式体现。如果判决发生错误，主要通过以下方式予以纠正：（1）属于笔误的，用裁定书补正；（2）一审宣判后，原审人民法院发现判决有错误的，当事人上诉，原审人民法院可以提出原判决有误的意见，报送二审人民法院；当事人不上诉，判决生效后，按照审判监督程序处理。

2. 裁定。裁定多数处理程序事项（如管辖权异议、财产保全等），但也有处理实体事项的（如先予执行）。

适用的情形：（1）不予受理，管辖权异议，驳回起诉（可以上诉）；（2）财产保全与先予执行，准许或不准许撤诉，中止或终结诉讼，补正判决书中的笔误，中止或终结执行，撤销或不予执行仲裁裁决，不予执行公证机关赋予强制执行力的债权文书，确认调解协议、实现担保物权等。

3. 决定。决定处理的都是程序性事项。

适用情形：（1）处理有关回避和妨碍诉讼的强制措施：可以复议，其中驳回回避申请为原级复议，罚款、拘留为上级复议；（2）处理法院内部工作关系；（3）指挥诉讼进程：延期审理等。

二、简易程序

（一）简易程序的适用

简易程序一般适用于基层人民法院及其派出法庭审理的第一审民事案件。但以下案件除外：起诉时被告下落不明；当事人一方人数众多；发回重审的案件；适用审判监督程序再审；涉及国家利益、社会公共利益的；第三人撤销之诉；其他不宜适用简易程序审理的案件。简易程序可以是人民法院依职权适用，也可以是当事人协议适用。基层人民法院及其派出法庭对事实清楚、权利义务关系明确、争议不大的简单民事案件可适用简易程序，其他案件若当事人有约定的也可适用简易程序，但应当在开庭前向法院提出。

（二）简易程序的特点

1. 程序简化。相比普通程序，简易程序最大的特点便是程序简化，审理快捷。（1）简易程序可以用电话、短信、传真、电子邮件等简便方式送达裁判文书以外的诉讼文书。（2）当事人双方可以选择开庭方式，比如申请采用视听传输技术等方式开庭，若人民法院同意便可。（3）举证期限和答辩期灵活。若当事人双方均表示不需要举证期限、答辩期间的，人民法院可以立即开庭审理或者确定开庭日期。若需要举证期限、答辩期间,当事人也可就具体的期限进行协商,经法院准许适用。(4)采用独任制,由审判员一人独任审理。(5)审理期限通常是三个月,可以延长,但延长后的审理期限累计不得超过六个月。可否延长由本院院长批准。(6)更加注重调解结案。对婚姻家庭和继承纠纷,劳务合同纠纷,交通事故和工伤事故引起的权利义务关系较为明确的损害赔偿纠纷,宅基地和相邻权纠纷,合伙协议纠纷,诉讼标的额较小的纠纷应当先行调解。

2. 程序的转化。是指普通程序和简易程序之间的转化。一般而言,已经按照普通程序审理的案件,在开庭后不得转为简易程序审理。但简易程序在法定条件下可以转为普通程序:当事人就案件适用简易程序提出异议,人民法院经审查,异议成立的,或者法院认为案情复杂需要转为普通程序审理的,裁定转为普通程序;转为普通程序前,双方当事人已确认的事实,可以不再进行举证、质证;简易程序转为普通程序的,普通程序的审限自立案之日起计算。

(三)小额诉讼程序

小额诉讼通常是指标的额为各省上年度就业人员年均工资30%以下的诉讼。但下列案件不管标的额大小,均不得适用小额诉讼程序审理:人身关系、财产确权纠纷(但身份关系清楚,仅在给付的数额、时间、方式上存在争议的赡养费、抚育费、扶养费纠纷可以适用小额诉讼程序审理),涉外民事纠纷,知识产权纠纷,需要评估、鉴定或者对诉前评估、鉴定结果有异议的。适用小额诉讼程序审理的案件实行一审终审。

小额诉讼案件的举证期限由人民法院确定,也可以由当事人协商一致并经人民法院准许,但一般不超过七日。当事人到庭后表示不需要举证期限和答辩期间的,人民法院可立即开庭审理。

小额诉讼程序所做生效判决错误,当事人可以向原审人民法院申请再审,符合条件的,法院裁定再审,应当组成合议庭审理,所作判决为一审判决。该判决能否上诉视当事人申请再审的理由不同而做不同的处理。

三、二审程序

二审程序,又称上诉审程序,是指当事人不服地方各级人民法院尚未确定的裁判,在法定期间内向上一级人民法院声明不服,要求撤销或者变更原裁判,上一级人民法院据此进行审判所适用的程序。"尚未确定的裁判"即"尚未生效的裁判",表明该裁判尚未产生确定力,但是尚未产生确定力的裁判并非没有产生其他方面的效力，例如它已经对作出裁判的法院产生拘束力，法院不能随意废弃或变更该裁判。[①]

（一）二审的启动与审理

原告、被告、有独立请求权第三人、判决承担义务的无独立请求权第三人不服一审裁判的，均可提起上诉。委托代理人需要特别授权才能代为提起上诉。上诉针对的是人民法院暂未生效的判决书、裁定书，裁定书是指一审判决和不予受理、驳回起诉、管辖权异议三类裁定书。但是一审终审的案件不得上诉，比如最高人民法院所作的判决、裁定；小额诉讼程序审理的案件；有关婚姻效力的判决。

上诉必须在法定的上诉期限内提出，即判决书自送达之日起 15 日内，裁定书自送达之日起 10 日内。不同于一审普通程序中以书面起诉为原则、口头起诉为例外，上诉必须递交书面形式的上诉状，口头上诉无效。且应在指定的期限内交纳上诉费，否则按自动撤回上诉处理。

二审的审判组织不同于一审普通程序中有独任制和合议制且可含人民陪审员审理的审判组织，二审只能由审判员组成合议庭审理。与刑事诉讼和行政诉讼的全面审查不同，二审人民法院只能就当事人的上诉请求部分进行审理，对请求之外的事项不主动审理。二审以开庭审理为原则，但合议庭认为不需要开庭的，也可以不开庭审理。

（二）二审的结案方式

二审的结案方式主要有裁判、调解、撤回起诉、撤回上诉等方式。

裁判主要适用于如下情形：原判决、裁定认定事实清楚，适用法律正确，用判决、裁定的方式驳回上诉，维持原判决、裁定。原判决、裁定认定事实或者适用法律错误，用判决、裁定方式改判、撤销或者变更。原判决认定基本事实不清，可以裁定撤销原判发回重审，也可以查清事实后依法改判。原判决严重违反法定程序，例如遗漏当事人或者违法缺席判决等，撤销原判，发回重审。发回重审只能一次，即原审人民法院对发回重审案件按一审程序审理的，作出判决后当事人可上诉，二审人民法院不得再次发回重审。

二审程序中可以进行调解，调解达成协议，应当制作调解书，调解书送达后，原一审判决视为撤销。

在第二审程序中，一审原告可以申请撤回原起诉，人民法院视情况可以准

---

① 江伟. 民事诉讼法 ［M］. 6 版. 北京：中国人民大学出版社，2013：315.

许。准许撤诉的，应当一并裁定撤销一审判决。

二审判决宣告前，当事人可以申请撤回上诉，是否准许由二审人民法院裁定；撤回上诉后，一审判决生效，意味着当事人可以申请执行生效的一审判决，当事人不得再次起诉，当事人不得申请恢复二审程序。

四、审判监督程序

审判监督程序，通常称为再审程序，是指人民法院对已经发生法律效力的判决、裁定和调解书，当其具备某种法定情形时，对案件进行再审的程序。①

再审分为两个程序，其一为再审的启动程序，主要解决的是原生效裁判是否有错误，是否需要重新审理；其二为再审的审理程序，主要是启动再审后适用一审或者二审程序对案件进行重新审理。

（一）再审的启动程序

再审启动程序解决的问题是原生效裁判是否可能确有错误，是否需要重新审理。有权启动再审的只有人民法院和人民检察院，因此，当事人可以向人民法院申请再审，或者向人民检察院申请检察建议或者抗诉来启动再审。

再审程序的启动可以由法院启动也可以由检察院启动，还可以由当事人启动。

1. 法院启动再审是指各级人民法院院长认为本院已生效的判决、裁定、调解书确有错误，需要再审的，提交审判委员会讨论决定启动再审。最高人民法院对各级人民法院，上级人民法院对下级人民法院已经生效的判决、裁定、调解书认为确有错误，有权提审或者指令下级人民法院再审。

2. 检察院启动再审的方式是提出检察建议和抗诉。具体而言，最高人民检察院对各级人民法院，上级人民检察院对下级人民法院已经生效的判决、裁定，发现有法定情形或者调解书损害国家和社会公共利益的应当提出抗诉；地方各级人民检察院发现同级人民法院生效判决、裁定有法定情形之一，或者调解书违背社会公共利益的可以向同级人民法院提出检察建议，并报上级人民检察院备案，或者提请上级人民检察院向同级人民法院提起抗诉。

简而言之，抗诉只能上级抗下级，但上级的抗诉书只能向同级提；检察建议由同级人民检察院向同级人民法院提出，但是要报上级人民检察院备案。在检察院提出抗诉后，受抗诉的人民法院应当在收到抗诉书之日起30日内直接作

---

① 田平安. 民事诉讼法原理［M］. 5 版. 厦门：厦门大学出版社，2012：314.

出再审裁定，法院对检察院的抗诉没有审查权，检察院抗诉必然启动再审。

3. 当事人申请启动再审有两个途径，一是直接向人民法院申请再审，二是向各人民检察院申请检察建议或抗诉。

（1）当事人向法院申请再审

当事人若认为人民法院已经生效的判决、裁定有法定情形或者调解书违背自愿或合法原则的，可以申请再审。当事人申请再审，除法律规定的例外情形之外，应当在判决、裁定、调解书发生法律效力后 6 个月内提出。但出现法律规定的例外情形，比如有新的证据，足以推翻原判决、裁定的或原判决、裁定认定事实主要证据是伪造的等，当事人有权自知道或者应当知道之日起 6 个月内提出再审申请。

申请程序：原则上可以向上一级人民法院申请再审；当事人一方人数众多或双方都是公民的案件，当事人可以向上一级人民法院申请再审，也可以向原审人民法院申请再审。

不予受理的情形：当事人申请再审，有下列情形之一的，人民法院不予受理：再审申请被驳回后再次提出申请的；对再审判决、裁定提出申请的；在人民检察院对当事人的申请作出不予提出再审检察建议或者抗诉决定后又提出申请的。

前两种情形下，当事人可以向人民检察院申请检察建议或者抗诉，最后一种情形表明人民检察院不予提出检察建议或者抗诉决定具有终局性。

申请的效力：当事人申请再审不停止原判决、裁定执行。

再审申请的审查与处理：人民法院在收到再审申请书之日起 3 个月内审查，特殊情况，由院长批准延长；符合法定情形的，裁定再审；不符合法定情形，裁定驳回申请。

（2）当事人向人民检察院申请检察建议或抗诉

判决生效后，当事人应当先向人民法院申请再审，对人民法院的处理不满意可以再向人民检察院申请检察建议或者抗诉。[①] 具体情形包括：人民法院驳回当事人再审申请的；人民法院逾期未对再审申请作出裁定的；再审判决、裁定有明显错误的。

人民检察院收到申请后，在 3 个月内进行审查，作出提出或者不予提出检

---

① 戴鹏. 国家司法考试 2017 版冲刺卷·戴鹏的民诉法［M］. 北京：中国工商出版社，2017：114.

察建议或者抗诉的决定。对人民检察院的决定，当事人不得再次申请检察建议或者再审。

（二）再审的审理程序

1. 审理法院

人民法院启动的再审分两种情况：第一，本院自行决定启动再审，由本院审理；第二，上级人民法院启动的再审，由该上级人民法院提审。检察机关启动的再审：原则上由接受抗诉的人民法院再审。例外情况下，可以交下一级人民法院审理。比如有新的证据，足以推翻原判决、裁定的；原判决、裁定认定的基本事实缺乏证据证明的；原判决、裁定认定事实的主要证据是伪造的；原判决、裁定认定事实的主要证据未经质证的；对审理案件需要的主要证据，当事人因客观原因不能自行收集，书面申请人民法院调查收集，人民法院未调查收集的。但案件已经由下一级人民法院再审的除外。

因当事人申请而启动再审，原则上由中级以上人民法院审理，但是当事人依法选择向基层人民法院申请再审的除外（一方人数众多或双方均为公民）。最高人民法院或高级人民法院裁定再审的案件，由本院再审或交由其他人民法院再审，也可以交由原审人民法院再审。

以下情形不得指令原审人民法院再审：原审人民法院对该案无管辖权的；审判人员在审理该案件时有贪污受贿、徇私舞弊、枉法裁判行为的；原判决、裁定系经原审人民法院审判委员会讨论作出的；其他不宜指令原审人民法院再审的。

2. 审判组织形式和审理类型

人民法院决定启动再审程序的效力：中止原判决、裁定、调解书的执行。

可以不中止原判决、裁定、调解书的执行的情形：追索赡养费、扶养费、抚育费、抚恤金、医疗费用、劳动报酬等案件。

人民法院审理再审案件应当组成合议庭开庭审理，但按照第二审程序审理，有特殊情况或者双方当事人已经通过其他方式充分表达意见，且书面同意不开庭审理的除外。

因抗诉而启动再审时的派员出庭义务：人民法院开庭审理抗诉案件，应当在开庭3日前通知人民检察院、当事人和其他诉讼参与人。同级人民检察院或者提出抗诉的人民检察院应当派员出庭。检察人员出席再审法庭的任务：宣读抗诉书；对依职权调查的证据予以出示和说明。检察人员发现庭审活动违法的，应当待休庭或者庭审结束之后，以人民检察院的名义提出检察建议。

审理再审案件无独立程序，适用一审或二审程序重新审理。

3. 审理的范围

人民法院应在再审请求范围内或在抗诉支持当事人请求的范围内审理再审案件。当事人的再审请求超出原审诉讼请求的，不予审理；符合另案诉讼条件的，告知当事人可以另行起诉。

当事人超出原审范围增加、变更诉讼请求的，不属于再审审理范围。但涉及国家利益、社会公共利益，或者当事人在原审诉讼中已经依法要求增加、变更诉讼请求，原审未予审理且客观上不能形成其他诉讼的除外。

人民法院经再审，发现已经发生法律效力的判决、裁定损害国家利益、社会公共利益、他人合法权益的，应当一并审理。

4. 再审案件的裁判

（1）维持原判。

（2）人民法院经再审认为，原判决、裁定认定事实、适用法律错误，导致被判结果错误的，应当依法改判、撤销或者变更。

（3）按照第二审程序再审的案件，人民法院经审理认为不符合《民事诉讼法》规定的起诉条件或者符合法定的不予受理情形的，应当裁定撤销一、二审判决，驳回起诉。

（4）发回重审。发回重审主要有如下情形：第一，人民法院在审理中发现原一、二审判决违反法定程序，可能影响案件正确判决、裁定的，裁定撤销一、二审判决，发回重审。第二，人民法院因必须共同进行诉讼的当事人申请而裁定再审，按照第一审程序再审的，应当追加其为当事人，作出新的判决、裁定，按照第二审程序再审，经调解不能达成协议的，应当撤销原判决、裁定，发回重审，重审时应追加其为当事人。第三，人民法院按照第二审程序审理再审案件时，发现原判决认定事实错误或者认定事实不清，可以裁定撤销原判决，发回重审。其他违反法定程序不宜在再审程序中直接作出实体处理的，应当裁定撤销原判决，发回重审。

5. 对调解书裁定再审后的处理方式

当事人提出的调解违反自愿原则的事由不成立，且调解书的内容不违反法律强制性规定的，裁定驳回再审申请；人民检察院抗诉或者再审检察建议所主张的损害国家利益、社会公共利益的理由不成立的，裁定终结再审程序。

6. 再审程序的终结

人民法院在再审审理期间可以裁定终结再审的法定情形：（1）再审申请人

在再审期间撤回再审请求且人民法院准许的。（2）再审申请人经传票传唤，无正当理由拒不到庭的，或者未经法庭许可中途退庭，按撤回再审请求处理的。（3）人民检察院撤回抗诉的。（4）再审申请人死亡或者终止，无权利义务承继者或者权利义务承继者声明放弃再审申请的。（5）在给付之诉中，负有给付义务的被申请人死亡或者终止，无可供执行的财产，也没有应当承担义务的人的。（6）当事人达成和解协议且已履行完毕的，但当事人在和解协议中声明不放弃申请再审权利的除外。（7）他人未经授权以当事人名义申请再审的。

再审程序终结后，人民法院裁定中止执行的原生效判决自动恢复执行。

第三章　劳动争议处理机制

第一节　劳动争议处理的一般理论

一、劳动争议的概念

通常而言，劳动争议是指具有劳动关系的用人单位与劳动者之间，因实现劳动权利和履行劳动义务而发生的纠纷。由于用人单位与劳动者在资本市场上的追求截然不同，用人单位追求利润最大化，劳动者追求工资最大化，因此，成本与利润的矛盾决定了用人单位与劳动者之间的对立性。如果这种矛盾处理不好，就会由"对立转化为对抗"，由此产生劳动争议。①

二、劳动争议的分类

根据不同的标准对劳动争议可以作出不同的分类。对于不同的劳动争议可以采取不同的原则和方法进行处理。

主要有以下几种常见的劳动争议分类方式。

1. 个人劳动争议与集体劳动争议

按照劳动争议涉及劳动者的人数来划分，可分为个人劳动争议和集体劳动争议。个人劳动争议是指单个劳动者与用人单位之间发生的劳动争议；集体劳动争议是指十个以上的劳动者基于共同的争议内容和理由与用人单位之间发生的劳

---

① 王裕明，吴国庆，等. 劳动关系与争议处理：政策与实务［M］. 北京：北京大学出版社，2008：87.

动争议。根据规定，集体劳动争议中的劳动者，可以推举代表参加仲裁和诉讼。

2. 国内劳动争议和涉外劳动争议

国内劳动争议和涉外劳动争议的划分，是根据产生劳动争议的劳动法律关系中是否含有涉外因素来划分。国内劳动争议是指不具有涉外因素的劳动争议。具有涉外因素的劳动争议，如劳动争议双方当事人有外国人，或者引起劳动法律关系产生、变更或终止的法律事实在国外，则称为涉外劳动争议。涉外劳动争议与国内劳动争议在法律适用及管辖等方面不尽相同。

3. 劳动合同争议和集体合同争议

这是根据争议发生基础的不同所做的划分。劳动合同争议发生的基础是劳动合同，指单个劳动者与用人单位之间因订立、履行、变更、解除和终止劳动合同发生的争议。集体合同争议是指因订立、履行集体合同发生的争议，其通常分为因签订集体合同发生的争议和履行集体合同发生的争议。因签订集体合同而发生的争议被称为利益争议，当事人只能通过劳动行政部门进行处理，而不得申请劳动仲裁或向人民法院起诉。履行集体合同的争议被称为权利争议，可以通过劳动仲裁或诉讼机制予以解决。

4. 合同争议与法律争议

根据劳动争议起因的不同可以将劳动争议分为合同争议与法律争议。合同争议是指因订立、解释和履行集体合同、劳动合同而发生的争议，即在履行约定的权利义务过程中所发生的法律争议。法律争议是指劳动争议双方因法定权利义务而产生的，即在执行法律关于工资、工时、劳动保护、社会保险、奖励、惩罚、辞退的规定时发生的争议。

二、劳动争议的特征

1. 劳动争议的主体特定

劳动争议产生于特定的主体之间，即争议一方为用人单位，另一方为劳动者。而"用人单位"及"劳动者"的认定有严格的法律标准。不在用人单位与劳动者之间产生的争议都不能称之为劳动争议，如国家机关与其公务员之间发生的争议，根据我国现行法律的规定，由于相对于公务员而言，国家机关不被认定为劳动法上的"用人单位"，公务员也不被认定为劳动法上的"劳动者"，所以此种争议不适用劳动争议处理机制。

2. 劳动争议双方地位不平等

用人单位与劳动者在劳动过程中存在着管理与被管理的关系，即劳动者隶属于用人单位。这种隶属关系决定了劳动争议双方之间地位的不平等。因此，劳动法律有必要对这种不平等予以一定的平衡或矫正，这种平衡或矫正在劳动立法上的体现是很明显的，比如法律规定的用人单位的举证责任会比劳动者更重一些。即便是劳动者提出主张，但与争议事项有关的证据被用人单位掌握的，用人单位有义务提供，若不提供，则用人单位承担不利后果。

3. 劳动争议事项特定

劳动争议的事项必须是与劳动权利义务有关的争议，如因确认劳动关系发生的争议、因劳动合同发生的争议、因离职发生的争议、因劳动保护发生的争议、因劳动报酬发生的争议等。非因劳动权利义务而产生的争议即便是发生在用人单位和劳动者之间也不能成为劳动争议，如劳动者与用人单位因住房制度改革产生的公有住房转让纠纷不按照劳动争议来处理。

4. 劳动争议的处理方式与一般民事争议的处理方式不同

一般民事争议的处理方式通常有和解、调解、仲裁或诉讼，在当事人不能和解或调解不成的情况下，当事人可以选择仲裁或诉讼方式解决双方之间的纠纷，这种处理方式通常称为"或裁或审"；根据《劳动法》及《中华人民共和国劳动争议调解仲裁法》（以下简称《劳动争议调解仲裁法》）的规定，在劳动争议双方当事人不能和解或调解不成的情况下，当事人应当先通过劳动仲裁方式解决双方之间的纠纷，对劳动仲裁裁决不服的，当事人可以向人民法院起诉，这种处理方式通常称为"先裁后审"。另外，根据《劳动争议调解仲裁法》的规定，某些特殊的劳动争议案件在劳动仲裁委员会作出裁决后，用人单位一方不得向人民法院起诉，即这些劳动争议案件采取"只裁不审"的处理方式。

三、劳动争议的范围

关于劳动争议的范围，劳动法律法规及相关司法解释对此均作出了规定。

1. 《劳动法》规定的范围

《劳动法》第 77 条规定："用人单位与劳动者发生劳动争议，当事人可以依法申请调解、仲裁、提起诉讼，也可以协商解决。"《关于贯彻执行〈中华人民共和国劳动法〉若干问题的意见》第 82 条对上述范围进行了补充说明："用人单位与劳动者发生劳动争议不论是否订立劳动合同，只要存在事实劳动关系，并符合劳动法的适用范围和《中华人民共和国企业劳动争议处理条例》的受案范围，劳动争议仲裁委员会均应受理。"

2. 相关司法解释规定的范围

《最高人民法院关于审理劳动争议案件适用法律问题的解释（一）》第 1 条规定："劳动者与用人单位之间发生的下列纠纷，属于劳动争议，当事人不服劳动争议仲裁机构作出的裁决，依法提起诉讼的，人民法院应予受理：（一）劳动者与用人单位在履行劳动合同过程中发生的纠纷；（二）劳动者与用人单位之间没有订立书面劳动合同，但已形成劳动关系后发生的纠纷；（三）劳动者与用人单位因劳动关系是否已经解除或者终止，以及应否支付解除或者终止劳动关系经济补偿金发生的纠纷；（四）劳动者与用人单位解除或者终止劳动关系后，请求用人单位返还其收取的劳动合同定金、保证金、抵押金、抵押物发生的纠纷，或者办理劳动者的人事档案、社会保险关系等移转手续发生的纠纷；（五）劳动者以用人单位未为其办理社会保险手续，且社会保险经办机构不能补办导致其无法享受社会保险待遇为由，要求用人单位赔偿损失发生的纠纷；（六）劳动者退休后，与尚未参加社会保险统筹的原用人单位因追索养老金、医疗费、工伤保险待遇和其他社会保险待遇而发生的纠纷；（七）劳动者因为工伤、职业病，请求用人单位依法给予工伤保险待遇发生的纠纷；（八）劳动者依据劳动合同法第八十五条规定，要求用人单位支付加付赔偿金发生的纠纷；（九）因企业自主进行改制发生的纠纷。"该司法解释第 9 条规定："劳动争议仲裁机构仲裁的事项不属于人民法院受理的案件范围，当事人不服依法提起诉讼的，人民法院不予受理；已经受理的，裁定驳回起诉。"《最高人民法院关于人民法院审理事业单位人事争议案件若干问题的规定》将人事争议界定为"事业单位与其工作人员之间因辞职、辞退及履行聘用合同所发生的争议"，并明文规定适用《劳动法》的规定处理。①

3.《劳动争议调解仲裁法》规定的范围

该法第 2 条规定："中华人民共和国境内的用人单位与劳动者发生的下列劳动争议，适用本法：（一）因确认劳动关系发生的争议；（二）因订立、履行、变更、解除和终止劳动合同发生的争议；（三）因除名、辞退和辞职、离职发生的争议；（四）因工作时间、休息休假、社会保险、福利、培训以及劳动保护发生的争议；（五）因劳动报酬、工伤医疗费、经济补偿或者赔偿金等发生的争议；（六）法律、法规规定的其他劳动争议。"

---

① 王全兴. 劳动法 [M]. 2 版. 北京：法律出版社，2004：368-369.

四、劳动争议处理的原则

劳动争议处理应遵循如下原则。

1. 合法原则

是指依据法律规定的实体权利义务和程序要求去解决争议。有法律（狭义）依法律，没有法律规定的，依次按照法规、规章，没有规章依政策的规定处理。另外需要注意的是，处理劳动争议首先应当依据依法签订的劳动合同、集体合同以及依法制定的企业规章制度，只有当上述合同及规章制度没有规定或者其规定违反法律强制性规定时，才适用法律规定。

2. 公正原则

这一原则主要应体现在两个方面：一方面要将劳动争议当事人置于平等的法律地位，任何一方当事人都不得有超越另一方当事人的特权；另一方面应注意依法保护劳动关系中的弱者——劳动者，这与依法保护劳动关系双方合法权益的宗旨是一致的，因为它们共同的基点是"依法"。

3. 及时原则

该原则贯穿了劳动立法和实践的全过程。首先，在劳动实践层面，劳动争议发生后，当事人应当及时协商或及时申请调解或仲裁，避免超过时效而丧失申请仲裁的权利。其次，在劳动立法层面，相较于一般民事争议处理时限，现行劳动法律规定的劳动争议处理时限更短一些，体现了及时处理争议，为劳动者生存利益提供快速救济的立法意图。最后，在执法层面，对处理结果一方当事人不履行的，另一方当事人要及时采取申请强制执行等措施，以保证案件处理结果的最终落实。

4. 着重调解原则

调解既是一道专门程序，也是仲裁与审判程序中的重要方法。进行调解应注意的问题：一是必须遵守自愿原则。调解程序必须在双方当事人均同意的情况下才能启动，对仅有一方当事人同意的调解，调解委员会应不予受理。在调解过程中，必须是当事人真正自愿达成协议，不得强行作出决议。若超过法律规定的期限不能达成协议视为调解不能，应当告知当事人及时申请仲裁。二是必须坚持合法、公正原则。调解也需要建立在查明事实、分清责任的基础上，并不是无原则地进行。通过说服教育，使当事人在法律许可的范围内达成协议，除上述劳动争议处理的一般原则外，企业调解和劳动仲裁在各自的实践中还须遵循一些特有的原则。①

五、劳动争议处理方法

我国劳动争议的处理有如下几种方式。

1. 协商

即当事人双方通过协商方式自行和解，不愿协商或者经协商不能达成一致，当事人可以选择调解或仲裁方式。

2. 调解

是指劳动争议调解委员会居中对双方当事人的争议进行协调处理。调解不是劳动争议处理的必经程序，当事人可以不经过调解而直接申请仲裁。此外，由于企业调解委员会是由企业代表和工会代表组成的，所以工会与企业因履行集体合同发生的争议，不适合向调解委员会申请调解，当事人应直接申请仲裁。

3. 仲裁

当事人不愿意调解或经调解不能达成协议的，当事人一方或双方均可向当地劳动争议仲裁委员会申请仲裁。需要注意的是，因签订集体合同发生的争议由劳动保障行政部门会同有关方面进行协调处理，即通过行政申诉渠道予以解决，不可以申请劳动仲裁。除此之外，凡是在《劳动争议调解仲裁法》受案范围内的劳动争议，均采用仲裁前置的方式。也就是说，当事人不能越过劳动仲裁，直接向人民法院提起诉讼（法律规定的情形除外），否则人民法院将不予受理。

4. 诉讼

当事人若对劳动争议仲裁委员会的裁决或者对劳动争议仲裁委员会作出的不予受理决定不服的，可以在规定的时限内向当地基层人民法院起诉。法院依据民事诉讼程序对劳动争议案件进行审理，实行两审终审制。法院审判是处理劳动争议的最终程序。②

六、劳动争议处理机构

我国处理劳动争议的机构主要有三种：劳动争议调解委员会、劳动争议仲裁委员会和人民法院。

---

① 范围.劳动法精要与依据指引（增订本）[M].北京：北京大学出版社，2011：529 - 530.

② 范围.劳动法精要与依据指引（增订本）[M].北京：北京大学出版社，2011：528 - 529.

1. 劳动争议调解委员会

1993 年发布的《企业劳动争议处理条例》规定的劳动争议处理机构仅有企业劳动争议调解委员会一种，2008 年施行的《劳动争议调解仲裁法》将劳动争议处理机构扩展到了三种类型：即企业劳动争议调解委员会，依法设立的基层人民调解组织，在乡镇、街道设立的具有劳动争议调解职能的组织。

企业劳动争议调解委员会是负责调解本企业内劳动争议的群众组织。《劳动争议调解仲裁法》第 10 条第 2 款规定："企业劳动争议调解委员会由职工代表和企业代表组成。职工代表由工会成员担任或者由全体职工推举产生，企业代表由企业负责人指定。企业劳动争议调解委员会主任由工会成员或者双方推举的人员担任。"

依法设立的基层人民调解组织和在乡镇、街道设立的具有劳动争议调解职能的组织是近年来各地出现的新型劳动争议调解组织，由于其实践效果较好，被写进《劳动争议调解仲裁法》，其法律地位得到了确认。这两种调解组织的出现拓宽了调解渠道，既能够有效利用社会资源，也能够弥补大量非公有制企业缺少调解组织的不足。

2. 劳动争议仲裁委员会

仲裁委员会是处理劳动争议的专门机构。具有准司法机构的性质。在《劳动争议调解仲裁法》出台之前，仲裁委员会是按照行政区划来设置的，即县、市、市辖区人民政府设立仲裁委员会，负责处理本行政区域内发生的劳动争议。《劳动争议调解仲裁法》出台后对此做了调整，规定劳动争议仲裁委员会不按行政区划层层设立，而是按照统筹规划、合理布局和适应实际需要的原则设立。"省、自治区人民政府可以决定在市、县设立；直辖市人民政府可以决定在区、县设立。直辖市、设区的市也可以设立一个或者若干个劳动争议仲裁委员会。"① 劳动争议仲裁委员会由劳动行政部门代表、工会代表和企业方面代表组成，组成人员必须是单数。

3. 人民法院

人民法院是国家的审判机关，也担负着处理劳动争议的任务。劳动争议当事人对仲裁委员会的裁决不服或者对仲裁委员会不予受理的仲裁决定书或通知书不服的，可以向人民法院提起诉讼，属于人民法院受案范围的，应当依法予以受理。

---

① 《中华人民共和国劳动争议调解仲裁法》第 17 条。

第二节 劳动争议的和解、调解

《劳动争议调解仲裁法》第5条规定："发生劳动争议，当事人不愿协商、协商不成或者达成和解协议后不履行的，可以向调解组织申请调解；不愿调解、调解不成或者达成调解协议后不履行的，可以向劳动争议仲裁委员会申请仲裁；对仲裁裁决不服的，除本法另有规定的外，可以向人民法院提起诉讼。"我国劳动争议处理制度的基本模式是自愿选择协商和调解，仲裁是劳动争议诉讼的前置程序，诉讼是处理劳动争议的最终程序。

一、劳动争议的和解

和解是劳动关系双方自主解决争议的一种方式。和解可以是双方自主协商和解，也可以由第三方介入进行协商和解。"第三方"可以是本单位人员，也可以是双方都信任的其他人，如律师等。和解的特点是：（1）自愿性。通过协商和解解决争议是双方当事人的自愿行为，经协商达成的和解协议体现双方意志，和解协议由当事人自觉自愿履行。（2）灵活性。协商和解具有简便、灵活、快捷的特点，当事人双方可以随时就争议具体事项进行商谈，协商和解的方式由当事人灵活选择。与调解、仲裁和诉讼相比，协商并达成和解协议解决劳动争议具有更大的灵活性。（3）选择性。和解不是处理劳动争议的法定必经程序，劳动争议发生后，当事人可以选择和解，也可以选择向调解组织申请调解或直接向劳动争议仲裁委员会申请仲裁。（4）平等性。在协商和解的过程中双方当事人地位平等。为保证协商和解过程的公正平等，法律允许劳动者邀请工会或第三方参与和解，共同解决劳动争议。

协商和解是解决劳动争议的第一个环节，其好处是解决争议的气氛比较平和，双方不伤和气，不丢面子；解决争议的方式最为便捷，具有简易、灵活、快捷的特点，有利于在短时间内化解矛盾；通过协商方式解决争议，还可以减轻调解机构、仲裁机构和人民法院的压力，最大限度降低解决争议的成本，减少人力、物力和时间的支出。①

---

① 程延园. 劳动法与劳动争议处理［M］. 北京：中国人民大学出版社，2013：196.

二、劳动争议的调解

（一）劳动争议调解的概念

劳动争议调解，是指调解组织对企业与劳动者之间发生的劳动争议，在查明事实、分清是非、明确责任的基础上，依照国家劳动法律、法规，以及依法制定的企业规章和劳动合同，通过民主协商的方式，推动双方互谅互让、达成协议、消除纷争的一种活动。劳动争议调解是一种力求达成一致的过程，立足于把矛盾、纠纷化解在基层，促进劳动关系的和谐稳定。调解人不偏袒任何一方，不把自己的决定强加于当事人，而是帮助双方找到一个都可以接受的解决办法。调解劳动争议的依据是有关劳动法律、法规和依法制定的规章制度和劳动合同。

调解是一种以柔性方式化解矛盾的机制，具有成本低、及时、灵活的优点，可以促使当事人双方尽快取得谅解，减少双方的对立情绪，防止矛盾激化，因此，调解也称为解决纠纷的"第三条道路"和"绿色"纠纷处理机制。①

（二）劳动争议调解原则

1. 自愿原则

调解组织依法进行调解，遵循当事人自愿的原则。调解自愿原则体现在，当事人是否申请调解，向哪个调解组织申请调解，调解中当事人平等自愿协商达成调解协议，以及调解协议的自觉自愿履行等环节。从调解的申请到调解协议的执行均体现了当事人自愿的原则，任何一方不得强迫，调解组织也不得包办代替当事人的意愿。

2. 民主说服原则

劳动争议调解组织在调解和解决纠纷中，主要依据国家法律法规和集体合同、劳动合同的约定，采用民主说服的方式，让当事人在自愿的基础上互谅互让、平等协商而达成协议。

（三）劳动争议调解的程序

1. 申请调解。劳动争议发生后，如果当事人不能自行协商解决或者不愿意协商解决，可以自愿选择申请调解或仲裁。由于调解并非劳动争议处理的必经程序，故《劳动争议调解仲裁法》并未对申请调解的时限作出明确规定，本着及时处理原则，当事人若期望调解解决争议，应当尽快提出申请。申请形式既

---

① 程延园. 劳动法与劳动争议处理 [M]. 北京：中国人民大学出版社，2013：196.

可以是口头也可以是书面,口头申请的,调解组织应当当场记录申请人基本情况以及申请调解的争议事项、理由和时间。

2. 争议受理。调解组织在受理审查中,要审查申请事由是否属于劳动争议,申请人是否合格,申请对方是否明确,调解请求和事实根据是否明确。经审查认为符合受理条件的,予以受理,并通知双方当事人;如不受理的,应向申请人说明理由,并告之应向何处申诉。

3. 调解前准备。受理劳动争议后,为保证顺利和及时调解,应事先进行下述准备工作:进一步审查申请书内容,如发现内容欠缺,应及时通知申请人补充;要求对方当事人就申请实体请求、事实、理由提出意见及证据;指派调解委员对争议事项进行全面调查核实,收集有关证据;拟订调解方案和调解建议;告知双方当事人调解时间和地点。

4. 实施调解。调解劳动争议,应当充分听取双方当事人对事实和理由的陈述,耐心疏导,帮助其达成协议。经调解达成协议的,应当制作调解协议书;如经调解达不成协议,应如实记录,并在调解意见书上说明情况。自劳动争议调解组织收到调解申请之日起 15 日内未达成调解协议的,视为调解不成,当事人可以依法申请仲裁。

5. 调解协议执行。调解协议书由双方当事人签名或者盖章,经调解人员签名并加盖调解组织印章后生效,对双方当事人具有约束力,当事人应当履行。达成调解协议后,一方当事人在协议约定期限内不履行调解协议的,另一方当事人可以依法申请仲裁。如在执行调解协议时反悔的,调解委员会只能劝解说服当事人执行,无权强制执行或限制当事人申请仲裁。因支付拖欠劳动报酬、工伤医疗费、经济补偿或者赔偿金事项达成调解协议,用人单位在协议约定期限内不履行的,劳动者可以持调解协议书依法向人民法院申请支付令。人民法院应当依法发出支付令。如果用人单位对支付令没有在规定期限内提出异议,则应当履行,否则劳动者有权申请人民法院强制执行。这样部分调解协议借助支付令的形式就间接获得了强制执行的效力,提高了纠纷解决的效率。①

---

① 毛清芳,孙丽君,蒙志敏. 劳动法与社会保障法 [M]. 3 版. 北京:经济科学出版社,2015:387 – 388.

第三节　劳动争议仲裁

一、劳动争议仲裁的概念与特点

劳动仲裁,是指劳动争议仲裁机构根据当事人的申请或者法律的规定,以居中公断的第三者的身份对双方当事人之间因劳动权利、劳动义务而发生的纠纷居中调解或裁决的一系列活动。① 在我国的劳动争议处理机制中,劳动争议仲裁是诉讼的前置程序,是处理劳动争议的一种主要方式。

劳动争议仲裁具有下述特点:(1)仲裁机构是一种依法定原则所组成的半官方机构,不是司法机构,也非民间组织;(2)任何一方当事人提起劳动仲裁申请都可以启动仲裁程序,无须双方当事人合意;(3)仲裁机构在调解不成的情况下可作出裁决,仲裁调解和裁决依法生效后具备强制执行的效力;(4)仲裁程序同诉讼程序相比简单一些,更有利于争议的及时解决;(5)仲裁调解和裁决均不具有最终解决争议的效力,也不能由仲裁机构自己强制执行。劳动争议仲裁就其法律属性而言,是一种兼有行政性和准司法性的执法行为。

二、劳动争议仲裁的主体

1. 劳动争议仲裁委员会

劳动争议仲裁委员会是行使劳动仲裁权的唯一机构,其职责如下:"(一)聘任、解聘专职或者兼职仲裁员;(二)受理劳动争议案件;(三)讨论重大或者疑难的劳动争议案件;(四)对仲裁活动进行监督。劳动争议仲裁委员会下设办事机构,负责办理劳动争议仲裁委员会的日常工作。"② 劳动仲裁的具体工作由劳动争议仲裁庭完成。

(1)仲裁庭

仲裁庭是劳动争议仲裁委员会处理劳动争议案件的基本组织形式。劳动争议仲裁委员会裁决劳动争议案件实行仲裁庭制。劳动争议仲裁庭在组织形式上分为合议制和独任制两种。

---

① 兰仁迅.劳动争议解决机制研究［M］.北京:知识产权出版社,2012:163.
② 《中华人民共和国劳动争议调解仲裁法》第19条。

①合议制，是指仲裁庭由 3 名仲裁员组成，且 3 名仲裁员中设 1 名首席仲裁员。合议庭制是对劳动争议案件进行仲裁时经常采用的组织形式。裁决劳动争议案件实行合议庭制，既有利于充分发挥集体智慧，对案件作出公正裁决，又有利于仲裁庭内部意见的集中与统一，及时对劳动争议案件作出裁决。同时，仲裁庭的组成人员规定为单数，是为了确保仲裁庭成员对案件的裁决有不同意见时，可根据少数服从多数的原则形成最终裁决，而不至于因仲裁庭内部意见无法统一而影响案件的及时裁决。

②独任制，主要适用于简单劳动争议案件。简单劳动争议案件可以由 1 名仲裁员独任仲裁。简单劳动争议案件，指的是那些事实清楚、情节简单、适用法律法规明确，比较容易处理的案件。对于这些简单劳动争议案件，没有必要像处理一般案件那样，按照严格的开庭程序仲裁，而是由仲裁委员会指定 1 名仲裁员进行处理。由于独任仲裁员处理劳动争议在职责、权限、程序上与仲裁庭大致相同，通常被理解为仲裁庭的简易形式。简易仲裁庭办案手续简单、效率高，符合劳动争议仲裁本身处理劳动争议迅速、简便的特点。

（2）劳动争议仲裁员

劳动争议仲裁员是指由劳动争议仲裁委员会依法聘任的，可以成为仲裁员组织成员而从事劳动争议仲裁工作的职员，包括专职仲裁员和兼职仲裁员两种。专职仲裁员由仲裁委员会从劳动行政部门从事劳动争议处理工作并具有仲裁资格的人员中聘任；兼职仲裁员由仲裁委员会从具有仲裁员资格的劳动行政部门或其他部门工作人员、工会工作人员、专家、学者、律师中聘任。专职、兼职仲裁员在执行仲裁公务时享有同等权利。《劳动争议调解仲裁法》第 20 条第 2 款规定了仲裁员的资格条件，即"仲裁员应当公道正派并符合下列条件之一：（一）曾任审判员的；（二）从事法律研究、教学工作并具有中级以上职称的；（三）具有法律知识、从事人力资源管理或者工会等专业工作满五年的；（四）律师执业满三年的"。

2. 劳动争议参与人

根据《劳动争议调解仲裁法》的规定，劳动争议仲裁包括以下参加人。

（1）劳动争议当事人，即发生劳动争议的劳动者和用人单位。《劳动争议调解仲裁法》第 22 条规定："发生劳动争议的劳动者和用人单位为劳动争议仲裁案件的双方当事人。劳务派遣单位或者用工单位与劳动者发生劳动争议的，劳务派遣单位和用工单位为共同当事人。"

（2）代表人。《劳动争议调解仲裁法》第 7 条规定："发生劳动争议的劳动者一方在十人以上,并有共同请求的,可以推举代表参加调解、仲裁或者诉讼活动。"

(3) 代理人。《劳动争议调解仲裁法》第 24 条规定:"当事人可以委托代理人参加仲裁活动。委托他人参加仲裁活动,应当向劳动争议仲裁委员会提交有委托人签名或者盖章的委托书,委托书应当载明委托事项和权限。"第 25 条规定:"丧失或者部分丧失民事行为能力的劳动者,由其法定代理人代为参加仲裁活动;无法定代理人的,由劳动争议仲裁委员会为其指定代理人。劳动者死亡的,由其近亲属或者代理人参加仲裁活动。"

(4) 第三人。根据《劳动争议调解仲裁法》第 23 条规定:"与劳动争议案件的处理结果有利害关系的第三人,可以申请参加仲裁活动或者由劳动争议仲裁委员会通知其参加仲裁活动。"

三、劳动争议仲裁的管辖

劳动争议仲裁管辖解决的问题是劳动争议发生后,当事人应当向哪一个仲裁委员会申请仲裁。它为各个仲裁委员会行使仲裁权界定空间范围。

(一) 地域管辖

《劳动争议调解仲裁法》第 21 条第 1 款规定:"劳动争议仲裁委员会负责管辖本区域内发生的劳动争议。"即县、市、市辖区设立了劳动争议仲裁委员会的,各仲裁委员会负责本区域内的劳动争议案件。"劳动争议由劳动合同履行地或者用人单位所在地的劳动争议仲裁委员会管辖。双方当事人分别向劳动合同履行地和用人单位所在地的劳动争议仲裁委员会申请仲裁的,由劳动合同履行地的劳动争议仲裁委员会管辖。"①

(二) 移送管辖和指定管辖

移送管辖是指仲裁委员会将已受理的自己无权管辖或不便于管辖的劳动争议案件,依法移送有权管辖或便于审理此案的仲裁委员会受理。指定管辖是指劳动行政部门依法决定将因管辖权发生争议的劳动争议案件交由某仲裁委员会管辖。《劳动人事争议仲裁办案规则》第 9 条规定:"仲裁委员会发现已受理案件不属于其管辖范围时,应当移送至有管辖权的仲裁委员会,并书面通知当事人。对上述移送案件,受移送的仲裁委员会应当依法受理。受移送的仲裁委员会认为移送的案件按照规定不属于其管辖,或者仲裁委员会之间因管辖争议协

---

① 《中华人民共和国劳动争议调解仲裁法》第 21 条第 2 款。

商不成的，应当报请共同的上一级仲裁委员会主管部门指定管辖。"

四、劳动争议仲裁的时效

劳动争议仲裁时效，是指当事人因劳动争议纠纷要求保护其合法权利，必须在法定的期限内向劳动争议仲裁机构提出仲裁申请，否则，法律规定消灭其申请仲裁权利的一种时效制度。

关于仲裁时效，《劳动争议调解仲裁法》第27条第1款规定："劳动争议申请仲裁的时效期间为一年。仲裁时效期间从当事人知道或者应当知道其权利被侵害之日起计算。"该法第27条第4款规定："劳动关系存续期间因拖欠劳动报酬发生争议的，劳动者申请仲裁不受本条第一款规定的仲裁时效期间的限制；但是，劳动关系终止的，应当自劳动关系终止之日起一年内提出。"

立法对劳动争议仲裁时效的中断、中止同时作出了规定。中断是指仲裁时效因当事人一方向对方当事人主张权利，或者向有关部门请求权利救济，或者对方当事人同意履行义务而中断。从中断时起，仲裁时效重新计算。中止是指因不可抗力或者有其他正当理由，当事人不能在法律规定的仲裁时效期间申请仲裁的，仲裁时效中止。从中止时效的原因消除之日起，仲裁时效继续计算。时效中断的原因通常是人的行为，而失效中止的原因通常是客观条件。

五、劳动争议仲裁的程序

（一）申请与受理

劳动争议仲裁的申请是启动劳动争议仲裁的第一步，劳动仲裁机构受理劳动争议案件实行"不告不理"原则，没有当事人的申请，劳动仲裁机构不主动对劳动争议进行干涉、处理。

1. 提交申请

《劳动争议调解仲裁法》第28条规定："当事人申请仲裁应当提供书面仲裁申请，……书写仲裁申请确有困难的，可以口头申请，由劳动争议仲裁委员会记入笔录，并告知对方当事人。"劳动争议仲裁机关收到当事人申请仲裁的书面材料后，必须进行审查。仲裁申请书的内容包括：①劳动者的姓名、性别、年龄、职业、工作单位和住所，用人单位的名称、住所和法定代表人或者主要负责人的姓名、职务；②仲裁请求和所依据的事实、理由；③证据和证据来源、证人姓名和住所。

申请人向劳动争议仲裁机构申请仲裁，必须具备以下条件：①申请人必须是与劳动争议案件有直接利害关系的劳动者或企事业单位、国家机关、社会团体等用人单位。②必须有明确的被诉人和具体的仲裁请求及事实依据，被诉人是劳动争议仲裁活动中不可缺少的当事人，被诉人明确，争议事实才能查清，申请人的请求才有实现的可能，仲裁活动才能展开。同时，申请人必须提出明确的仲裁请求，仲裁请求应尽可能详细、具体，申请人还应提供与请求相联系的事实根据，通常应包括劳动争议发生的时间、地点、争议经过、仲裁请求依据的法律文书（如劳动合同、规章制度）。③申请仲裁的争议必须是属于劳动争议仲裁委员会受理的范围。《劳动争议调解仲裁法》第52条规定："事业单位实行聘用制的工作人员与本单位发生劳动争议的，依照本法执行；法律、行政法规或者国务院另有规定的，依照其规定。"

2. 受理

仲裁委员会办事机构接到申请书后应依法进行审查。审查内容包括：申请人是否与本案有直接利害关系，申请仲裁的争议是否属于劳动争议，是否属于仲裁委员会受理的内容，是否属于本仲裁委员会管辖，申请书及有关材料是否齐备并符合要求，申请时间是否符合仲裁时效规定。对申请材料不齐备和有关情况不明确的，应指导申请人补齐；主要证据不齐的，要求申请人补齐。"劳动争议仲裁委员会收到仲裁申请之日起五日内，认为符合受理条件的，应当受理，并通知申请人；认为不符合受理条件的，应当书面通知申请人不予受理，并说明理由。"①

3. 仲裁申请的处理结果

（1）提起诉讼。对劳动争议仲裁委员会不予受理或者逾期未作出决定的，申请人可以就该劳动争议事项向人民法院提起诉讼。

（2）仲裁申请撤回。当事人申请劳动争议仲裁后，可以自行和解。达成和解协议的，可以撤回仲裁申请。申请人收到书面通知后，若无正当理由拒不到庭或者未经仲裁庭同意中途退庭的，可以视为撤回仲裁申请。

（二）仲裁前的准备

1. 送达和通知

劳动争议仲裁委员会受理仲裁申请后，应当在5日内将仲裁申请书副本送达被申请人。被申请人收到仲裁申请书副本后，应当在10日内向劳动争议仲裁委员会提交答辩书。劳动争议仲裁委员会收到答辩书后，应当在5日内将答辩

---

① 《中华人民共和国劳动争议调解仲裁法》第29条。

书送达申请人。被申请人未提交答辩书的，不影响仲裁程序的进行。

仲裁庭应当在开庭 5 日前，将开庭日期、地点书面通知双方当事人。当事人有正当理由的，可以在开庭 3 日前请求延期开庭。是否延期，由劳动争议仲裁委员会决定。申请人收到书面通知，无正当理由拒不到庭或者未经仲裁庭同意中途退庭的，可以视为撤回仲裁申请。被申请人收到书面通知，无正当理由拒不到庭或者未经仲裁庭同意中途退庭的，可以缺席裁决。

劳动争议仲裁委员会裁决劳动争议案件实行仲裁庭制。仲裁庭由 3 名仲裁员组成，设首席仲裁员。简单劳动争议案件可以由 1 名仲裁员独任仲裁。劳动争议仲裁委员会应当在受理仲裁申请之日起 5 日内将仲裁庭的组成情况书面通知当事人。

2. 回避

仲裁员有下列情形之一的，应当回避，当事人也有权以口头或者书面方式提出回避申请：（1）是本案当事人或者当事人、代理人的近亲属的；（2）与本案有利害关系的；（3）与本案当事人、代理人有其他关系，可能影响公正裁决的；（4）私自会见当事人、代理人，或者接受当事人、代理人的请客送礼的。劳动争议仲裁委员会对回避申请应当及时作出决定，并以口头或者书面方式通知当事人。仲裁员有私自会见当事人、代理人，或者接受当事人、代理人请客送礼的情形，或者有索贿受贿、徇私舞弊、枉法裁决行为的，应当依法承担法律责任。劳动争议仲裁委员会应当将其解聘。

（三）庭前调解

仲裁庭在作出裁决前，应当先行调解，即在查明事实的基础上促使双方当事人自愿达成协议，协议内容必须合法。调解达成协议的，仲裁庭应当制作调解书。调解书应当写明仲裁请求和当事人协议的结果。调解书由仲裁员签名，加盖劳动争议仲裁委员会印章，送达双方当事人。调解书经双方当事人签收后，发生法律效力。调解不成或者调解书送达前一方当事人反悔的，仲裁庭应当及时作出裁决。

（四）开庭审理程序

开庭审理，是指在当事人和其他仲裁参与人的参与下，仲裁庭或独任仲裁员依照法律规定的程序对案件进行全面审查并作出裁决的活动。开庭审理是整个仲裁活动的中心。

1. 庭前准备

正式开庭前，由书记员查明双方当事人、代理人、有关人员是否到庭，宣布仲裁庭纪律。核对当事人，宣布仲裁员、书记员名单并告知当事人的权利义务，询问是否申请回避。

2. 仲裁庭调查

（1）鉴定

仲裁庭对专门性问题认为需要鉴定的，可以交由当事人约定的鉴定机构鉴定，当事人没有约定或者无法达成约定的，由仲裁庭指定的鉴定机构鉴定。根据当事人的请求或者仲裁庭的要求，鉴定机构应当派鉴定人参加开庭。当事人经仲裁庭许可，可以向鉴定人提问。

（2）质证

当事人在仲裁过程中有权进行质证和辩论。质证和辩论终结时，首席仲裁员或者独任仲裁员应当征询当事人的最后意见。

（3）仲裁庭辩论

在这一阶段，当事人围绕争议的主要分歧和证据进行辩论。《劳动争议调解仲裁法》第39条规定："当事人提供的证据经查证属实的，仲裁庭应当将其作为认定事实的根据。劳动者无法提供由用人单位掌握管理的与仲裁请求有关的证据，仲裁庭可以要求用人单位在指定期限内提供。用人单位在指定期限内不提供的，应当承担不利后果。"

（五）裁决

裁决应当依少数服从多数原则，根据多数仲裁员的意见作出，少数仲裁员的不同意见应当记入笔录。仲裁庭不能形成多数意见时，裁决应当按照首席仲裁员的意见作出。裁决书应当载明仲裁请求、争议事实、裁决理由、裁决结果和裁决日期。裁决书由仲裁员签名，加盖劳动争议仲裁委员会印章。对裁决持不同意见的仲裁员，可以签名，也可以不签名。

（六）审理期限

《劳动争议调解仲裁法》第43条规定："仲裁庭裁决劳动争议案件，应当自劳动争议仲裁委员会受理仲裁申请之日起四十五日内结束。案情复杂需要延期的，经劳动争议仲裁委员会主任批准，可以延期并书面通知当事人，但是延长期限不得超过十五日。逾期未作出仲裁裁决的，当事人可以就该劳动争议事项向人民法院提起诉讼。仲裁庭裁决劳动争议案件时，其中一部分事实已经清楚，可以就该部分先行裁决。"

六、法律文书的生效和执行

仲裁调解书自送达当事人之日起生效；仲裁裁决书自当事人收到裁决书之日起 15 日内，当事人若不向人民法院起诉，裁决书即生效。生效的调解书和裁决书具有强制执行效力，当事人必须执行。虽然劳动争议实行"一调一裁两审制"，但并非所有争议都需要走完调解、仲裁、诉讼全过程。《劳动争议调解仲裁法》第 47 条规定："下列劳动争议，除本法另有规定的外，仲裁裁决为终局裁决，裁决书自作出之日起发生法律效力：（一）追索劳动报酬、工伤医疗费、经济补偿或者赔偿金，不超过当地月最低工资标准十二个月金额的争议；（二）因执行国家的劳动标准在工作时间、休息休假、社会保险等方面发生的争议。"用人单位有证据证明法律规定的终局仲裁裁决有下列情形之一，可以自收到仲裁裁决书之日起 30 日内向劳动争议仲裁委员会所在地的中级人民法院申请撤销裁决：（1）适用法律、法规确有错误的；（2）劳动争议仲裁委员会无管辖权的；（3）违反法定程序的；（4）裁决所根据的证据是伪造的；（5）对方当事人隐瞒了足以影响公正裁决的证据的；（6）仲裁员在仲裁该案时有索贿受贿、徇私舞弊、枉法裁决行为的。人民法院经组成合议庭审查核实裁决有上述规定情形之一的，应当裁定撤销。仲裁裁决被人民法院裁定撤销的，当事人可以自收到裁决书之日起 15 日就该劳动争议事项向人民法院提起诉讼。

七、仲裁监督

各级仲裁委员会主任对本委员会已发生法律效力的裁决书，发现确有错误，需要重新处理的，应当提交仲裁委员会决定。决定重新处理的争议，由仲裁委员会决定终止原裁决的执行。

第四节　劳动争议诉讼

一、劳动争议诉讼的概念

劳动争议诉讼，是指劳动争议当事人不服劳动争议仲裁委员会的裁决，在规定的期限内向人民法院起诉，人民法院依法受理后，依法对劳动争议案件进行审理的活动。① 此外，劳动争议的诉讼，还包括当事人一方不履行仲裁委员会已发生法律效力的裁决书或调解书，另一方当事人申请人民法院强制执行的活动。劳动争议诉讼制度是解决劳动纠纷的最后一种，也是最有力的一种手段。同时，这一制度也初步形成了对劳动争议仲裁委员会的司法监督机制，对提高仲裁质量有促进作用。此外，赋予当事人诉讼权使得劳动权益救济手段多元化，更有利于保护当事人的合法权益。人民法院审理劳动争议案件适用《中华人民共和国民事诉讼法》。

二、劳动争议诉讼的特性

1. 劳动争议诉讼当事人法律地位具有实质上的平等性

劳动争议诉讼当事人是劳动争议主体。劳动争议主体是用人单位与劳动者。用人单位与劳动者的法律地位具有双重性，即在签订劳动合同过程中法律地位是平等的，而在履行劳动合同过程中的法律地位具有隶属关系。履行劳动合同过程中发生的劳动争议，因用人单位对劳动者的管理关系而使得用人单位处于强势地位。如果在诉讼程序上未能对劳动者予以倾斜保护，以实现当事人的实质平等，劳动者的权利难以得到切实保护。因此，在劳动争议诉讼立法上，应当考虑由用人单位承担更多的诉讼义务，特别是在举证责任方面。为了在一定程度上矫正劳动争议双方当事人之间的不平等关系，《劳动争议调解仲裁法》明确规定举证责任倒置，即"与争议事项有关的证据属于用人单位掌握管理的，用人单位应当提供；用人单位不提供的，应当承担不利后果"，但这是不够的，在劳动争议诉讼的立法中也应当明确举证责任倒置、用人单位的诉讼义务等。在诉讼中，让劳动者处于强势地位，以平衡、中和其在劳动关系中的弱势地位，通过劳动关系中用人单位的强势与劳动争议诉讼关系中劳动者的强势，使劳动者与用人单位的法律地位具有实质上的平等性。

2. 以效率、效益作为劳动争议诉讼的主要价值目标

公正和效率是诉讼程序两大基本价值目标。但由于劳动争议内容的确定性，以及劳动争议主体之间的对抗性和可转化性，决定了劳动争议诉讼应当以效率、效益作为主要价值目标。因为劳动关系是最基本的社会关系之一，与劳动者的生存利益和用人单位的生产运行紧密相关，劳资双方一旦发生争议，影响的不

---

① 毛清芳，孙丽君，蒙志敏. 劳动法与社会保障法 ［M］. 3 版. 北京：经济科学出版社，2015：393.

仅是劳资双方的生存和发展，甚至影响社会的稳定。劳动争议的对抗性特点，决定了如果劳动争议不及时处理，将极容易导致双方矛盾更加激化，从而影响社会的稳定。劳动关系是一种双方合作而产生效益的关系，劳动者和用人单位之间的合作和信任感至关重要。争议主体双方之间的矛盾既然是基于利益而产生的，那么也必将通过双方当事人的利益博弈而重新达到利益平横而终结。劳动争议发生后，快速和有效地予以处理是稳固劳动关系的一个大前提，也是促进劳资协调合作的一个基本要件。因此，建立一个以效率、效益为主要价值目标的劳动争议诉讼程序至关重要。

3. 以诉讼和解为主的程序架构

由于劳动争议具有对抗性，且具有"合则双赢、分则双输"的相互转化性，加之劳动关系主要体现为私法性等特点，这要求劳动争议诉讼在立法上能够设计一套以诉讼和解为主的程序架构。为了使双方当事人之间的劳动关系能够长期存在，双方能够长期合作实现双赢，最佳的方式就是由中立第三方的法官主持诉讼和解，由双方当事人自主决定解决劳动争议。

4. 劳动争议诉讼需要专业化的法官①

由于劳动争议内容具有确定性，且随着社会不断发展其内容日益复杂，这就要求审理劳动争议的法官对劳动关系涉及的法律问题甚至其他问题具有专门的知识和经验，因此，全新的劳动争议诉讼程序需要专业化的法官。

三、仲裁结局与起诉

仲裁以当事人撤回申诉或达成调解协议而结案的，当事人无权起诉；仲裁以裁决结案的，当事人不服裁决，有权在收到裁决书之日起15日内起诉；仲裁机构以超过仲裁时效等为理由决定不予受理的，当事人也有权在收到不予受理的书面通知或决定之日起15日内起诉。仲裁委员会作出仲裁裁决后，当事人对裁决中的部分事项不服，依法向人民法院起诉的，仲裁裁决不发生法律效力。仲裁委员会对多个劳动者的劳动争议作出仲裁裁决后，部分劳动者对仲裁裁决不服，依法向人民法院起诉的，仲裁裁决对提出起诉的劳动者不发生法律效力；对未提出起诉的劳动者发生法律效力。

劳动争议仲裁委员会以当事人申请仲裁的事项不属于劳动争议为由，作出不予受理的书面裁决、决定或者通知，当事人不服，依法向人民法院起诉的，

① 范跃如. 劳动争议诉讼程序研究 [M]. 北京：中国人民大学出版社，2006：31.

人民法院应当分别情况予以处理：（1）属于劳动争议案件的，应当受理；（2）虽不属于劳动争议案件，但属于人民法院主管的其他案件，应当依法受理。劳动争议仲裁委员会以申请仲裁的主体不适格为由，作出不予受理的书面裁决、决定或者通知，当事人不服，依法向人民法院起诉的，经审查，确属主体不合格的，裁定不予受理或者驳回起诉。劳动争议仲裁委员会为纠正原仲裁裁决错误重新作出裁决，当事人不服，依法向人民法院起诉的，人民法院应当受理。人民法院受理劳动争议案件后，当事人增加诉讼请求的，如该诉讼请求与讼争的劳动争议具有不可分性，应当合并审理；如属于独立的劳动争议，应当告知当事人向劳动争议仲裁委员会申请仲裁。劳动争议仲裁委员会仲裁的事项不属于人民法院受理的案件范围，当事人不服，依法向人民法院起诉的，裁定不予受理或者驳回起诉。劳动者和用人单位均不服劳动争议仲裁委员会的同一裁决，向同一人民法院起诉的，人民法院应当并案审理，双方当事人互为原告和被告。在诉讼过程中，一方当事人撤诉的，人民法院应当根据另一方当事人的诉讼请求继续审理。

劳动者以用人单位的工资欠条为证据直接向人民法院起诉，诉讼请求不涉及劳动关系其他争议的，视为拖欠劳动报酬争议，按照普通民事纠纷受理。用人单位和劳动者因劳动关系是否已经解除或者终止以及应否支付解除或终止劳动关系经济补偿金产生的争议，经劳动争议仲裁委员会仲裁后，当事人依法起诉的，人民法院应予受理。劳动者与用人单位解除或者终止劳动关系后，请求用人单位返还其收取的劳动合同定金、保证金、抵押金、抵押物产生的争议，或者办理劳动者的人事档案、社会保险关系等移转手续产生的争议，经劳动争议仲裁委员会仲裁后，当事人依法起诉的，人民法院应予受理。劳动者因为工伤、职业病，请求用人单位依法承担给予工伤保险待遇的争议，经劳动争议仲裁委员会仲裁后，当事人依法起诉的，人民法院应予受理。当事人不服劳动争议仲裁委员会作出的预先支付劳动者部分工资或者医疗费用的裁决，向人民法院起诉的，人民法院不予受理。用人单位不履行上述裁决中的给付义务，劳动者依法向人民法院申请强制执行的，人民法院应予受理。当事人在劳动争议调解委员会主持下仅就劳动报酬争议达成调解协议，用人单位不履行调解协议确定的给付义务，劳动者直接向人民法院起诉的，人民法院可以按照普通民事纠纷受理。

四、劳动争议诉讼管辖

诉讼管辖和仲裁管辖规则不同，当事人不服仲裁裁决而起诉时，不应当要求诉讼管辖与仲裁管辖完全对应。劳动争议案件由用人单位所在地或者劳动合同履行地的基层人民法院管辖。劳动合同履行地不明确的，由用人单位所在地的基层人民法院管辖。当事人双方就同一仲裁裁决分别向有管辖权的人民法院起诉的，由先受理的人民法院管辖，后受理的人民法院应当将案件移送给先受理的人民法院。

五、诉讼主体

仲裁当事人（申诉人与被诉人）和诉讼当事人（原告人与被告人）都只限于劳动者和用人单位，不服仲裁裁决的劳动者或用人单位，只能以仲裁阶段的对方当事人为被告人向人民法院起诉，而不能以仲裁机构为被告人。

当事人双方不服劳动争议仲裁委员会作出的同一仲裁裁决，均向同一人民法院起诉的，先起诉的一方当事人为原告，但对双方的诉讼请求，人民法院应当一并作出裁决。用人单位与其他单位合并的，合并前发生的劳动争议，由合并后的单位为当事人；用人单位分立为若干单位的，其分立前发生的劳动争议，由分立后的实际用人单位为当事人；用人单位分立为若干单位后，对承受劳动权利义务的单位不明确的，分立后的单位均为当事人；用人单位招用尚未解除劳动合同的劳动者，原用人单位与劳动者发生的劳动争议，可以列新的用人单位为第三人；原用人单位以新的用人单位侵权为由向人民法院起诉的，可以列劳动者为第三人；原用人单位以新的用人单位和劳动者共同侵权为由向人民法院起诉的，新的用人单位和劳动者列为共同被告。劳动者在用人单位与其他平等主体之间的承包经营期间，与发包方和承包方双方或者一方发生劳动争议，依法向人民法院起诉的，应当将承包方和发包方作为当事人。劳动者与起有字号的个体工商户产生的劳动争议诉讼，人民法院应当以营业执照上登记的字号为当事人，但应同时注明该字号业主的自然情况。劳动者因履行劳务派遣合同产生劳动争议而起诉，以派遣单位为被告；争议内容涉及接受单位的，以派遣单位和接受单位为共同被告。

六、劳动争议案件的举证责任

在劳动争议诉讼中，举证责任原则上按照民事诉讼"谁主张，谁举证"的一般原则，但是，对于特殊问题和证据，当劳动者提出请求时，应由用人单位从反面举证。《最高人民法院关于审理劳动争议案件适用法律问题的解释（一）》第44条规定："因用人单位作出的开除、除名、辞退、解除劳动合同、减少劳动报酬、计算劳动者工作年限等决定而发生的劳动争议，用人单位负举证责任。"另据该司法解释第42条的规定："劳动者主张加班费的，应当就加班事实的存在承担举证责任。但劳动者有证据证明用人单位掌握加班事实存在的证据，用人单位不提供的，由用人单位承担不利后果。"这是对民事诉讼中"谁主张，谁举证"原则的突破，符合劳动争议当事人双方强弱不同的特点，有利于保护劳动者权益。

七、诉讼结局

人民法院在不予执行的裁定书中，应当告知当事人在收到裁定书之次日起30日内，可以就该劳动争议事项向人民法院起诉。当事人不服仲裁裁决而在法定期限内向人民法院起诉，仲裁裁决就处于尚未生效状态。这种效力不确定的仲裁裁决因诉讼结局不同而有不同的法律后果。如果以当事人撤诉结案，仲裁裁决在法定期限届满后生效；如果以调解或判决结案，仲裁裁决就不生效。用人单位对劳动者作出的开除、除名、辞退等处理，或者因其他原因解除劳动合同确有错误的，人民法院可以依法判决予以撤销。对于追索劳动报酬、养老金、医疗费以及工伤保险待遇、经济补偿金、培训费及其他相关费用等案件，给付数额不当的，人民法院可以予以变更。

八、强制执行仲裁调解书和裁决书

当事人对发生法律效力的调解书、裁决书，应当依照规定的期限履行。一方当事人逾期不履行的，另一方当事人可以依照《民事诉讼法》的有关规定向人民法院申请执行。受理申请的人民法院应当依法执行。